中国国家领土主权与海洋权益协同创新中心
中国学术期刊综合评价数据库（CNKI）来源集刊
《中国周边外交学刊》获得复旦大学《学术期刊质量提升支持计划》
（复旦大学文科“双一流”建设项目）资助立项

Journal of China's Neighboring Diplomacy

中国周边外交学刊

2018年第一辑（总第七辑）

复旦大学中国与周边国家关系研究中心 编

世界知识出版社

图书在版编目（CIP）数据

中国周边外交学刊. 2018年. 第一辑：总第七辑 / 复旦大学中国与周边国家关系研究中心主编. —北京：世界知识出版社，2018.7

ISBN 978-7-5012-5757-7

Ⅰ. ①中… Ⅱ. ①复… Ⅲ. ①中外关系—研究
Ⅳ. ①D822

中国版本图书馆CIP数据核字（2018）第139552号

责任编辑 李 锋
特邀编辑 狄安略
责任出版 赵 玥
责任校对 陈可望

书　　名 **中国周边外交学刊. 2018年. 第一辑：总第七辑**
zhongguo zhoubian waijiao Xuekan. 2018 Nian. Diyiji: Zongdiqiji
主　　编 复旦大学中国与周边国家关系研究中心

出版发行 世界知识出版社
地址邮编 北京市东城区干面胡同51号（100010）
网　　址 www.ishizhi.cn
电　　话 010-65265923（发行） 010-85119023（邮购）
经　　销 新华书店
印　　刷 北京虎彩文化传播有限公司
开本印张 710×1000毫米 1/16 19¼印张
字　　数 333千字
版次印次 2018年8月第一版 2018年8月第一次印刷
标准书号 ISBN 978-7-5012-5757-7
定　　价 56.00元

为适应我国信息化建设，扩大本学刊及作者知识信息交流渠道，本学刊已被《中国学术期刊网络出版总库》及CNKI系列数据库收录，其作者著作使用费与本学刊稿酬一次性给付。免费提供作者著作引用统计分析资料。如作者不同意著作被收录，请在来稿时向本学刊声明，本学刊将做适当处理。

目录

CONTENTS

周边人文交流

周边经济合作

周边国情研究

会议综述

附　录

Contents

China's Neighboring Countries Studies Report I

Comprehensive Studies on China's Neighboring Diplomacy

"The Belt and Road" Research

Cultural Exchanges of China's Neighboring Countries

Economic Cooperation of China's Neighboring Areas

Domestic Conditions of China's Neighboring Countries

Reviews on Symposiums

Appendix

卷首语

赵明昊

2017年是中国国家政治生活的“大年”，中共十九大胜利召开，习近平总书记在大会报告中揭示了未来数十年将中国建设成为“社会主义现代化强国”的战略目标。在这一历史进程中，营造和维护和平有利的周边环境至关重要，周边外交也将继续在中国外交总体格局中占据重中之重的地位。“一带一路”建设顺利推进，首届“一带一路”国际合作高峰论坛在北京成功举行，很多周边国家的元首和政府首脑参会，高峰论坛达成一系列重要成果。与此同时，随着美国总统特朗普在2017年1月正式执政，中美关系以及中国的周边安全形势出现若干重要变化，尤其是朝鲜半岛紧张局势有所加剧，并出现美、日、印、澳通过“印太”战略联手抗衡中国的态势。即便如此，中国周边地区和平稳定的环境依然得到维护，中国在亚太地区秩序演进过程中扮演的角色越发重要，继续大力推动亚太命运共同体建设。

本辑学刊共收入17篇论文以及7篇会议综述。其中，有关“中国周边学”的专题讨论是本辑学刊的“重头戏”。作为国内致力于周边问题研究的机构，复旦大学中国与周边国家关系研究中心需要担负起推动学科建设的重要任务。在中心的倡议、组织和推动下，中国社科院、中联部当代世界研究中心、广东国际战略研究院、武汉大学中国边界与海洋研究院、苏州科技大学人文学院等机构的专家学者围绕“中国周边学”的内涵使命、学科定位、目标任务等进行深入研讨，并在此基础上形成相关论文。

石源华认为，中共十九大通过的新党章确定习近平新时代中国特色社会主义思想成为中国共产党的指导思想，塑造与阐述该思想关于国际关系和大国外交新理论体系，成为新时代重要的历史性任务。“中国周边学”应是这个理论的重要组成部分。随着中国的和平崛起并成为世界第二大经济体，中国特色社会主义建设道路的影响日益扩大，中国周边地区的政治安全结构再次发生重大变化。中国已经成为亚太安全和经济合作的核心力量和中流砥柱，具有中国特色的“中国周边学”学科应运而生，已成为历史的必然和中国学者的时代使命。文章还就“中国周边学”的理论来源和框架性问题以及推进学科建设的主要任务等阐发了重要看法。

李文指出，“中国周边学”以中国周边国家与地区为特定研究对象，以跨学科研究为主要方法，以服务于中国实现“两个一百年”奋斗目标、实现中华民族伟大复兴为宗旨。“中国周边学”属于地区国别研究，致力于揭示和描述中国周边地区的特有发展规律与个性特征。中国立场与中国视角，是“中国周边学”的内在规定性、科学性与客观性的重要保证。“中国周边学”的研究领域应聚焦三个层面：国别研究、区域发展以及周边命运共同体的构建。周方银认为，“中国周边学”不仅有几十年来的新中国周边外交实践作为支撑，更是建立在古代东亚国际关系的历史经验的基础之上。中国与周边国家关系研究有着丰富的、尚未充分整理的历史材料，有很多具有理论价值的经验事实值得总结和提炼。赵明昊认为，中国周边外交何以“特色”，是提出和构建“中国周边学”需要回答的核心问题之一，需要深入辨析中国具有“特色”的地缘环境、政治制度、历史遗产和发展进程。关培凤提出，创建“中国周边学”具有必要性和紧迫性，但也面临着不容回避的现实挑战。例如，边界和海洋问题研究需要在“中国周边学”的语境下做出必要调整。祝曙光对中国和日本的“周边观”进行比较研究后指出，长期以来，我们总是以西方和日本的国际关系理论或区域理论审视周边事务，导致中国对周边事务的话语权被削弱、被淹没甚至被解构。“中国周边学”建设符合“贡献中国智慧”的时代要求。

“周边外交综论”栏目刊发任晓撰写的《特朗普、亚洲和中国》。该文认为，特朗普上台执政加剧了亚太地区乃至世界所面临的不确定性，“美国第一”的战略取向及其深刻影响值得充分重视。中国继续保持稳健而持续的发展势头，努力保持对美关系平稳，其国力及世界地位的进一步提升是可以期待的。亚洲多国均在世界的变动中对各自利益，尤其自身安全和发展利益调整定位，避免在大国间选边站队。高飞、周玉萍的文章则从新中国外交的三个时代分期入手，按照中国与国际体系关系的变化，分析中国对外政策的目标和实现途径的演化，阐述对外政策变化对中国处理边界问题的影响。该文认为，中国已经开启“大周边”时代，“一带一路”倡议表明中国将以更高的视野看待边界问题，努力把国家间的分界线变成合作带。新时代中国特色大国外交把解决边界问题带入了新境界。

高兰的《美日安全政策动向与“一岛三海”形势分析》聚焦地区安全热点问题，认为在美国特朗普政府亚太政策的“不确定性”以及日本安倍政府安保政策“冒险性”的双重作用下，亚太地区围绕“一岛三海”的安全形势日益严峻。即在朝鲜半岛“一岛”以及东海、南海、台海等“三海”，出现了局部接近热战的可能性与紧迫性。中国与美日之间的安全竞争关系进一步深化，朝鲜半岛问题是“一岛三海”热点问题中的重中之重，在南海问题上中国应继续采取循序渐进的方式维护主权和海洋权益。

“‘一带一路’研究”栏目刊载了曹云华的《“一带一路”与中国周边安全环境的重塑》。该文指出，近年来，中国与部分周边国家的关系出现不少新问题、新情况，相互之间的猜疑与不信任有所增加，各种各样的纠纷与摩擦频繁发生，区域外大国的介入也日益加深，中国与周边国家的关系陷入了“经济上相互依存与安全困境并存”的矛盾之中。在此背景下，“一带一路”合作倡议将引领中国与周边国家建立新的合作关系，使双方最终结成利益共同体与命运共同体，进而带动中国周边安全环境的重塑。范磊、杨鲁慧的《宗教公共外交与“一带一路”软环境建设》认为，近年来，宗教在全球的复兴和世界性非世俗化趋势，让宗教从三百多年来威斯特伐利亚体系的边缘逐渐回归到国际关系的中心。在中国外交格局中，宗教的地位也越来越重要，以宗教为载体的公共外交实践成为推动民心相通、提升中国国际形象和国际话语权的重要途径。“一带一路”沿线地区涵盖多个文明和多种宗教，很多地区和国家呈现宗教多元异质性与包容性并存的特点，既存在不同宗教间的合作共处，也充斥或者隐含着宗教间的分歧甚至冲突。因此，中国需要进一步做好宗教公共外交，推动与“一带一路”沿线国家的友好交流，促进不同宗教之间的多元共存与和平包容，规避宗教极端主义的风险和挑战，加强沿线软环境建设。

“周边人文交流”栏目刊载了邢丽菊的《“一带一路”建设中的人文交流：挑战与对策》。该文较为全面地探讨了有关人文交流的理论和实践问题，认为人文交流在推进“一带一路”建设中具有重要地位，有助于推进民心相通、构建政治互信和深化经贸合作。与此同时，当前“一带一路”人文交流面临沿线国家宗教文化冲突、政局不稳、域外势力干预、我国对外交流传播能力有限等一系列困难与挑战。为了顺利推进“一带一路”人文交流，中国应积极倡导不同文化在平等基础上的交流互鉴；丰富促进人文交流的对话机制；探索官民并举模式，鼓励民间力量发挥更大作用；加强国际传播能力建设，大力发展文化产业。“一带一路”人文交流是一个潜移默化的长期过程，不能急功近利。

作为区域和国别问题专家，李一平的文章聚焦中国和马来西亚在文化、教育领域的交流合作。该文认为，21世纪以来，马来西亚的地区战略是保持本地区的大国平衡和加强大国与东盟成员之间的合作，以维护马来西亚的国家利益和地区稳定。而构建稳定的周边环境也是中国实现和平发展的重要条件。为此，中马两国政府从维护和发展双边关系的大局出发，对两国各领域尤其是“21世纪海上丝绸之路”框架下的人文交流合作进行筹划，强调相互信任及开展双向交流是增进双方友好关系的重要基础。中马两国都在经历社会经济转型，双方可在诸多领域开展互惠合作。以往中马关系着重经济交流，而未来两国将进一步推动人文交流和政治合作，从而发展为政治、经济、文化全方位的命运共同体。

“周边经济合作”栏目刊载了马来西亚学者张森、黄子坚的《从投资视角看中国—东盟经济一体化》。该文选择中国奇瑞汽车公司作为典型案例，细致考察了中国跨国企业在东盟与当地中小企业的互动。作者认为，中国经济的崛起已经对世界造成了根本性的影响，中国企业最初是以生产者的身份被纳入全球产业网络的，而在2000年以后，中国的跨国企业开始逐步主导区域及全球产业网络的建立。虽然中国跨国企业的业务受国家“走出去”战略与优惠的区域贸易协定的影响较大，但东道国的国家政策对外国企业的进入也有重要影响。奇瑞公司在马来西亚的经验显示，由于大多数企业都极大依赖其当地伙伴企业的贸易网络，中国跨国企业在当地的联系与溢出效应有限。文章建议，奇瑞等在东南亚开展投资经营活动的中国企业需调整其区域战略，使其在国际价值链中占据更重要的地位，以促进企业的发展和提升国际竞争力。

谢晓光、王莉撰写的《中国东北与俄罗斯远东区域合作：进程、挑战与对策》则关注中国与周边国家内部不同区域之间开展的合作，这类合作对于深化中国周边经济外交具有特殊重要意义。该文认为，中国推进振兴东北老工业基地战略与俄罗斯大力推动远东地区开发建设战略的同步性，为促进中俄双边关系在“一带一路”倡议背景下进一步发展提供了机遇。两地区的合作取得了一定的阶段性成果，但在很多方面也存在挑战，如政策的落实、移民的困扰、能源合作的变数、区域内的国际竞争、国家间的认知等。因此，应采取完善中国东北地区和俄罗斯远东地区的互动合作机制、通过政策引导及加大资金支持区域内企业合作、拓展北极领域合作、强化“友好城市”定点合作、加强区域内人文交流机制建设等举措来应对。文章强调，中国东北地区和俄罗斯远东地区位于东北亚地区的中心地带，双方区域合作互利共赢的局面对于中俄全面战略协作伙伴关系的发展具有十分重要的意义，对东北亚地区的繁荣和稳定有着不可替代的重要作用。

“周边国情研究”栏目注重推动对周边国家内部政治、经济、文化等问题的探究，其中刊载了日本早稻田大学学者张望的《政治生存与安倍的对华靖国神社外交》。日本首相是否参拜供奉有二战甲级战犯的靖国神社，一直是困扰战后中日关系的重要问题。2012年12月，安倍晋三再次当选日本首相。翌年12月，安倍突然参拜靖国神社，引起中、韩乃至美国的谴责和抗议。然而，在接下来的两年期间，安倍再也没有参拜靖国神社。为什么安倍在2013年参拜靖国神社，但在2014年和2015年却停止参拜了呢，导致这一政策变化的关键因素是什么？该文从这一核心问题出发，运用“政治生存”（political survival）的理论分析途径，阐释日本安倍政府在参拜靖国神社问题上应对中国压力的不同反应，认为无论是参拜还是不参拜，都必须有利于领导人个人在国内的执政地位。

本栏目的另一篇文章也与日本有关，王栋以较为翔实的材料深入分析了日本对中亚国家铀资源的研究情况，并就此提出对中国的借鉴意义。该文认为，中亚的哈萨克斯坦和乌兹别克斯坦等国是世界上重要的铀矿出口国，作为核电大国，日本为了保证铀资源供给，推进能源进口多元化，从20世纪90年代起就开始对中亚铀资源进行多角度的研究，而且成果十分丰富。更为重要的是，日本搭建的“海外矿物资源确保体制”不仅为中亚的铀资源研究提供了制度性保障，而且保障了日本矿产资源供应的长期性和稳定性，在维护能源安全中发挥了重要的支撑作用。中国应该借鉴日本经验，在加强对中亚国家铀矿资源信息搜集研究的同时，整合国内各机构的资源和功能，推出有助于稳定海外铀矿进口渠道的“顶层设计”，从制度上确保对海外铀资源的研究以及资源进口。

会议综述栏目集中反映了2017年由复旦大学中国与周边国家研究中心主办或资助支持的各项学术会议的情况。其中既包括一些年度性、综合性的“品牌项目”，如中国周边外交研讨会，也有聚焦海洋战略、宗教外交、跨界民族问题、中亚安全形势、中国—东盟务实合作等专题的学术活动。通过这些会议综述，不难看出，中国国内的周边问题研究呈现出蓬勃发展、不断深入的良好势头，而且相关学术活动的国际化水平稳步提升，这也从一个侧面反映出中国周边外交日益上升的活跃程度以及中国在亚太地区的引领者地位。

本辑学刊的编辑出版得到了众多国内外专家学者的大力支持，他们按照编委会对论文提出的修改意见对文章进行了调整和完善。本辑由石源华和赵明昊承担执行主编，复旦大学中国与周边国家研究中心的胡旸昱、陈妙玲老师提供了重要的协助。上海外国语大学的忻华老师协助了本辑的英文翻译校勘工作；世界知识出版社的领导和相关编辑一如既往地为学刊的顺利出版给予了宝贵的支持。在此，一并表示衷心的感谢！我们希望国内外学界同仁继续关注和支持复旦大学中国与周边国家研究中心的学术活动和成果，同时也期待读者朋友能够提出意见和建议，以帮助我们进一步完善学刊的编辑出版工作，使之成为促进“中国周边学”研究的重要平台。

“中国周边学”笔谈（一）

开展“中国周边学”研究刻不容缓

复旦大学特聘教授、中国与周边国家关系研究中心主任
石源华

一 “中国周边学”研究缘起

中共十九大通过的新党章确定习近平新时代中国特色社会主义思想成为中国共产党的指导思想，塑造与阐述习近平思想关于国际关系和大国外交的新理论体系，成为新时代重要的历史性任务。“中国周边学”应是这个理论的重要组成部分。

自1992年中共十四大报告将“周边国家”从“第三世界”概念中划出单列后，中国周边外交在整体外交全局中的地位不断提升。十九大以后的一个相当长的历史时期内（至少在2035年中国基本建成社会主义现代化强国之前），即使2050年中国建成社会主义现代化强国之后，中国周边外交仍将占据重要地位中国周边外交仍将处于外交全局的首要地位。然而，对于中国周边外交的整体研究却处于滞后和零散状态，开展“中国周边学”研究刻不容缓。

就学科建设而言，中国周边外交研究处于滞后且未成型状态，目前，中国学或称世界中国学已经成为显学，广受重视，发展迅猛。同时，中华美国学、欧洲学、日本学、俄罗斯学等也已经成为成熟的学科，并建立了学科群，建有全国性学会、专门刊物以及种种相关论坛以及在各专业招收硕士博士研究生等。为此，建设“中国周边学”学科势在必行。

在这样的时代背景之下，提出和创建“中国周边学”学科，具有重要的现实意义和理论意义。“中国周边学”是“中国学”的重要组成部分；“中国周边学”也应该与“中华美国学”“中华欧洲学”“中华日本学”“中华俄罗斯学”等一样，成为独立的学科，建立相应的全国性学会、学刊、论坛等，培养专业

人才，形成学科群。

二 “中国周边学”应运再生

“中国周边学”源远流长。在数千年的中国历史上，一直存在着结构严密且理论完备的“封贡体系学”，其致力于治理中国与东亚周边国家的关系，长时期维系东亚社会的和平局面。对于朝贡制度的认知和看法一直有分歧，中国学者和中国周边国家的学者也对此有不同的评价。历史上的“中国周边学”既有精华，亦有糟粕，需要进行扬弃性的研究和总结。

近代以来，由于西方列强和日本对中国的侵略，中国走向衰弱，彻底改变了中国与周边世界的政治安全结构，不仅中国自身沦为半殖民地半封建国家，成为帝国主义瓜分奴役的对象国，而且历史上中国周边的封贡国家和友邦国家几乎全部成为列强的殖民地、半殖民地或各国争夺的势力范围。中国主导的“封贡体系学”失去了生存的基本条件，随之走向衰微、瓦解。取而代之的是西方列强弱肉强食的霸权理论和东方日本提出的“大亚洲主义”和以“大东亚共荣圈”为主要特征的霸道理论。历史上中国强则周边稳或周边兴的局面为中国弱则周边衰或周边亡的乱局所取代。

中华人民共和国成立后，随着中国与周边世界政治安全格局的不断变化，中国处于美国围困和美苏两面夹击的总体困境下，中国领导人对于中国周边外交问题的研究进行过长期探索，提出了不少富有创见的理论和政策，如著名的和平共处五项原则、“三个世界”理论等，对于稳定当时中国周边政治安全形势，争取中国和平建设的环境，发挥了积极的作用。然而，在整个冷战时代，治理中国周边地区安全格局的主导地位的是美国和苏联两大阵营以意识形态为主要特征的理论体系。中国周边外交难脱其影响，谈不上建立独立的理论体系。冷战结束后，美国成为世界唯一的霸权大国，统治中国周边地区安全格局的是以美国为主导的霸权稳定论、市场经济体系和西方价值观念的一元结构，尚无条件形成独立的“中国周边学”学科。

进入21世纪，随着中国的和平崛起，成为世界第二大经济体，中国特色社会主义建设道路的影响日益扩大，中国周边地区的政治安全结构再次发生重大变化。中国已经成为亚太安全和经济合作的核心力量和中流砥柱，具有中国特色的“中国周边学”学科应运再生，已成为历史的必然和中国学者的时代使命。

三 “中国周边学”的理论建设

“中国周边学”新理论体系并非是恢复历史上的“封贡体系学”，也有别于西方别有用心人士所渲染和一些周边国家人士所担心的“中国中心主义”，而是在总结和吸取传统的中国儒家文化和东方国际关系理论合理成分的基础上，创建符合时代需求和民族特点的中国特色新理论。中共十八大以来，习总书记倡议“亲诚惠容”处理周边事务的新理念，形成“中国周边学”的新理念。同时包括以儒家思想为主要特征的文化观、中国特色社会主义的价值观、欢迎周边国家搭乘中国快速发展列车的义利观、“睦邻友好，守望相助”的友邻观、反对“国强必霸”的和平观等，成为建设“中国周边学”学科的重要理论来源。

“中国周边学”亦非简单接受西方国际关系理论体系，其有别于现有国际关系学界习惯于以西方国际关系理论阐述当今现实国际问题的固有定式，而是要突破西方范式的理论体系，吸收和借鉴西方国际关系理论的合理成分，摒弃和克服西方国际关系理论已经日益显露的种种弊病。在战略层面，要破除横行西方世界的“势力范围理论”和旧有的“圈地”陋规，树立以“合作共赢”为核心理念的国际关系新范式；在经济层面，要破除西方主导世界经济的旧地缘政治与经济理论和旧全球化范式，倡议“共商、共建、共享”的“合作共赢”建设和谐世界新原则；在安全层面，要破除西方主导的“同盟体系论”和“零和博弈论”，推行“共同安全、综合安全、合作安全、可持续安全”的“亚洲安全观”；在政治层面，要破除西方主导的“霸权稳定论”和强权政治理论，开创以命运共同体为建设目标的中国与周边国家和平合作的新局面；在理论层面，将超越和扬弃近代西方国际关系理论体系，吸收其合理的理论精华，形成以“合作共赢”为核心理念和建设命运共同体为目标的具有中国特色的国际关系和大国外交理论新体系。

“中国周边学”学科的理论新体系将在扬弃东方旧传统思想和西方国际关系既有理论体系的基础上逐步形成。

四 “中国周边学”的研究框架

十九大新党章确定了习近平时代中国特色社会主义思想是中国共产党的理

论指导思想，塑造和阐述习近平思想关于国际关系和大国外交新理论，成为新时代理论工作者的重要历史任务。“中国周边学”学科建设的指导思想是：以“合作共赢”为核心理念和以“命运共同体”为建设目标的国际关系理论新体系和“一带一路”背景下中国特色的社会主义大国外交新理念、新战略、新路径。“中国周边学”学科建设急需研究和解决的主要框架性问题有：

“中国周边学”的时代使命：研究和论证“中国周边学”学科建设的必然性和必要性，阐述其理论意义和时代意义。

“中国周边学”的学科体系：研究和论证“中国周边学”学科建设的具体内容、学科设置、人才培养以及理论体系等。

“中国周边学”的地理范围：区别和研究中国周边地理范围，包括陆地邻国、隔海邻国、周边国家、大周边国家等。

“中国周边学”的战略定位：研究论证十九大以后中国周边外交的战略定位，至少在2035年前中国周边外交仍将占据中国外交全局的首要地位，其后中国周边外交仍将占据重要地位。

“中国周边学”的史料建设：首先是收集和整理已经公布的中国外交档案资料、文献资料、报刊资料以及口述历史资料等，进而收集和整理国内外相关中国周边外交的档案资料。

“中国周边学”的新理念：研究和阐述十八大以来习近平主席提出和推行的以“亲诚惠容”为核心内容，包括文化观、价值观、义利观、近邻观、和平观等在内的中国周边外交新理念。

“中国周边学”的新战略：研究和阐述十八大以来倡议和实施的、以建设“亚洲命运共同体”、绘制“一带一路”新宏图、构建“亚洲安全观”、主导创设“亚投行”以及不断提出的新举措为主要内容的中国周边外交新战略。

“中国周边学”的新路径：研究和阐述十八大以来实践的以推行“合作共赢”核心理念、实现中美两大安全体系“兼容共存”、构建与俄、日、印等地区大国新型关系、创建“友邻外交”新特色、底线思维保障和平发展、统筹“六大板块”和“印太两洋”等为主要内容的中国周边外交新路径。

“中国周边学”的新课题：研究和阐述十九大后以建设中国特色大国外交、谋划“中国大周边”顶层设计、明确对周边争端国和争端问题定位、注重陆海统筹、“五海”统筹布局和方略、推行“双轨思路”和平解决周边争端、大力建设周边外交人脉工程等为主要内容的未来中国周边外交新课题。

“中国周边学”的分支学科和关联学科：研究和阐述“中国周边学”与中

国边疆学（边海学）、中国海洋学、中国跨境民族学、中国周边宗教学、中国跨境水外交学等的区别和联系，共同促进学科的建设和发展。

五　积极推进建设“中国周边学”

中国周边学的兴旺在长期的实践中形成，伴随着中国的和平崛起、反对“中国威胁论”及“讲好中国故事”的现实需要而迅速壮大。“中华美国学”是顺应中美关系正常化而诞生，伴随中美关系的发展而发展起来的。“中华欧洲学”是顺应中欧伙伴关系发展进程而发展起来的。“中华俄罗斯学”比较特殊，20世纪60年代的中苏对抗刺激了中国学界对于“沙俄侵华史”的研究，奠定“中华俄罗斯学”的重要基础，20世纪90年代以后的中俄关系迅速发展以及中俄全面战略合作关系发展达到历史高点的现实需求，进一步催动和推进了“中华俄罗斯学”的兴盛和发展。“中华日本学”的发展也与中日围绕历史问题的分歧和争端相关，更与中日关系正常化和双边关系发展相联系。目前，“中国周边学”学科产生的时代条件已经成熟，应该积极予以推介和宣传，使其为中国实现“两个一百年”的“中国梦”和中国强国外交的实际运作贡献智慧和力量。

为此，建议在近期关注并建设“中国周边学”学科，并积极推动以下各项工作：

1. 积极推介和研讨“中国周边学”，研究其概念内涵和理论范式，形成较为一致的认知和开展研究的共识。

2. 设置“中国周边学”论坛，创办“中国周边学”相关学刊，或在相关刊物设置“中国周边学”专栏，广泛开展研讨，推介新概念，建设新体系，使“中国周边学”成为一门新的学科。

3. 积极开展媒体宣传，使学术界和国人逐步接受“中国周边学”这一新学科，并对其进一步开展研究。

4. 建议国家社科基金、教育部以及各省市社科基金设置相关项目，资助和扶植“中国周边学”研究，包括已经资助的正在进行的中国周边国家档案收集与研究等。继续大力推进中国周边外交史料整理和研究，编撰中国周边外交编年史，创造条件编撰“中国周边外交史”。

5. 在条件成熟时，建立“中国周边学”学会，集结全国学者组成学科群，进一步深入开展研究，努力探索和解决中国周边外交实践中不断出现的新问题和新课题。

6. 在部分高校设置相关专业，吸引和招收硕士、博士研究生和博士后研究人员，积极开展“中国周边学”研究，培养和形成“中国周边学”研究的学术团队和后备梯队等。

“中国周边学”的学科定位、研究视角与重点领域

中国社会科学院美国研究所研究员　李　文

“中国周边学”以中国周边国家与地区为特定研究对象,以跨学科研究为主要方法，以服务于中国实现“两个一百年”奋斗目标、实现中华民族伟大复兴为宗旨。“中国周边学”属于地区国别研究，致力于揭示和描述中国周边地区的特有发展规律与个性特征。中国立场与中国视角，是“中国周边学”内在规定性，也是“中国周边学”科学性与客观性的重要保证。“中国周边学”研究领域应聚焦三个层面：国别研究、区域发展以及周边命运共同体的构建。

一

“中国周边学”是以跨学科研究为主要方法，以中国周边国家与地区为特定研究对象,以为中国发展塑造和平稳定的周边环境提供智力支持为宗旨的一门新兴学科。“中国周边学”属于地区国别研究，致力于揭示和描述中国周边地区特有发展规律与个性特征。

国际问题研究包括国际关系史、国际关系理论和现实问题三个部分。“中国周边学”按其基本属性，更接近现实问题的研究。与一般性的国际关系研究追求普适性、规律性的一般知识不同,“中国周边学”应以探究地方性、精细化的知识为目标，并在对周边国家与地区深入研究的基础上为国家制定周边战略、开展更具针对性和舒适度的周边外交政策提供具有参考意义的政策建议。

建立一门新兴学科需要具备诸多基本要素,其中决定性因素是国家需要。“中国周边学”建立的根据与理由，在于新时代需要新理念、新科学。周边地区与国家无论从地理方位、自然环境还是相互关系来看，对我国发展都具有重

要的战略意义。

21世纪初，“周边”作为一个界定特定区域的概念逐渐进入学术界视野时，还存在一些争议性。但随着周边地区在我国外交中的重要性日趋显现，决策层开始使用“周边国家”“周边外交”等概念。2011年4月，在博鳌亚洲论坛年会上，中国国家主席胡锦涛发表主旨演讲指出，中国将“始终把亚洲放在对外政策的首要位置”。2012年3月，温家宝总理在政府工作报告中阐述外交新“布局”时，不再延续所谓“亚非拉美”的传统说法，而是使用“周边国家”“发展中国家”“大国”“多边”的新提法。这一变化，反映出中国外交理念向“以我为主”方向的调整，反映出周边重要性的增强，也反映出我国外交对象的层次明晰化，以及外交工作针对性的增强。中共十八大后，党和国家进一步提高了对周边外交的重视程度。2013年10月，中共中央召开全国周边外交工作座谈会，习近平总书记明确提出做好周边外交工作，是实现“两个一百年”奋斗目标、实现中华民族伟大复兴的中国梦的需要。2014年11月，中共中央再次举行全国外事工作会议，中国周边外交被赋予“重中之重”的战略新定位。党的十九大报告更加明确地指出，中国要“按照亲诚惠容理念和与邻为善、以邻为伴周边外交方针，深化同周边国家关系，秉持正确义利观和真实亲诚理念，加强同发展中国家团结合作。”

深化同周边国家关系，离不开必要的知识储备和智力支持。客观地说，目前我国学术界的周边研究，无论是理论创新、知识储备还是智库建设，都与国家的现实需求之间存在较大缺口，也与我国在国际社会中的地位不相匹配。导致这种状况产生的原因之一，就在于我国现有国际问题研究缺乏在研究对象与研究方法上与周边地区研究相吻合的新学科。自20世纪80年代以来，亚太研究一直是国际问题研究中的显学，但亚太地区与“中国周边地区”在地理上存在较大差异。将“亚太”或“亚洲”界定为我国外交的一个特定区域，明显存在过于笼统的缺失。在我国同周边国家的关系发生了很大变化的情况下，为使学科建设得以及时跟进，相关研究成果更好地满足国家需要，建立“中国周边学”已经是中国学术界的一项刻不容缓、亟待完成的任务。

从内在条件成熟方面考察，“中国周边学”已完成“十月怀胎”，就等着“一朝分娩”。其一，自1979年以来，与中国周边相关的国别研究、次区域研究以及区域研究蓬勃发展；美国研究、日本研究、俄罗斯研究、印度研究以及朝鲜半岛研究、南亚研究、中亚研究、东南亚研究、东北亚研究、亚太研究都初具规模，既有专门的研究机构和研究队伍，也有研究期刊，并发表出版了大量学术论文、专著和译著。其二，国家和科研机构的重视程度不断上升。自2011年教育部推出“国别和区域研究培育基地”项目以来，各高校普遍加大对区域和国别研究的重视程度，并基于自身特色推出了不少新的措施。其三，我国已经拥有专门研究中国周边外交地区的学术机构，如复旦大学中国与周边国家关系研究中心（简称“复旦中国周边中心”）。该中心成立于2013年11月，迄今已打造出一支较为优秀的研究团队。其主办的《中国周边外交学刊》，“复旦大学中国周边外交研究论坛”，举办的国际国内学术会议，编制的“中国周边外交研究报告”和“中国周边国家概况及其对华关系数据库”，都在国内外产生了广泛学术影响。该中心提交的政策咨询报告，受到国家决策部门的高度重视；主编的“复旦大学中国周边外交研究丛书”，集近年来我国周边研究之大成。其中，《近代中国周边外交史论》（石源华等著，上海辞书出版社，2006年）、《中国周边外交十四讲》（石源华著，社会科学文献出版社，2016年）、《中国周边国家概览》（石源华、祁怀高主编，世界知识出版社，2017年）、《中共十八大以来中国周边外交研究报告》（石源华著，社会科学文献出版社，2016年）、《中国崛起背景下的周边安全与周边外交》（祁怀高等著，中华书局，2014年）、《冷战后中国周边地区政策的动力机制研究》（石源华、祁怀高主编，中华书局，2016年）、《转型期日本的对华认知与对华政策》（包霞琴等著，中华书局，2017年）等专著，代表了我国周边研究的水平。此外，华东师范大学已经成立了中国周边国家研究院，集结众多学者，以搜集和整理中国与周边国家关系的档案资料为重点，做出了卓有成效的学术努力和贡献。云南大学成立了中国周边外交研究中心，集该校各学科的力量和优势，积极推进中国周边外交的研究。这些都为“中国周边学”的建立奠定了牢固基础。

二

中国立场和中国视角，是“中国周边学”的内在规定性。改革开放四十年来，中国的快速发展以及中华民族伟大复兴展现出的光明前景，为“中国周边学”的问世提供了历史机遇。服务于中国实现“两个一百年”奋斗目标、实现中华民族伟大复兴，是“中国周边学”存在与发展的最高意义与价值。

“中国周边学”的兴起与中国的崛起密切相关。在多数情况下，地区研究的发达程度都是国际关系史上大国兴衰在学术领域的投射，是衡量权力转移发生状态的重要尺度。“知己知彼，百战不殆”。某一国在某一地区的影响力与该国对该地区内的国家以及地区整体全面、深入的了解与深刻的把握高度关联。一个国家如有意成为全球性大国，则需要对世界范围内不同地区有研究与了解。二战结束前，霸权的形成有赖于武力征服。随着强权、暴力威胁与征服在国际关系中的作用日渐下降，一国是否与其他国家形成相互了解、相互理解与相互信任的关系，对其实力的增强与大国地位奠定的作用明显提升。“中国周边学”与其他国家的亚太研究和有关研究的根本区别，在于“中国周边学”立足于中国，是中国学者围绕中国的利益与需求开展研究，其目的是为民族复兴提供知识与智力支持。

中国立场与中国视角，是“中国周边学”突破“西方中心论”，改变亚太研究领域一直由西方国际关系理论主导格局的唯一选择。中国周边地区虽然远离欧美、毗邻中国，但就对这一地区的研究水平而言，目前西方国家尤其是美国与中国相比似乎更胜一筹。究其原因，在于西方发达国家和地区为扩大和维护自身利益，投入了大量学术资源。如果中国学术界不把建立中国自主的话语体系作为己任，而是以所谓的为了学术而学术为宗旨，跟在西方国家后面亦步亦趋，致力于为西方学术体系增砖添瓦，这样的研究，对实现中华民族伟大复兴而言，即使构不成伤害，也带不来裨益。另辟蹊径，立足于我国的现实需要，是“中国周边学”有所作为的前提条件。

中国立场与中国视角，还是“中国周边学”科学性与客观性的重要保证。毫不夸张地说，在过去与未来一段时间里，中国周边国家与地区的变化有内因，也有外因，但在中国与周边的相互作用中，中国是主变量。中国的高速发展，对周边地区的发展起到了重要的推动与拉动作用。在这种情况下，脱离中国，割舍与中国的密切联系，把周边地区作为一个孤立的研究对象的研究，显然难以切中肯綮。

三

在地理上，中国周边地区应包括东北亚、东南亚、南亚、中亚以及澳新地区。在现实上，中国周边国家必须包括美国，因为无论在经济还是在安全上，美国都是一个不容忽视的存在。中美关系的性质与状态，对中国与其他周边国家具有独特影响。

中国周边学研究领域应聚焦三个层面，国别研究，地区特点与发展规律，地区秩序、合作机制与规则。

国别研究是基础。只有对周边不同国家的政治、经济、历史、文化等基本情况有深入的研究，确切的把握与了解，才能揭示地区发展的一般规律，总结地区的本质特征，才能做到有的放矢，提供有价值的政策建议。例如，中国社会科学院下属的社科文献出版社组织有关专家撰写“列国志”，对全球100多个国家与国际组织的基本情况加以全面介绍，为我国国别研究的深入开展奠定了基础。

“中国周边学”问世后，有望对以往周边国别研究中存在的三种不足有所弥补。其一是不平衡，即对美、日、俄、印等大国研究的多，对一些小国缺乏应有的关注。其二是缺乏足够的实地调研。“不入虎穴焉得虎子”，但目前我国许多国别研究成果从书本到书本，流于空乏。对一些中小国家研究的深耕细作，还需要在人才培养、队伍建设、资金投入等方面付出更多的努力。其三是小语种人才短缺。以“一带一路”研究为例，四年多来，我国相关研究迄今还主要使用中英文资料。沿线涉及的60多个国家的40多种官方语言，国内目前教授的只有其中20种，在这20个现有语种中有11个在读人数不足100人、8个不足50人。目前国内开设语种最多的专门院校北京外国语大学能够提供的70个语种尚不能覆盖我国建交国家涉及的约95种通用语言，也不及美国哈佛大学90个语种的教授能力。

“中国周边学”的另一个任务是总结周边地区不同于其他区域的特征，揭示周边地区的发展规律，探究适合于本区域的发展道路或发展模式。近年来，中国周边地区政治、经济、安全、区域合作等发生了许多引人注目的变化，需要“中国周边学”加以研究的课题很多，如周边经济内涵与外延的相互关系，周边经济发展的客观规律，经济发展和经济量的时空关系、分布状况及其运行机制和运行轨迹，地区政治格局变动，国家间政治力量的相互作用与影响，各国政策对地区局势的影响，地区安全与热点问题，等等。

“中国周边学”还应研究如何把中国梦同周边各国人民过上美好生活的愿望、同地区发展前景对接起来，让命运共同体意识在周边国家落地生根，提出具有高度参考与启迪意义的政策建议。具体课题主要有三个方面。其一，研究如何构建周边新秩序，重点研究如何消融周边地区存在的经济结构与政治结构相互分离的“二元结构”，即在安全领域，美国及其在东亚的联盟体系依然稳定地处于主导地位；在经济领域，中国的经济中心地位有所加强，相互依赖关系加深问题。其二，研究如何构建周边合作新机制，重点研究“一带一路”如何依靠中国与有关国家既有的双边、多边机制，借助既有的、行之有效的区域经济、安全合作平台，建构一个能够包容、整合原有的合作机制，深化合作程度的新的经济与安全合作框架。其三，研究设立周边经济安全新规则。重点研究如何通过“一带一路”建设，在经贸领域提出既符合全球化的未来发展方向，又能反映周边各国在诸多新领域试图形成统一规则的诉求，促进区域贸易投资自由化与便利化，有助于周边地区共同发展繁荣的新的经济规则；在安全领域如何落实与美国主张某一集团内部的共同防御行为的“集体安全观”有所不同的，以全面安全、共同安全、合作安全为主要内容的新安全观；研究如何在中美1972年以来签订的三个联合公报，中日两国自20世纪70年代初期恢复邦交以来签署的四个文件，中国同8个周边国家签署的睦邻友好合作条约的基础上，如何尽快签署中国—东盟睦邻友好合作条约，并同所有周边国家商签睦邻友好合作条约，提出为周边国家共同接受和遵循的新规则，为地区繁荣稳定提供保障。

中国周边学的理论视角与理论意义

广东外语外贸大学/广东国际战略研究院周边战略中心主任、教授
周方银

提出“中国周边学”这个概念，在目前还是一个比较大胆的想法。但这个想法并非没有基础，它的基础不仅是几十年来中国周边外交的实践，更建立在古代东亚国际关系的丰富历史经验的基础之上。

2003年，韩裔美国学者康灿雄（David Kang）曾发表文章，指出如果仅仅从基于欧洲的历史经验提炼的国际关系理论来理解亚洲，会导致认识上出现很大的偏差，因为亚洲的经验、亚洲的文化、亚洲国家的行为模式与欧洲国家有较大的不同。为了更好地解释亚洲国家的行为，需要对历史上以及当前的东亚国际关系做更为深入和符合实际的研究和分析，需要从亚洲的视角来理解亚洲，而不能只是把亚洲或者东亚国家之间的关系作为西方国家关系理论的一个普通案例来对待。

康灿雄提出的这样一种观点，实际上指出了现有国际关系理论在经验基础方面存在的一些不足，特别是对东亚国际关系的历史经验在理论上的重要性未能予以充分的重视。几十年来，西方国际关系学者基于西方国际关系的经验，对国际体系的无政府性质进行了分析，提出了霸权稳定论、民主和平论、相互依存理论、均势理论，以及关于国际制度与国际合作等方面的理论；从战略的角度，对国际关系中的制衡、追随、对冲、卸责、搭便车等行为进行了分析；对国家之间的联盟、战争、承诺等进行了大量的探索；对国际体系、国际社会、国际秩序、全球治理进行了广泛的讨论，取得了颇为丰富的理论成果。

在过去几十年国际关系理论发展的过程中，对西方国家特别是欧洲近几百年来的历史经验的分析，在其中发挥了十分重要的作用。相比之下，非西方、非欧洲的历史经验和现实实践在很大程度上被学者们忽视。这样的做法，会在

一定程度上造成理论发展过程中的选择性偏误，也会导致理论未能实现真正的包容性和普遍化。

国际关系学者不宜认为只要搞清楚了西方国家之间的关系，就能够很容易地解释亚洲国家之间的关系。我们不能简单地把与西方国际关系理论不一致的地方，理解为是一些经验上的例外，是细节性的问题。在理论建构的过程中，一些重要的反例、与现有理论的不一致之处，本身具有重要的价值。东亚国际关系所具有的丰富历史素材，以及近几十年中国周边外交的实践，本身是十分重要、富有特殊价值的可用于发展理论的材料。其在理论上所具有的价值远远没有得到有效的发挥。

在相当长的时期内，东亚地区自成一体，是一个充分演化的国际体系，从而构成一个十分有价值的理论分析对象。大体上，它主要有以下几个方面的特点：

首先，古代东亚体系在相当长的时期内，总体上是一种单极体系。这个单极体系经历了反复的建立、制度化、瓦解、重建的过程，为人们分析单极体系，包括其动因、机制和过程提供了丰富的经验材料。

东亚体系可以大体上视为是一个稳定的单极体系。它的稳定性表现为，在任何时候，中国都理所当然地认为自己是体系内的中心国家，对此具有十分稳定的预期。对于中国的中心地位，朝鲜、日本、越南在不同程度上总体予以接受，或者，它们经常在认为其他国家会接受中国的中心地位这样一种假设下采取行动。某种意义上，中国与其他东亚国家的关系与二战后美国及其盟国和伙伴国之间的关系具有一定相似性。与之相比，在欧洲大陆，并没有形成长时段具有稳定实力优势地位的霸主，相关国家也没有形成某一国会长期持续地保持霸主地位的稳定预期。与缺乏这一稳定预期相对应的，是对霸主地位展开的反反复复的代价高昂的残酷争夺。针对这一现象，西方学者发展出了均势理论，但对于东方国际关系体系和秩序的理论建构则存在很大的不足。

冷战结束后，国际体系中曾经出现了只有一个超级大国的情况，美国人说是一种单极体系。但是，这个单极体系只运行了二十多年就越过了其顶峰，美国的优势地位在一定程度上开始走下坡路。也就是说，这个单极体系并没有充分地展开，它的很多特性还没有比较充分地呈现。它作为一个研究样本的典型性有明显的不足。

其次，在东亚国际关系中，实力不对称是一种普遍现象。两千多年以前，孟子就已提出，“惟仁者为能以大事小，惟智者为能以小事大”。如何处理实力不对称行为体之间的关系，并在此基础上建立稳定的秩序，是古代东亚秩序中一个近乎永恒的话题。东亚秩序与1648年以来的欧洲秩序一个重要的不同之处在于，东亚国家之间的关系总体上是一种实力不对称结构下的关系。从1368年到1841年的东亚地区，有一个总体上处于无争议的实力优势地位的行为体，就是分别处于明朝和清朝时期的中国。相比之下，欧洲长期处于多极争霸的体系格局之中。虽然欧洲国家之间也有实力不对称的现象，但这不是体系性的特征。从体系层面，长期是诸强争霸的格局，中小国家在一定程度上成了大国争霸过程中的砝码，或沦为大国的附庸，或成为大国之间的缓冲区。在强大体系压力的作用之下，其作用在很大程度上被忽视，而长期没有被作为具有中心性的问题来加以对待。

第三，古代东亚在很长的时期内，是一个相对封闭的国际体系。在很长的时期内，它虽然与世界其他部分发生一定的关系，包括自明代以来，葡萄牙、荷兰等国与东亚的贸易以及宗教、文化方面的往来明显增多，但其对以中国为中心的东亚体系的冲击并不大。在相当长的时期内，东亚体系总体是一个自我运转的、相对封闭的体系，这一体系的基本特征并未受到外来因素的根本性冲击。从这个意义上，它构成了一个分析上比较纯粹和理想型的案例。

第四，是文化对国际秩序的影响。儒家文化对朝贡体系内的很多重要行为体，特别是东亚地区的中国、朝鲜、安南、日本等国产生了十分重要的影响。某种意义上，儒家文化圈构成了东亚国际体系，特别是所谓朝贡体系的核心区域。受儒家文化的影响，日本、朝鲜甚至试图在一定范围内构建自己的小中华体系。由于在相当长的时期内，东亚地区中小国家所面临的国际环境远远没有欧洲国家那么恶劣，加上中国面临的体系压力比较小，这为文化在这一国际关系体系中发挥作用提供了颇为有利的国际环境，使文化独立于权力、利益方面的作用能够更充分的发挥和显现。同时，也为人们分析文化的秩序作用、文化在国际体系内作用的发挥、文化在国际体系中的社会化和制度化，提供了难得的研究样本。

最后，是儒家文化的现代化过程及其对周边外交的影响。鸦片战争以来，或者自更早一些的东西文化相遇以来，东亚国际体系对来自西方的冲击的反应、适应，是一个大规模的体系转型过程。在这个过程中，不仅发生了实力对比、国际制度的深刻变化，而且东亚国家的文化也经历了一个深刻的转型过程。儒家文化也在努力适应现代化的压力和要求，并同时顽强地保持着其一些内在的要素。传统文化的这一转型过程，也影响了当前中国周边外交的一些底色，使其具有较为鲜明的特色。如当前中国外交的一些重要理念，包括“亲诚惠容”的周边外交理念、坚持正确的义利观、命运共同体建设、“共商、共建、共享”的全球治理观，以及结伴不结盟、对话不对抗等一些观念和政策，大多可以在儒家文化中找到其对应的内容。过去几十年，中国先发展经济实力，然后承担更大国际和地区责任的做法，也在一定程度上符合儒家传统思想中的“修身、齐家、治国、平天下”“内圣外王”、以王道治理天下的思路。在“不干涉他国内政”“不输出中国模式”的前提下为国际社会贡献更多中国智慧和中国方案的做法，也在精神上契合“远人不服，则修文德以来之”、“己所不欲，勿施于人”的传统儒家思想的政治路径。

从中观的角度，中国与周边近邻国家关系发展的实践，特别是古代东亚国际关系的实践，也为研究国际关系理论的一些重要议题，如制衡与追随、硬制衡与软制衡、对冲及其应对、冲突与危机管理、结盟与同盟瓦解、信号传递与信号的接收与理解、经济手段的政治作用、国内政策的国际作用、国际规范的国内传递、体系变迁过程中的国家策略选择等，提供了有价值的材料，并可能启发新的理论思路。

总体来说，中国与周边的关系研究，有着丰富的、尚未充分整理和研究的历史材料，有很多具有理论价值的经验事实，也有许多有待于进一步深入开发的理论议题。加强这些方面的研究，具有重要的理论意义，并可能做出具有创新性的成果，这在国际关系及区域研究方面，也具有深刻的方法论意义。

中国周边外交何以“特色”①

中联部当代世界研究中心研究员　赵明昊

党的十八大以来，我国周边外交在顶层设计、机制建设、策略运筹、资源投入等方面实现较大进展，在中国外交全局中的地位和重要性不断提升。党的十九大提出未来数十年建设“社会主义现代化强国”的国家发展目标，并将推动构建新型国际关系、推动构建人类命运共同体明确为新时代中国特色大国外交的中心任务。在此背景下，如何进一步深化中国周边外交、促进周边命运共同体发展，成为亟待谋划的战略性课题。因此，加强中国周边外交的理论研究、政策研究和话语研究，集中各方面力量深入构建“中国周边学”具有重大意义。

当今世界，几乎每个国家尤其是大国都要处理自身的周边外交问题，或曰与邻国之间的关系问题。中国周边外交何以“特色”，是提出和构建“中国周边学”需要回答的核心问题之一。具体而言，似应包括以下几个重要问题：中国的周边外交和其他大国的周边外交相比有什么相同点和不同点？“中国周边学”需要重点解答的理论性问题和政策性问题是什么？“中国周边学”与“外交学”“中国学”等学科是何关系？“中国周边学”的现实影响和国际意义是什么？等等。显然，“中国周边学”带来的学术探索空间和理论构建的可能性是巨大的。

简要而言，中国周边外交何以“特色”，可以从以下几个方面加以辨析。

① 本文是国家社会科学基金项目《“一带一路”建设中的美国因素及其应对策略研究》（批准号：17CGJ027）的阶段性成果。

一　具有“特色”的地缘环境

在当今世界大国中，中国面临的周边外交形势应该说是最为复杂的。与中国领土领海直接相邻的有20个国家（陆上邻国14个，海上邻国6个），其中朝鲜、越南既是陆上邻国，又是海上邻国。与美国仅和加拿大、墨西哥接壤不同，中国的周边邻国中既有俄罗斯、印度、日本这样的大国，也有巴基斯坦等拥有核武器的国家，还有阿富汗等长期动荡的国家。可以说，中国的周边地区不仅是全球最大的地缘经济板块，也是大国力量与核力量最为集中的地区。从地理位置看，中国位于欧亚大陆的东端，面向太平洋海域，具有陆海兼备的地缘特征，从理论上而言，中国应成为陆海战略方向并进、陆海力量融合、陆海优势凸显的强国，并进而在国际舞台上发挥应有作用。然而，从现实环境和周边“次区域板块”看，无论是东南海疆，还是邻近中国西部的地区，都面临严峻的安全挑战。美国哈佛大学教授约瑟夫·奈等人认为，很大程度上正是因为中国在周边外交上的地缘劣势，中国难以取代美国成为全球事务的主导者。尤其是特朗普政府执政以来，出于对美国亚太政策的担忧和焦虑，日本、澳大利亚、印度等国或将更为积极地“串联”，加之美国本身也有意在“印太”战略框架下扶持“日澳印+X”的地区合作模式，亚洲“多强竞争”的态势将会越发深化，中国面临的周边外交形势也将随之更趋复杂。

二　具有“特色”的政治制度

中国是共产党领导的社会主义国家，这一政治制度对中国的国际战略和周边外交具有根本性的影响。沈志华教授等学者对冷战时期社会主义阵营内部国家关系所做的研究表明，从历史上看，社会主义国家在处理对外关系方面体现出不少特色。考虑到中国在社会主义制度方面越发具有自信，需要从“社会主义”而不是仅仅从“民族国家”的维度看待中国与周边国家的关系。近年，中国领导人提出构建“中国特色大国外交”，很大程度上这种“特色”是和国家政治安全（总体国家安全观的核心内容之一）、社会主义制度、世界社会主义发展等问题相联系的。习近平总书记强调，“中国共产党所做的一切，就是为中国人民谋幸福、为中华民族谋复兴、为人类谋和平与发展”，其中体现了中国共产党作为马克思列宁主义政党的世界观。应当看到，过去几十年，中国共产党与周边国家政党和政治组织的交往，构成了中国周边外交的重要组成部分。冷战时期，中国周边外交出现的很多问题，其部分原因在于未能正确处理国家关系中政治制度、意识形态等因素，如20世纪60年代中国和印尼的关系。时至今日，中国在处理与越南、老挝等周边国家关系时，仍很强调“社会主义”这一层面的特殊意义。事实证明，“社会主义”因素对于中国和越南缓和南海问题争端、中国和老挝推动建设命运共同体等方面发挥了重要的积极作用。然而，值得注意的是，在中共十九大之后，美欧等国出现新一轮“中国威胁论”苗头，主要内容是“中国模式输出论”“中国政治渗透论”“中国经济侵略论”等。面对比以往任何时候都要强大和自信的中国，面对中国从“经济上崛起”向“政治上崛起”转变，很多西方人士感到不适，这种情绪可能也会在中国周边地区产生影响。更值得注意的是，这种变化还会与中国周边外交中的“华人/华族”问题相互作用（如印尼“钟万学事件”），这一动向需要审慎应对。

三　具有“特色”的历史遗产

大致而言，直到19世纪中期，由于国力强盛，中国在东亚乃至欧亚大陆的东部都扮演着“主导者”角色，中国的历史地位以及周边国家历史上对中国的“观念”，与当今和未来一个时期的中国周边外交之间是存在“回响”的。虽然从清朝康熙年间的《尼布楚条约》开始，中华帝国逐步接受“划界而治”这种近代国际关系范式，但“天朝上国”“普天之下”“华夷之辨”等观念对历史上中国统治者的影响仍然是根深蒂固的。当然，费正清（John Fairbank）等西方学者试图用“朝贡体系”“中央王国”“例外主义”等较为简单化的概念来描述传统的中国外交也是存在争议的。正如哈佛大学清史教授欧立德（Mark C. Elliott）等人所言，基于西方历史的纳贡（submit tribute）与明清时期中央王朝处理藩国关系的理念和经验无法直接画等号。应看到，“朝贡”的核心是“礼”，形式上是“薄来厚往”，注重“字小以仁、事大以诚”（清雍正皇帝曾将670平方公里的土地划给安南）。“礼”为中国处理与周边国家关系提供了一套不同于1648年建立起的威斯特伐里亚体系的国际秩序观，实际上的直到1814年维也纳会议，西方才真正建立起民族国家体系。近年来，康灿雄（David Kang）、邝云峰（Yuen Foong Khong）等一些西方学者也开始重新审视“朝贡体系”等问题。应该说，“礼”的观念等历史性的文化遗产，对中国周边外交的“差序格局”“正确义利观”“周边命运共同体”等理念或许存在一定影响。在当代中国日益注重外交中的“文化/文明因素”的背景下，如何处理好“历史遗产”（有形的和无形的历史遗产）与中国周边外交的关系，值得深入思考。

四 具有“特色”的发展进程

很多学者曾指出，从幅员和体量而言，中国更像是一个“洲”而不是一个“国家”，中国的发展呈现出“多面体”的特点。时至今日，中国仍坚持认为自己是“发展中国家”，如中共十九大报告称，“我国仍处于并将长期处于社会主义初级阶段的基本国情没有变，我国是世界最大发展中国家的国际地位没有变。”中国的发展仍然呈现出“内部不均衡”的特点，特别是与周边国家相邻的省份基本上是经济实力较弱的地区。然而，从对外经济关系、军事实力和安全影响、人文交流等方面看，中国已经是一个“地区性强国”。需要处理好中国的自我认知与周边国家的“强中国”认知之间的关系。中共十九大表明，进入“新时代”的中国将按照未来30年“两步走”的战略安排，朝着21世纪中叶建成“社会主义现代化强国”的目标迈进，中国的发展进程开启了新阶段。应当看到，世界历史上从未有过一个13多亿人口的国家实现工业化、现代化的先例。中国崛起为强国的历史条件和历史进程，或许将是“独一无二”的。唯有中国自身努力成为“新型强国”，才能构建真正的“新型国际关系”，这将成为中国外交包括周边外交之“特色”的一大来源。不容否认的是，中国自身已经成为影响亚太地区格局的决定性因素之一。一个经济繁荣、政治稳定、文化自信、军力日增的“强中国”在一定程度上对周边国家的政策心理会带来“冲击”。尤其是未来的数十年，随着中国希望在建设强国的征程上不断实现跨越，这种具有“特色”的发展进程势必将给中国处理周边外交问题带来一系列新的挑战。未来数年，我国将迎来全面建设小康社会的决胜期，也是“实现第一个百年目标，迈向第二个百年目标”的“爬坡期”和“衔接期”。因此，需要我们从这一历史方位对中国的国际环境和周边外交形势做出冷静、客观的研判，一步一个脚印地将“一带一路”建设等工作做细做实，努力营造对我国发展总体有利的周边环境，为我国从“地区性强国”向“全球性强国”的跨越提供必要条件和基础。

“中国周边学”只有回答清楚了如何应对和解决以上四个特点，才能建设成为一门独立的新学科。

创建“中国周边学”的机遇与挑战

武汉大学中国边界与海洋研究院、国家领土主权与海洋权益协同创新中心副教授　关培凤

一　创建“中国周边学”的机遇

首先，国家从战略层面对“周边”的高度重视，为“中国周边学”的创建提供了机遇。中华人民共和国成立近七十年来，历来重视“周边”。自20世纪50年代开始，中国以“和平共处五项原则”指导与周边国家的关系，与一批周边国家建立了外交关系。期间虽受“文革”影响有所偏离，但总体上执行了与周边国家和平共处的外交战略。

改革开放以来，中国重新确立了和平共处外交战略的指导地位，“周边”一词也从20世纪80年代开始出现在中国外交和安全战略研究的文献之中。据学者研究，“周边”一词于1988年首次出现在政府工作报告中。此后，除个别年份外，“周边”二字在历年政府工作报告中都占据重要地位。1992年的十四大报告正式明确提出了“周边国家”概念，与之相伴随，中国与周边国家的关系也从政治为主，转向政治与经济并重，“经济外交”在中国与周边国家关系中的比重不断上升。

进入21世纪以来，周边在中国外交战略布局中的地位进一步得到加强，“周边”被提升到“首要”的重要地位。据统计，2013—2015年，有关周边外交工作部分的文字阐述在政府工作报告中所占百分比都超过了20%。2013年10月，中共中央召开了新中国成立以来第一次周边外交工作座谈会。会上确定了一段时期内中国周边外交工作的战略目标、基本方针、总体布局，明确了解决周边外交面临的重大问题的工作思路和实施方案。中华人民共和国成立以来，特别是十八大以来对周边工作的战略统筹和布局，为创建“中国周边学”

提供了时代契机。

其次，新时期的国家实践为创建“周边学”，开展周边研究提供了素材。习近平在中共中央周边外交工作会议上强调，思考周边问题、开展周边外交，要有立体、多元、跨越时空的视角。这意味着开展周边工作不仅不能局限于政治、经济和外交等传统领域，更加不能局限于地理上的接壤，而应该是关注整个亚洲太平洋地区构成的“大周边”。在这种“大周边”布局下，传统的内涵和外延相对较为单一的周边外交研究，不再能满足国家发展和学术研究的需要。十八大以来，“大周边”概念的提出及近年来的国家实践，大大丰富了中国周边工作的内容，为创建“中国周边学”和开拓“周边学”的研究领域提供了丰富的素材。

二　创建“中国周边学”面临的挑战

尽管存在上述机遇，但当前创建“中国周边学”也面临着不容回避的现实挑战。

首先，准确界定“中国周边学”的概念及其研究对象面临较大困难。长期以来，谈到“周边”，总是与“外交”联系在一起，“周边”研究往往突出表现为“周边外交”研究。尽管“周边外交”历来是动态的，不断发展演变的，但“周边学”却是一个全新且与“大周边”相依共生的学术概念。而“大周边”究竟要“大”到什么程度合适，迄今仍然不能说已经达成普遍共识。相应地，“中国周边学”的研究对象究竟应覆盖哪些国家和地区，包含哪些领域，其内涵和外延如何，也是见仁见智。在这种情况下，完整准确地界定“中国周边学”的概念，明确其研究领域，限定其内涵外延，并使其广为学术界接纳，非朝夕可成。

其次，在“中国周边学”语境下定位中国与周边国家的关系难度较大。历史上中国与周边国家的关系不是一成不变的，而是经历了古代以中国为中心的朝贡模式、近代以西方列强殖民侵略为中心的模式和战后以美苏冷战对立为中心的模式。进入21世纪以来，随着中国的和平崛起，中国与周边的关系也相应地发生了变化。在中国的“大周边”布局中，中国与周边大国和小国的关系、中国与接壤国和非接壤国的关系、中国与陆上邻国和海上邻国的关系、中国与传统周边国家和非传统周边国家的关系等，既有共性特征，更有个性特征；中国对周边的认知、期待和定位，与周边对中国的认知、期待和定位并不总是吻合，甚至在某些方面、某种程度上存在巨大的分歧和差异。因此，在“中国周边学”语境下恰当描述和定位中国与周边关系的模式，力求达到双向对接和充分认可并非易事。这不仅需要一种全新的理论框架，从宏观上进行规范，还需要根据不断发展的新的国家实践做出调适和补充。

三 “中国周边学”语境下的边海研究

按照现有的一般理解和实践，边界与海洋问题指的是中国与周边陆地邻国和海上邻国之间存在的各种争议与问题。但在“大周边”语境下，边界与海洋问题显然并不局限于陆地接壤和海上相邻或相向国家间存在的问题，而是有更大的纵深。因此，“周边学”语境下的边海研究必须做出新的调整。

（一）在“中国周边学”语境下重新认识“边界”的概念

从国际法上讲，边界是一条“划分一国领土与他国领土或与国家管辖范围之外区域的界线”。因此，传统意义上的边界包括两重意思：第一，就一国而言，它指该国所辖领土的范围；第二，就相邻国家而言，它是区分两国领土范围的界限。因此，传统意义上的边界往往指的是一个国家的四周。随着时代的发展和科技的进步，边界又演变为一个包括海、陆、空在内的多维立体概念。而且随着“海洋世纪”的全面到来和空间竞争的日趋激烈，海上和外空的争夺会更加复杂和激烈。在这种时代背景下应运而生的“中国周边学”，所涉地理范围绝不止于传统的中国周边国家和地区，而是一个“大周边”的概念。在“大周边”语境下，按照传统的概念去界定边界、处理边界问题，既不符合学术研究的需要，也不能满足国家发展的需要。因此，必须根据边界的内涵与外延，重新界定“边界”概念。

（二）在“中国周边学”语境下确定边海研究的内容

传统意义上边海研究的内容一般会包括边界（陆地和海上，下文同）形成史、边界划定、边界勘定、边界变化、边界划分和勘定中的相关法律问题研究，以及边界理论研究。目前，国内对边海问题，特别是陆地边界问题的研究基本上还是以传统研究对象为主，但国外不少学者开始从人类学、社会学的角度研究边海问题。如在中印边界问题研究中，印度就有一些学者从人种、族裔、民族文化传统等角度来论证“麦克马洪线”是一条“族裔边界”，以此论证印度主张的“合法性”。这些动向启示我们，要扩大边界研究的内容，扩展边界研究的范围。在“大周边”的“周边学”语境下，边界研究的内容，除了以上内容外，至少还应包括对边界问题的理论解释，对边界争端管控、解决机制和模式的研究，对边境管理（含边防安全管理、边境贸易、跨界水问题等）的研究，对边界地区的民族、语言、宗教、文化等的研究。

（三）在“周边学”语境下确定边界研究的重点、目的和意义

边界研究具有独特性，既是历史的，也是现实的。它涉及历史上和现实的政治、经济、军事、外交、民族、文化，甚至包括国际关系和国际格局问题。也就是说，边界问题与历史和现实的联系都很密切，在时间和空间上也具有宽广性和纵深性。正是缘于边界研究的这种独特性，历史学、历史地理学和外交学中都将边界研究作为重要的研究部分。但在“中国周边学”的语境下，与边界相关的历史问题可以成为研究内容，但不应该作为研究重点，而应该侧重于与其中现实密切关联的部分。

在新形势下，边界依然是联系双边、多边国家关系的桥梁和纽带。对边界问题的研究，应以服务于发展国家间政治、经济、文化合作，传播互信、互利、平等、协作的新型国际观、安全观为出发点和落脚点。因此，在“中国周边学”语境下研究边界问题，不仅要着眼于有利于本国的和平与发展，还要落脚于有利于发展双边和多边关系，有利于实现双边或多边的长期稳定及互利合作。换言之，不仅要进行基于“‘自卫’需要的边界问题研究，还要注意增加或加强‘互利’成分的研究”。这尤其体现在探索边界问题的解决路径或解决方案中，只有充分照顾到双方利益和需要的方案，才有可能作为讨论和妥协的基础。

中日“周边观”的比较、变迁与对接

苏州科技大学人文学院教授　祝曙光

随着近年来中国经济与综合实力的不断提升，创建“中国周边学”的条件已经成熟。在国际关系研究领域长期占据主导话语权的西方国际关系理论日益遭遇人们的质疑，从现实层面来看，西方国际关系理论并不能有效解决现实国际问题。创建“中国周边学”不仅要明确其概念内涵和理论范式，而且要形成解决周边外交问题、管控周边外交危机的有效机制。“中国周边学”不是一个封闭的理论体系，而是一个实践舞台。

东亚国家在历史上交往密切，形成了“儒家文化圈”“汉字文化圈”和“筷子文化圈”，在国际层面形成了以儒家文化为主导的华夷国际秩序。尽管所秉持的原理、运行的机制与西方国际秩序不同，但华夷国际秩序在维护中国周边安全与繁荣方面发挥了积极作用，为周边国家带来了实实在在的好处，以至在一个历史时期内，周边国家竞相朝贡，“计其贡物，时值甚廉，给之太厚”。华夷国际秩序是一种不依靠武力、不干涉内政，而是以道德、文化和贸易处理周边事务和问题的国际关系理论。中国为维护周边国家繁荣和稳定耗费了大量资源，按亲疏远近对华夷国际秩序内的各国规定了不同的朝贡时间和朝贡规模，不追求无限制扩张华夷国际秩序，将经营重点局限于周边国家和地区，这是华夷国际秩序与西方国际秩序的本质区别。日本著名学者信夫清三郎指出：西方“国际社会的特点是它不断地从西欧膨胀开来。这个过程在初期的明显例证是，它于1721年把俄罗斯帝国包括进来。在19世纪，根据1856年《巴黎条约》的明确规定，随着土耳其的加入，它便侵入到世界的非基督教地区了。当西欧的国际社会发展到远东的时候，它就面临着在中国领导下的另一个国际社会。”于是两个互相排斥的国际秩序之间，便发生了冲突，“结果便是中国的秩序被相继侵入的西欧秩序所吞食”。

日本曾加入华夷国际秩序。当明政府限制日本的朝贡规模和次数时，日本各地领主、土豪和寺院纷纷向幕府索要勘合，承办入贡事宜，甚至发生了宁波争贡事件。丰臣秀吉发动侵朝战争后，恶化了中日、日朝关系，破坏了东亚和平，被明政府逐出华夷国际秩序，使得日本不能享受华夷国际秩序内的贸易利益，并成为“化外之国”和东亚“孤儿”。德川政权建立后，力图回归华夷国际秩序，但遭到明政府的冷遇，未取得实质性进展。

清代，日本德川幕府一方面对“以夷变夏”的清政府持轻蔑态度，颁布锁国令，不断强化锁国政策；另一方面又模仿华夷国际秩序，企图构建以日本为中心的特殊的东亚国际秩序，即“大君外交体制”。但“大君外交体制”仅涵盖三个国家，即日本、朝鲜和琉球，不仅数量少，而且朝鲜与琉球同时还处于华夷国际秩序内。1609年，日本萨摩藩出兵征服琉球以后，不但不禁止琉球向明廷的朝贡，而且对琉球臣服日本之事“秘而不宣”，使琉球同时对日本和中国保持藩属关系的两属状态，以此谋求重新加入华夷国际秩序。

近代以来，日本奉行“脱亚入欧”政策，以把中国及中国周边国家纳入国际条约体系为名，挑战中国权威，并与中国展开权力竞逐。为了维持华夷国际秩序，并调和西方国际条约体系与宗藩关系体系的矛盾，让两种不同的国际关系体系兼容、并存，中国左支右绌，处境艰难。中国未能与时俱进，更新或提出新“周边学”理论、原则和方法，来应对面临的困境。相反，日本却提出了自己的“周边学”理论，如“日清提携论”“大东合邦论”“东亚协同体论”，乃至“大东亚共荣圈”等。但这些周边学理论包含了日本的殖民侵略野心和私利，自然不会获得周边国家和国际社会认可，随着日本帝国的覆灭而告彻底破产。

战后日本提出了“外交三原则”，其中之一就是“坚持作为亚洲一员的立场”，从“脱亚入欧”到回归亚洲。由于发动侵略战争的负面效应，限制了日本对周边国家和地区的影响力，也限制了日本政治家力图在东亚扮演领导者的意愿。战后日本外交面临的困境，就是如何处理和平衡日美同盟与对华关系。随着中美关系的改善，日本迅速恢复对华关系。田中角荣首相指出，“中日间是同文同种的关系”，中日人口占了全球人口的1/4，“如不解决中日关系，就不可能有日本的稳定。”日本的安全保障问题不仅要依靠《日美安保条约》，还要与中国结成友好关系。日本领导者意识到中日关系对日本安全与繁荣的重要性，中日区域合作具有历史文化基础，为日本认同中日关系提供了理论依据。中日恢复邦交至冷战结束，日本积极发展对华关系，面对中日关系中的问题也能以比较克制的方式加以处理，推动中国融入全球政治、经济体系以及构建以中日为核心的东亚区域合作。日本不参与中、美、苏三角博弈，愿意在全球和地区事务中处于较低位置。当谈判缔结《中日和平友好条约》、中日两国围绕对抗苏联的反霸条款发生激烈争执时，日本最终遵照中国的意愿写入了该条款。这是中日两国在周边事务上化解矛盾和分歧的典型案例，其经验值得总结。在美国扮演亚太合作的搅局者，日本又不可能充当主导者的情况下，不管从历史传统，还是现实层面，中国都要在亚太承担更大责任，建立“中国周边学”是大势所趋。

中日关系是最重要的中国周边国家关系之一，“大国外交是关键、周边外交是首要”，如何在构建“中国周边学”的过程中获得日本的理解和支持，是必须认真考虑的问题。尽管近年来中日关系面临困境，但日本有识之士不断呼吁要超越对立与摩擦，发展具有建设性的中日关系，把中国崛起视为“机遇”而不是挑战；提出“建立以日中两国为轴心的东亚新体制”，认为东亚稳定与繁荣离不开中日合作，主张搁置争议，不断深化中日经济合作，以此作为构建东亚共同体的基础；在中日经济合作深化的条件下，强化两国在政治和安全领域的合作。20世纪80年代初，日本提出了“综合安全保障战略”。1997年，中国提出了“坚持相互信赖、互惠、平等、合作的新的安全保障观”。世纪之交，中国提出要成为“负责任大国”，小泉纯一郎首相则强调日本“将在构建适应21世纪的国际体系中发挥主导性作用”。中日两国在日益显现的竞争性战略关系中都强调要加强合作，“中日两国人民毗邻而居，决定了我们必须加强友好。在充满希望的21世纪里，中日两国应该更好地和睦相处。两国作为本地区的重要国家，应该为亚洲的振兴加强协调和合作。我们没有任何理由不友好、不合作。”（江泽民）

基于东亚历史传统、以“亲诚惠容”周边外交思想为指导的“中国周边学”必将产生重要和积极的影响。“中国周边学”是一个开放的理论体系和建设平台，应该而且可以得到越来越多周边国家学者的赞同和支持，成为新的理论研究热点。近代以来，由于内忧外患，中国一直忙于国家重建、目光聚内，无暇顾及周边事务，对建设新的周边国际秩序力不从心。中华人民共和国成立后，中国加入了冷战的一方，以社会制度和意识形态划分敌友，周边形势持续紧张。1978年以来，为了为改革开放营造一个安定祥和的外部环境，中国积极发展与周边国家关系，与绝大多数周边国家划定了陆地疆界，积累了化解与周边国家矛盾的经验教训，但未能从理论上加以总结。而日本学界、政界自近代以来一直关注东亚区域合作，从战前以日本为主导的不平等的周边区域合作理论到战后以中日为轴心的周边区域合作理论，其丰富的学术积累值得我们有选择性地加以借鉴。剔除日本周边观中的消极因素，可以与中国周边观进行对接，达成共识，其理论成果将惠及所有周边国家。吸引日本学者和其他人士参与中国周边学构建，也为破解中日关系困局提供了一个渠道。我们可以做到以下几点：

第一，建立“中日周边学”双边论坛。中日两国在实施各自的周边外交或战略时，其实施和投射地区难免会发生重叠，导致激烈竞争。由于安倍内阁奉行所谓的“俯瞰地球仪外交”与“积极和平主义”，近年来日本的周边外交显得非常活跃。安倍内阁周边外交的重要组成部分就是“欧亚战略”，积极拓展日本的战略空间，重视与土耳其、俄罗斯、印度和蒙古的关系。置于安倍“欧亚战略”中的四个国家，有3个国家与中国接壤，也是中国实施周边外交及“一带一路”战略的重要地区。2015年10月，安倍出访塔吉克斯坦、乌兹别克斯坦、吉尔吉斯斯坦、土库曼斯坦和哈萨克斯坦等五个中亚国家，提出了日本对中亚外交的基本方针。日本对中亚的苦心经营并非始自安倍内阁，早在1997年7月，日本首相桥本龙太郎就提出了“欧亚大陆外交政策”。2004年初，在哈萨克斯坦首都阿斯塔纳举行首次“中亚国家+日本”联合外长会议，这次会议可视为日本开展“丝绸之路外交”的起点。蒙古位于中俄两个大国之间，一方面在中俄之间维持平衡关系，另一方面积极寻找第三邻国。为此，安倍积极深化与蒙古的关系。安倍内阁的“欧亚战略”牵制甚至遏制中国的意图相当明显，含有非常消极的因素，有可能引发冲突。一些日本学者为此感到忧虑。中日学者可借助中国周边学论坛，讨论如何改变“欧亚战略”中的消极因素，推动日本决策者响应和融入中国的“一带一路”倡议；利用日本与土耳其、印度等国的传统友好关系，共同维护欧亚大陆的和平发展，与中国携手共同开发第三方市场等。

第二，不仅构建“中国周边学”的理论范式，而且要形成一整套解决中国与周边国家以及周边国家之间在历史认识、海洋划界、领土争端、经济摩擦等问题的政策思想，为国际社会提供化解周边国家矛盾的案例。中日恢复邦交正常化以来，两国签署了4个政治文件，设置了多层次、多渠道的磋商对话机制，有效管控分歧和摩擦，使得中日关系在相当长时间内呈现“政冷经热”局面而没有走向破裂。但由于理论建设滞后以及缺乏合适的平台，未能对历史经验进行分析和提炼，如日本学界强调的“72年体制”是否可以超越以及如何超越？中日关系中的“政冷经热”局面何以长期存在？对这些问题进行探讨并完善中日关系的相关机制，不仅对中日双方，而且对国际社会也有启示意义。这就需要中日双方学者在“周边学”的理论框架内进行更深入、更广泛的交流与讨论。

第三，中国正在积极构建负责任大国的身份和形象，在许多周边事务和国际问题上成为“利益攸关方”。习近平总书记在中国共产党十九大政治报告中强调，“中国将继续发挥负责任大国作用，积极参与全球治理体系改革和建设，不断贡献中国智慧和力量。”但长期以来，我们总是以西方和日本的国际关系理论或区域理论审视周边事务，导致中国对周边事务的话语权被削弱、被淹没，甚至被解构。“中国周边学”的产生符合“贡献中国智慧”的时代要求。从战前的“日清提携论”“大东合邦论”“东亚协同体论”“大东亚共荣圈”到战后的“环太平洋连带构想”“东亚共同体”等理论，均为日本所提出并为其周边战略服务，而具有中国特色和创新思维的“合作共赢”“命运共同体”等“中国周边学”理论必将引起周边国家，特别是日本各界人士的高度关注，有助于破除长期以来西方和日本对中国周边事务的话语垄断权。

周边外交综论

特朗普、中国和亚洲

任　晓

【内容提要】唐纳德·特朗普出任美国总统，无论对于美国还是对于世界都是一个重大事件。“特朗普现象”给世界造成了很大的不确定性，加剧了本已十分复杂的各种关系。特朗普政府就任第一年内即发布《美国国家安全战略报告》，反映了美国当政的建制派的战略和外交思想，值得重视。中国继续保持稳健而持续的发展势头，努力保持对美关系平稳，其国力及世界地位的进一步提升是可以期待的。亚洲多国均在世界的变动中调整定位各自利益，尤其自身安全和发展利益，避免在大国间选边站队。朝鲜核导发展取得突破，国际社会进一步对其加强制裁，该问题仍将是亚洲安全局势的一个焦点。

【关键词】特朗普　美国　中国　亚洲

【作者简介】任晓，复旦大学教授、中国外交研究中心主任。曾任上海国际问题研究所美国研究室主任、亚太研究室主任。

中共十九大报告指出，世界正处于大发展大变革大调整时期，和平与发展仍然是时代主题。[①] 然而，这并不意味着天下太平，国际的现实是矛盾丛生，难题众多。当今世界固然有很多确定性，却也存在诸多不确定性。英国公投脱离欧盟，使世人大跌眼镜；特朗普出任美国总统，再惊世界，并牵动和影响了各种关系。本文旨在分析相互联系的美国之“变”、中国之“势”和亚洲之“道”。

① 习近平：《决胜全面建成小康社会夺取新时代中国特色社会主义伟大胜利——在中国共产党第十九次全国代表大会上的报告（2017年10月18日）》，北京：人民出版社，2017年，第58页。

一 美国之“变”

2016年11月，唐纳德·特朗普在美国总统选举中“出人意料”地胜出，构成为一个大“变”。这一发展，反映了美国国内相当一部分民众若干深层的关切和脉动。对于这种脉动，若研究者只浮于跟美国的精英人士打交道，不深入美国社会的内部和底层，是把握不到的。这一年，特朗普毫无争议地成为《时代》（*Time*）周刊年度人物。对于特朗普的这一胜出，包括中国在内的各国众多美国问题研究者大感意外，集体失语，尚未见其做出必要的反思。

特朗普当选美国总统并上台执政，无论对于美国还是对于世界都是一个重大事件。它造成的错愕与震惊，给世界带来了极大的不确定性，形成了一道道冲击波。特朗普是一个特别的人物，一位非典型的美国总统。在入主白宫后一年左右的时间里，其一系列的所作所为都是颠覆性的。特朗普治下的美国断然退出《跨太平洋伙伴关系协定》（Trans-Pacific Partnership，TPP），退出应对全球气候变化的《巴黎协定》，禁止若干特定国家的穆斯林入境，决定在美墨边境修筑隔离墙，提出重新谈判《北美自贸协定》，重新谈判《美韩自贸协定》，退出联合国教科文组织，改变美国历任总统的做法，宣布承认耶路撒冷为以色列首都，等等，其所作所为之特立独行，惊世骇俗，使世人震惊不已；其作为破坏者和颠覆者的角色，愈加凸显。

对于美国与亚洲而言，随着美国的当政者易人，其原先的“亚太再平衡”战略在“话语”上已难继续，但对亚洲的重视依然明显。作为特朗普政府出访国外的第一位内阁级官员，国防部长詹姆斯·马蒂斯首次出访的目的地即是日本与韩国；不久，国务卿雷克斯·蒂勒森在继欧洲之行后第二次出访，也是来到东亚；再接踵而来的则是副总统迈克·彭斯。在不到半年的时间内，特朗普政府的三位大员接踵到访东亚，再三重申美日、美韩同盟关系的重要性，从政治上看，可视为没有“再平衡”之名的再平衡，或“再平衡”的继续。其实，美国亚洲政策用什么名称并不那么重要，重要的在于政策的实质及内容。

但美国亚洲政策的名称毕竟有所变化。就特朗普政府而言，具有标志性的，是反复使用并申说“印太”这一新概念。从其原文看是“Indo-Pacific”，有时用“Indo-Asia Pacific”，与过去所常使用的“亚太”（Asia-Pacific）概念相比较，所不同的是加上了印度，把印度洋与亚洲太平洋地区贯串起来考虑。这样做，突出了南亚大国印度的地位，拉拢印度之意甚为明显。

2017年12月，白宫发表特朗普政府的首个《美国国家安全战略报告》（NSS）。[①] 美国总统及其国家安全班子在就任后的第一年即发表《国家安全战略报告》，是三十年以来的第一次。报告的发表是一个十分重要的新发展，它作为一个风向标，反映了目下美国当政者尤其是建制派的若干战略和政策思想，对于把握未来一段时间美国对外战略与政策走向具有重要意义。

该战略构想自称实行“美国第一”的外交政策，根本上而言，是在世界多极化不断发展，美国相对实力地位有所下降的历史条件下，谋求继续保持美国支配地位或主导地位的一个战略构想和指针。该战略报告对中国体现出强烈的戒心，几乎是把中美关系看成是一方所得即为另一方所失的零和关系。在其各地区战略部分，则无不是每每提及中国在该地区扩大影响，继之再述美国又当如何如何。从字里行间，可以看到美国的一个深层心结，即在该战略报告看来，过去三四十年间，美国希冀经由各种各样的“接触”（engagemen）来改变中国，使之“更像我们（即美国）”（more like us）。不料，多年过去了，中国并没有像美国所希望的那样变成为一个“自由主义”（liberal）的国家，而是在不少方面构成为了对美国的挑战。这成为当今美国政策制定者一个深层的“忧患”。

2017年11月，特朗普的亚洲之行，其时间之长，为小布什总统以来所仅见。每到一处，特朗普都反复申说要进行“公平贸易”，贸易不平衡不可接受，等等，可见其重视的程度。

从历史看，在经贸问题上，美国大凡高唱“公平贸易”之时，都是自身国际竞争力出现了下滑之时，因而祭出“公平”的旗帜或大棒来压抑对方。20世纪80年代，当日本如日中天时，美国就曾祭出这面大旗。在“日本威胁”之论甚嚣尘上中，美国在经贸上竭力打压日本，迫其签订“广场协议”，强使日元升值，最终在经济上把日本打压了下去。如今在新的历史条件下，美国又如法炮制，使出了类似的一手。特朗普亚洲之行期间，反复、多次使用“互惠”（reciprocal）一词，实质上强调的是美国必须受“惠”、得益。

有一种看法认为，如此种种反映的是美国的“内顾”。仔细琢磨，“内顾”一语包含由“外”转“内”之意，但从其实质看，是美国国内的状况要求它在外部采取一定的行动，以有所“获得”。如此来看，与其说是特朗普的美国由

① The White House, *National Security Strategy of the United States of America*, December 2017, https://www.whitehouse.gov/wp-content/uploads/2017/12/NSS-Final-12-18-2017-0905.pdf.

外转内，不如说是其国内需要推动其向外部“开拓”。

特朗普的首次“印太”之行，表明美国对该地区的政策不会发生根本性的改变。美国并未对该地区采取战略和经济上的孤立政策，不过随着特朗普的上台执政，美国在亚洲的“领导”角色可能发生某种变化，其更多地强调互利和等价交易，则是明显的。特朗普对多边和地区合作持批评甚至拒斥的态度，但其自身又无法通过双边贸易谈判产生吸引力，于是倾向于以单边的政策执行作为贸易政策的主要推动力。

由此而来，独具特朗普特点的，是对多边主义和多边机制的极其反感，对多边协定一律厌烦，必欲去之而后快。

在经贸方面，特朗普政府决定退出TPP，其影响十分深远。TPP原系由新加坡、新西兰、智利、文莱四个小国共同组成，其后有别的国家加入。2009年，美国侧身其内后占得主导地位，确定其谈判目标为达成“高标准、21世纪的”自由贸易协议，在相当程度上也旨在为亚太地区制订新的贸易规则。参与TPP谈判的共有12个国家，即美国、澳大利亚、文莱、加拿大、智利、日本、马来西亚、墨西哥、新西兰、秘鲁、新加坡和越南，其中马来西亚、新加坡、越南、文莱均为东盟成员国，中国未受邀参加谈判。

TPP是奥巴马政府向亚洲“再平衡”战略的经济支柱。在长达五年左右的时间里，奥巴马政府投入了巨大的力量，推动谈判进程，12国终于在2015年10月达成了协议。就是这样一个对于美国具有战略意义的举措，好不容易才最终达成的协定，继任总统特朗普却弃之如敝屣。这不能不对无论是美国盟国，还是伙伴的一些亚洲国家产生强烈的心理冲击，也不能不对美国是否可依靠、可信赖产生怀疑，因而不能不在针对中国的言行方面有所顾忌和收敛。

退出TPP对于美国在亚洲的公信力（credibility）、地位和影响力是一个重击，一些亚洲国家嘴上不能明言，内心叫苦不迭，其甘苦自知，比如日本、新加坡、越南等，都是如此。特朗普带领的美国这样做，在它们看来，等于是自己主动放弃领导地位。进而言之，这一发展也许体现了美国政治制度的弊端，在这种体制下，相关政策缺乏延续性，现任可以轻易否定前任的政策甚至战略性安排，因而不能不损害本国的公信力甚至国家利益。

对于中国，这一发展或许是暂时拨转了压力阀的引信，与此同时，中国提出的“一带一路”重大倡议已渐展开，并逐步获得认同。但由东盟十国、中、日、韩、澳大利亚、新西兰以及印度共16国参加的地区全面经济伙伴关系（RCEP）谈判并不顺利。有一种看法认为，TPP是美国主导的，RCEP是中国主导的。前半句还有点道理，后半句本来就不正确。无论如何，特朗普转向了双边方式，欲使美国在双边商谈中占据优势，特朗普能否“歪打正着”，得偿其所愿，尚有待观察。

日本本来就是TPP谈判的一个积极成员，是12国中仅次于美国的第二大经济体。几年间，为了推进谈判进程，日本需要克服国内政治障碍，为此，安倍政府做出了重大努力才“摆平”国内。日、美等国如此这般地费了九牛二虎之力，终于达成TPP协议，而特朗普在上任后的第一周内，就断然宣布美国退出，这不能不使日本大失所望。但日本并不死心，作为剩下的TPP成员中最大的经济体，日本担当起了挽救该协定的领导角色，竭力推进没有美国的11国TPP，连同其他各国进行了多轮谈判。经过努力，11国在美国退出前汇总的原版TPP规则中，冻结部分条目，但保留了大部分约定。在TPP的约500条规则中，11国一致同意冻结的在10条至20条之间。随着美国退出，与2015年10月达成框架协议的“原版”TPP相比，11国TPP的规模在名义国内生产总值（GDP）上缩小至原来的三分之一，人口和贸易总额则大约缩小一半。即便如此，这11国仍占到世界名义GDP的13%、人口的7%和贸易总额的15%。日本积极推动，力争完成谈判并希望美国能回心转意，而对于特朗普政府提议的美日商谈双边自贸协议态度并不积极。11国原拟在2017年11月APEC期间基本达成协议，并改称为《全面和进步跨太平洋伙伴关系协议》（Comprehensive and Progressive Agreement for Trans-Pacific Partnership，CPTPP），但因加拿大尚持有异议而不得不推迟。其时，加拿大正与美国及墨西哥重新谈判《北美自贸协定》（NAFTA），存在不确定因素，并正与中国探讨《中加双边自贸协定》。

在美国退出TPP后，11国进行了数轮谈判。尽管外界还没有看到文本，但从部长级联合声明及其各个附件看，CPTPP与TPP相比变化不大。一些关键领域如纺织品、贸易的技术壁垒、清洁用品、竞争政策、国企、劳工和争端解决方面的承诺都保持不变，但CPTPP有两个不同于TPP之处。首先，它暂停了TPP各章中的20项规定。这些规则当初是在美方的坚持下加入进去的，现在“挂”起来了，但未来如有必要还可以再放进去。知识产权一章的变化相对最大，比如版权保护期从创立者去世后70年缩短到50年。其次，与嵌入于TPP之中的新自由主义的自由贸易思维相对，CPTPP指出在政策制定中，成员国应首先考虑特定国家自身情形的变化，提升政策空间，将管制或调节的灵活性纳入到“退出”“进入”和“评估”的新条文中。当前，马来西亚要求在严格的竞争规则适用于其国企前允许一个更长的过渡期；越南寻求在其初生的工会接受争端解决措施前给予更多的时间；加拿大则想要保护其政治上敏感的文化和广播业。

以当前情形看，11国达成协议不无可能，但要特朗普统治下的美国再加入，似乎可能性甚小。

二　中国之“势”

在世界出现巨大不确定性的形势下，中国继续保持了上升势头，并在一定程度上承担起了世界稳定锚的作用。这一点在2017年反映得极为明显。中国内政保持连续性，外交积极活跃，继续取得成果。在国际多边舞台上，中国的存在和作用几乎无一例外地都在扩大，中国的声音在变得更为响亮。世界在关注中国，中国也在回馈世界，努力向世界提出中国的看法。

1月，中国国家主席习近平首次来到达沃斯世界经济论坛并发表演讲，备受瞩目。此前，世界上大事连连，英国公投“脱欧”，令人大跌眼镜；美国房地产商出身的总统候选人特朗普“意外”胜出，在美国和世界都产生震动，此外难民危机汹涌，恐怖袭击不断，“全球化”一时成为众矢之的。在这样一个当口，世界应该向何处去？对此，世界希望听到作为世界第二大经济体、世界经济增长重要引擎的中国的回答。2017年初召开的达沃斯论坛就成为了这样一个风向标。

习近平主席在主旨演讲中指出，从历史角度看，经济全球化是社会生产力发展的客观要求和科技进步的必然结果，不是哪些人、哪些国家人为造出来的。经济全球化为世界经济增长提供了强劲动力，促进了商品和资本流动、科技和文明进步、各国人民交往。我们要坚定不移发展全球自由贸易和投资，在开放中推动贸易和投资自由化便利化，旗帜鲜明反对保护主义。[①] 当世界普遍困惑彷徨之时，中国给出的回答毫不犹豫，中国反对逆全球化的态度明确坚定。此论一出，受到各方一致肯定，中国释放和提供了正能量。三天后，特朗普宣誓就任美国新一任总统，高唱“美国第一”，民族主义色彩极为浓厚，世界感到了很大的不确定性。相比之下，中国直面全球化，展现了开放包容，反

① 习近平:《共担时代责任共促全球发展》，见《习近平谈治国理政》（第二卷），北京：外文出版社，2017年。

对保护主义、单边主义的世界形象。

如果说在达沃斯，中国就世界的走向提供了鲜明的正能量的回答，那么以主办厦门会晤之机，进一步推动金砖国家合作，便是坚实的实际步骤。作为发展中大国和新兴市场国家，俄罗斯、巴西、中国、印度、南非等国走到一起，在它们之间建立起合作机制，这已经是国际关系中的一个创举，对国际格局的重构具有重要的影响。但这种潜在的影响取决于金砖合作能在多大程度上获得成功。正如2016年的二十国集团（G20）杭州峰会一样，2017年的金砖国家厦门会晤是中国作为东道国主办的重头主场外交活动，其成功举办固然重要，但金砖机制的巩固、金砖合作的发展则无疑是更为重要的。然而，在厦门会晤前不久，不期然地发生了中印边界对峙事件，给厦门会晤打上了一个大问号。最终，中国经受住了这一考验，妥善处理了中印边界对峙事件，金砖国家领导人厦门会晤得以如期成功举行。金砖机制没有垮，且有望进一步提质增效。金砖机制的发展，将对世界多极化，推动国际秩序向更为公正合理方向发展产生积极作用。

时令接近年末之时，习近平主席又出现于越南岘港APEC领导人会议，延续了上述思想和举措。在APEC工商领导人峰会上，中国领导人指出，经济全球化已成为不可逆转的时代潮流，要坚持多边主义，谋求共商共建共享，建立紧密伙伴关系，是新形势下全球经济治理的必然趋势。[①] 这种治理不是一两个国家的事，也不应由发达经济体说了算，而将是由发展中经济体日益深度参与的共治。

发展要以和平为基础，没有和平就不会有发展。管控好国家间的分歧，避免军事冲突发生是共同发展的题中应有之义。2017年6月，发生了印度边防部队在洞朗地区越过中印边界线进入中国一侧的事件。此举无论在事实上，还是在法理上，性质都是清楚的，即是印军非法侵入中国境内，进而形成中印边防部队的对峙。如何妥善处理这一事件，对于中国是一个考验。经过多方面外交交涉，印军仍迟迟不撤，怎么办？解决的方式无非是和平的方式和武力的方式两种。当印军一直赖着不走时，形势一度似乎要以武力解决了。然而，如果中国在洞朗一带与印度打一仗，中印走向反目，且不说厦门会晤将很难举行，好不容易建立和发展起来的金砖机制可能垮塌，还可能把印度推到中国的对立面

---

① 习近平：《抓住世界经济转型机遇谋求亚太更大发展——在亚太经合组织工商领导人峰会上的主旨演讲》，《人民日报》2017年11月11日，第2版。

上去。在这样一个时刻，有没有大局观就十分关键了。如人们已看到的那样，中国方面展示了极大的耐心和坚忍不拔的毅力。最终，这一事件以和平方式得到解决，和平发展的大局得到了维护，金砖机制得到了延续和发展，中国的西部边界也避免了出现剑拔弩张的态势。

在东边，朝鲜半岛和日本在中国的周边外交战略中占据重要地位。由于萨德反导系统的部署问题，中韩关系出现下滑和紧张，但这不是一种双方都乐见的情形，缓和紧张关系也就成为双方必然的选择。经过适时沟通，韩方做出了不扩大萨德部署、不参加美国反导体系、不参加美日韩三边同盟的承诺，中韩两国于10月31日同时宣布双方关系回返正常轨道。韩方的三项承诺是以口头方式做出的，也不可避免地引起不同的解释。对此，人们有各自的看法。有人认为未能获得韩方以书面方式做出这三项承诺是一个败笔，以致引发双方的不同解释。然而，外交是一种妥协的艺术，通常不可能实现一方所希望的"最佳"，而只能是一种双方各做让步的妥协。明白了这一点，也就比较容易理解中韩两国对此事的处理。正如中日关系因日本对钓鱼岛实行所谓"国有化"而陷入两国邦交正常化以来的最低谷之后，2014年APEC会议预定在北京举行时，中日双方均有意实现关系转圜。为此，安倍遣国家安全保障局局长（实际上即国家安全顾问）谷内正太郎来华，中日达成"四点共识"。事后，虽然双方也各有各的解释，然而毕竟各自面子上都过得去，对国内都各有交代，从而为习近平主席和安倍首相在北京APEC会议期间实现会晤、促使中日关系回到正常轨道铺平了道路。韩方以口头方式做出三项承诺的处理办法与此类似，从而为中韩关系重回正轨创造了条件。

至于中日之间，2012年钓鱼岛危机后两国关系元气大伤，五年间双边关系始终处于低迷状态。两个互为重要邻国的大国，五年间双方领导人没有进行过一次互访，这无论如何都是不正常的，也是不符合双方利益的。在此期间，中方尽可能维持两国关系平稳，促成两国领导人在共同参加的多边会议期间实现五次较为非正式的双方会晤，最近一次是在越南岘港APEC领导人会议期间，算起来平均一年一次，此外，还包括一些工作层面的往来。2017年9月28日，安倍首相率河野外相等重臣"突然"出现在中国驻日本大使馆在东京新大谷饭店举行的国庆招待会上，这是日方希望改善两国关系的一大举动。2016年，中日韩领导人三方会晤由于韩国发生政治危机、朴槿惠总统的执政地位岌岌可危而未能举行。两年后，随着中日、中韩关系的逐步回暖，三方会晤的条件趋向成熟。在南海方向，2017年8月，中国与东盟达成了南海行为准则

（COC）的框架，并将要进入案文磋商阶段，南海局势降温回稳，中国周边将有望重新进入良性发展轨道。

在很大程度上，中国之“势”还反映在自身的主动作为上，这包括但不局限于“一带一路”倡议。中国发起成立的亚洲基础设施投资银行（亚投行）在2016年1月开业运营之时，共有57个创始成员国。2017年3月，亚投行首次宣布接纳13个新成员国，其中5个（即阿富汗、亚美尼亚、斐济、中国香港和东帝汶）是本地区经济体，另外8个（比利时、加拿大、埃塞俄比亚、匈牙利、爱尔兰、秘鲁、苏丹和委内瑞拉）属于非亚洲国家。5月，亚投行又批准了7个意向成员国的加入，其中包含三个域内成员国和四个非域内成员国，分别是巴林、塞浦路斯、萨摩亚、玻利维亚、智利、希腊和罗马尼亚，成员国总数扩大至77个。仅过了一个月左右，随着汤加、阿根廷和马达加斯加被批准吸收为第三批新成员国，亚投行的成员国数量扩大至80个。这就是说，运营仅一年半后，亚投行就已成为成员国数量仅次于世界银行的多边金融机构。亚投行成员国的快速增加，展现出各大洲成员国对亚投行的坚定信心，以及各国对亚投行所取得成绩的肯定。亚投行以其实际行动，消除了当初外界疑心它成为中国战略工具的担忧。在不长时间内，该行就已然成为全球多边经济体系的关键组成部分，它的发展潜力正对各国产生强大吸引力。

亚投行作为一个新型多边开发银行，主要专注于基础设施投资，以加强各国互联互通，从而实现减贫的目的。2017年6月，亚投行批准了总额约3.24亿美元的三个新项目，其中包括向印度基础设施基金提供1.5亿美元的股权投资，这也是亚投行首个股权投资项目。开展首个股权投资项目是亚投行的一个新里程碑，将提高亚投行获得及资助高质量私营部门项目的潜力。三个新项目展示了亚投行跨地区及部门为其成员国提供支持的能力在不断增强。印度基础设施基金计划融资7.5亿美元，其中亚投行出资1.5亿美元。该基金将致力于投资印度的基建平台及具有高增长潜力的基建公司，并帮助地方基建项目吸引公共养老基金、捐赠和保险公司等全球长线投资者出资，支持印度的基础设施建设。另两个项目分别为1.14亿美元贷款用于格鲁吉亚巴统绕城公路项目，以及6000万美元用于塔吉克斯坦努列克水电改造项目一期工程。[①] 此外，在宣布第一笔对华投资一天后，亚投行于2016年12月12日对外发布，已经批准一笔3.35亿美元的贷款，用于印度班加罗尔市修建地铁。这是亚投行首次涉足地铁项目领

① 《亚投行宣布首个股权投资项目》,《人民日报》2017年6月16日，第21版。

域，也是这家机构首次与欧洲投资银行联合融资。

三　亚洲之“道”

近些年来，由于中国国力的持续上升，周边国家对中国的走向所怀疑虑有所增长，这一现象由于中国在南海已方控制岛礁建造人工岛而大为加剧，围绕菲律宾政府单方面提起的南海仲裁案而发生的种种闹剧是其集中体现。[①] 一些亚洲国家为“平衡”中国力量的增长，欲借重美国的力量加以对冲，无论是“谋而合”，还是“不谋而合”，这一势头已然出现。然而，天有不测风云，南海仲裁案的“裁决”宣布之前，菲律宾举行大选，对中国看法较为持平的杜特尔特当选总统；“裁决”宣布后，菲律宾并未兴高采烈自诩胜利，在这一新态势下，美国要进一步加大动作顿失所据。此后，杜特尔特总统和马来西亚总理纳吉布接踵访华，南海局势趋向降温，至2017年9月，新加坡总理李显龙访华，表明一度强烈支持南海仲裁的新加坡也“转弯”了。11月，中国国务院总理李克强出访菲律宾，菲方再次确认通过双边谈判处理南海有关争议问题，这一趋势进一步得到增强。

对于本地区的中小国家而言，从自身利益出发，都不想在中美之间选边站队，如果被迫那样做，将使自己处于困难境地。对这些国家来说，只能努力让大国之间相互平衡，自己则争取在大国之间站在适当位置。明白了这一点，也就能明白亚洲中小国家的许多行为。

几年来，中国和东盟就把《南海各方行为宣言》（DOC）发展为《南海行为准则》（COC）进行商谈，断续进行了数年。南海局势由升温转为降温，为重新推动“准则”磋商提供了条件。2017年8月，中国和东盟就《南海行为准则》框架达成一致。这一“准则”框架，凝聚了各方对“准则”主要要素的共识，是整个“准则”磋商的重要阶段性成果。11月间，李克强总理出席在马尼拉举行的第二十次中国—东盟领导人会议，中方倡议此次会议正式宣布启动“准则”下一步案文磋商。中方希望通过“准则”磋商，增进各方相互了解与信任，争取在协商一致基础上早日达成“准则”，使之成为维护南海和平的

① 笔者2015年和2016两年连续参加在新加坡举行、由伦敦国际战略研究所（IISS）主办的香格里拉对话会，南中国海都是这一“亚洲安全峰会”最突出议题，即是明证。

“稳定器”。[1]

中国和东盟国家还举行了迄今为止规模最大的海上联合搜救演练，是南海紧张局势趋向缓和的又一表征。2017年10月31日开始的这一演练，模拟了一艘中国籍客轮与一艘柬埔寨籍货船在南海某海域相撞的情形。共有20艘船艇、3架飞机以及大约1000人参加演练，参与国家有中国、泰国、菲律宾、柬埔寨、缅甸、老挝和文莱，越南没有参与。

对于特朗普政府而言，美国并未“放弃”南海，还会择时在南海有关海域进行所谓“航行自由”行动，因此，不排除在一定条件下南海局势还会出现“状况”，但只怕难以掀起大浪。

在特朗普政府议事日程上，一个突出议题是朝鲜持续的核导开发、试验问题。这是一个已经延续了二十多年的问题，对美国来说，经由克林顿、小布什、奥巴马三任总统都未能解决。当奥巴马和特朗普在白宫交接时，奥曾提醒后者，朝核问题将是对美国的头号安全威胁。特朗普入主白宫后，与习近平主席数次通话，除了双边关系外，最为突出的话题就是朝鲜核导开发问题。与此相关，特朗普政府屡屡实施所谓“次级制裁”（secondary sanctions），其影响不可能不及于中国公司。由于纽约的世界金融中心地位，美在金融方面的措施亦将可能对华产生重要影响。

对中国来说，二十多年来殚精竭虑，多方做工作，但最终成效甚微。六方会谈难以为继，劝和促谈无疾而终，各方耐心渐渐耗尽。2011年12月金正日病逝，其子金正恩执掌朝鲜最高权力，其后未接受中国的访华邀请，清洗了担任中朝合作的两个开发区管委会朝方负责人的张成泽，还含沙射影指责其“卖国”（显然指的是对中国），如此种种都与中国的愿望相悖。

在如上背景下，中美元首在佛罗里达海湖庄园会晤，朝鲜核导开发问题就不能不成为会晤中的一个突出议题。

2017年7月的一头一尾（4日和28日），朝鲜先后两次进行洲际弹道导弹（ICBM）试验，引起各方震动。9月3日，朝鲜又进行了第六次核试验，日期又偏偏选择在中国主办的金砖国家领导人厦门会晤开启之时，这只能使中国更加支持联合国安理会通过又一个新决议，采取进一步的对朝制裁措施。

9月11日，联合国安理会一致通过了第2375号决议。在朝鲜无视国际社会

---

① 李克强:《在第二十次中国—东盟领导人会议上的讲话》,《人民日报》2017年11月14日，第4版。

的警告悍然实施第六次核试验后，联合国安理会时隔仅九天便通过对朝制裁新决议，体现出了国际社会对朝鲜核问题严峻形势的进一步认识。在这一决议中，首次列入了被视为朝鲜政权生命线的油品，规定对朝鲜原油出口量一年不得超过400万桶，并将对朝鲜成品油出口量配额设定为一年200万桶。此外，还全面禁止向其出口液化天然气和凝析油。

在此前后，墨西哥、秘鲁、科威特、西班牙、意大利五国先后决定驱逐朝鲜驻该国大使，限令其离境。还有更多的国家进一步收紧绳索，采取了限制朝外交机构活动的措施。

根据安理会8月5日通过的第2371号决议，8月14日，中方发布第40号公告，自次日起，全面禁止自朝鲜进口煤、铁、铁矿石、铅、铅矿石、水海产品，并根据第2371号决议公布新增对朝鲜禁运部分产品清单。

作为对朝鲜9月3日第六次核试验的反应，联合国安理会9月11日一致通过了第2375号决议。根据这一决议，中国方面由商务部和海关总署于9月22日发布该年第52号公告，自发布之日起，1.全面禁止自朝鲜进口纺织品。2.禁止对朝鲜出口凝析油（不含原油）和液化天然气。3.自2017年10月1日起，限制对朝鲜出口精炼石油产品。仅六天后，商务部和工商总局又发布第55号公告，为执行第2375号决议第18条的规定，朝鲜实体或个人在中国境内设立的中外合资经营企业、中外合作经营企业、外资企业应自第2375号决议通过之日起120天内关闭。中国企业在境外与朝鲜实体或个人设立的合资、合作企业亦应按照上述安理会决议要求予以关闭。

2017年10月18—24日，广为世界瞩目的中共十九大在北京举行。在改革开放即将迎来四十周年之际，中共十九大进一步擘画了中国未来的发展蓝图。稍后的11月8—10日，美国总统特朗普对中国进行国事访问，这是十九大后中国迎来的重要国事访问。中美就双方共同关心的重大国际与地区问题交换了意见。根据外交部副部长郑泽光向媒体的介绍，双方同意致力于维护国际核不扩散体系，致力于实现全面、可核查、不可逆的半岛无核化目标，不承认朝鲜拥核国地位。[①] 这是中国第一次公开表达CVID（全面、可核查、不可逆的无核化）的目标，这一目标与美国是一致的。在此前后，中国决定关闭陆上的中朝友谊桥，中国国际航空公司停飞北京—平壤航线，国航全部工作人员已经撤离

① 《中美元首会晤达成多方面重要共识　同意共同努力推动两国关系取得更大发展》，《人民日报》2017年11月10日，第2版。

朝鲜。在华朝鲜劳工的签证已停止续签，朝鲜所有在华企业则必须于2018年1月底前撤离中国。

11月17—20日，中共中央对外联络部部长宋涛作为习近平总书记特使赴朝，向朝方通报中共十九大情况。宋在朝鲜四天，时间不算短，但朝最高领导人金正恩未出面接见，这本身就说明了朝方的态度。特使宋涛向朝方清楚表达了中方的坚定立场和意志。

然而，11月29日，朝鲜又试射了新型"火星-15"洲际导弹。这是朝鲜进行的第三次洲际弹道导弹试验，导弹最大飞行高度4475公里，飞行距离950公里，被普遍认为证明朝鲜有能力对北美洲的美国本土发动核攻击。朝鲜则在声明中称，"火星-15"型洲际导弹可打击美国本土全境，可装载超大型重型核弹头，与7月试射的"火星-14"型相比，战术技术数据和技术特性更优越。朝鲜声称其完成了国家核力量的"伟大事业"。

12月22日，联合国安全理事会再一次全票通过第2397号决议，决定对朝鲜实施更严厉的制裁措施。该决议将朝鲜精炼石油产品的进口量限制从9月第2375号决议的每年200万桶大幅削减至每年50万桶。决议还将朝鲜的原油进口量限制在每年400万桶。其次，决议要求联合国各成员国立即采取行动且必须在24个月之内遣返境内所有获得报酬的朝鲜劳工，进一步挤压朝获得外汇收入的空间。决议同时要求各国扣押朝鲜的非法走私物品，包括石油和煤炭等。决议称，如果朝鲜再次进行核试验或发射洲际导弹，安理会将进一步限制联合国成员国对朝鲜的石油出口。而如果朝鲜采取追加挑衅，有可能全面禁止向其出口原油。因此，朝鲜将承受极大的压力。

朝鲜拥有以核武器攻击美国本土的能力，这可能是美国的一道心理红线。对于朝鲜是否真正拥有了这样一种能力，美国国内仍抱有怀疑和不同估计。而任何红线又都是无法明言的，否则就没有了回旋余地。然而，能够用武力解决问题吗？一旦战端开启，朝鲜拥有发起反击和报复的能力。且不说美国有没有可能在很短时间内全面摧毁朝鲜已经生产出来的核弹及核设施，即使美国能够做到，朝鲜仍然可凭借常规武器（如远程大炮）进行反击和报复，并造成极大程度的破坏和打击，韩国则首当其冲。显然，军事选择风险太大，代价过于高昂。在没有更好选择的情形下，极限施压对于美国仍是唯一现实的选项。于是，朝鲜核导试验和外部世界制裁的循环仍然看不到终止的可能。

四　结论

种种事实表明，当今世界的确处于深刻的变动之中，各种矛盾错综交织。“特朗普现象”给世界造成了很大的不确定性，加剧了本已十分复杂的各种关系。特朗普喊出了“使美国重新伟大”的口号，对内重视基础设施建设，努力为尽可能多的美国中下层民众创造就业机会；对外以打开外部市场，扭转贸易不平衡为指向，重视双边，轻视多边，就任后第一年内即发布《美国国家安全战略报告》，为对外政策定调定位，对中国则深怀戒心。中国继续保持稳健而持续的发展势头，内外政策保持了较强延续性，对内对外均体现出稳中求进的态势。中共十九大则为中国未来五年以及到21世纪中叶的发展做出了擘画，中国国力及世界地位的进一步提升是可以期待的。在世界的变动中，亚洲多国均对各自利益调整定位，尤其是其自身安全和发展利益，避免在大国之间选边站队。同时，南海局势走向降温，而朝鲜半岛局势则趋向紧张和升温。朝鲜一次又一次地进行核及弹道导弹试验，与之相伴的是国际社会一轮又一轮的对朝制裁。朝鲜半岛局势仍可能深陷这一恶性循环而不得挣脱，并继续成为2018年亚洲安全局势的一个焦点。

Donald Trump, China and Asia

Ren Xiao

Abstract The election of Donald Trump to U.S. presidency was a key development for both the United States and the whole world. The "Trump shock" has brought about various uncertainties and complicated all kinds of relations. The Trump administration released its National Security Strategy of the United States of America report within its first year of governing. The report reflects the U.S. establishment's major strategic and foreign policy ideas and thus deserves much attention. China maintains its momentum of steady and continuous growth and takes an effort to keep a stable Sino-U.S. relationship. The further uplifting of China's national power and its international status can be safely anticipated. Many Asian nations are redefining their own interests in accordance with the situational changes, particularly their interests in security and development. They try to avoid taking side with big powers. North Korea's nuclear and missile programs have achieved a breakthrough and has incurred more intensive sanctions from the international community. North Korea remains a major flashpoint in the Asian security landscape.

Key Words Donald Trump; the U.S.; China; Asia

Author Ren Xiao, Professor and Director of the Research Center on China's Diplomacy, Fudan University. Previously He was Director of the Asia-Pacific Studies Section and American Studies Section of the Shanghai Institutes for International Studies (SIIS).

中国外交政策变化对处理边界问题的影响

高　飞　周玉萍

【内容提要】新中国成立以后，中国外交经历了三次重大调整。外交政策的变化，反映了时代的进步，也体现了中国国家实力的提升，认识水平的提高，以及与国际体系关系的变化。这些对中国应对边界问题，发展与周边邻国的关系发挥了重要影响。本文从新中国外交的三个时代分期入手，按照中国与国际体系关系的变化，分析中国对外政策的目标和实现途径的演化，阐述对外政策变化对中国处理边界问题的影响。

【关键词】中国对外政策　边界问题　国际体系

【作者简介】高飞，外交学院教授；周玉萍，外交学院博士研究生。

自1648年近代民族国家体系建立以来，领土边界问题始终是近代国际关系中的难题。如何应对和解决边界问题，既反映一个国家在国际体系中的地位和作用，又可以折射出一个国家外交政策的基本走向。外交是对外政策的工具，对外政策实质上不仅决定外交的内容，而且也决定外交的性质和方法。[①]新中国成立以后，中国外交经历了三次重大调整。外交政策的变化，反映了时代的进步，也体现了中国国家实力提升，认识水平的提高。经过艰苦的外交谈判，目前中国已经同12个陆地邻国解决了边界问题，占陆地边界总长度的90%以上。从时间上来看，20世纪50—60年代和80—90年代是中国解决边界

① [苏]维辛斯基、洛佐夫斯基主编:《外交辞典》第一卷，杨穆译，北京：东方出版社，1986年，第491页。

问题两个比较集中的时段。伴随中国的崛起，今天的中国开启了大周边时代，“一带一路”倡议代表了中国将以一种更高的视野看待边界和边界问题，努力把国家间的分界线变成合作带。新时代中国特色大国外交把解决边界问题带入了新境界。

一　中国外交的1.0版本

1949年新中国成立以后，帝国主义从经济上封锁新生政权，军事上阻碍中国解放台湾，政治上阻挠中国恢复在联合国的合法席位；盘踞台湾的蒋介石集团也叫嚣反攻大陆，中国国家主权与领土安全面临严重威胁。在这种情况下，毛泽东等中国领导人清醒地认识到“我们仍处在帝国主义与无产阶级革命的时代”。[①] 对抗由大国主导的全球或区域性国际体系，渴望构建一套符合共产主义理想的国际新秩序，以意识形态为主导的革命外交成为这一时期中国外交的重要特征，自新中国成立延续到20世纪70年代末，此即中国外交的1.0版本。

（一）外交政策的主要任务和特征

“西方主导的体制无法接受中国这样的传统大国，对中国缺乏起码的信任”，因而中国“对国际社会一直充满警觉”。[②] 此时中国外交任务明确，特征鲜明，具有强烈的危机意识和斗争思维。

首先，彻底粉碎帝国主义、殖民主义的枷锁，捍卫国家的主权与独立是新中国外交的中心任务。《中国人民政治协商会议共同纲领》明确规定：“中华人民共和国外交政策的原则，（是）为保障本国独立、自由和领土的完整，拥护国际的持久和平和各国人民间的友好合作，反对帝国主义的侵略和战争政策。”[③] 为了达到这一目的，《共同纲领》规定，“中华人民共和国联合世界上一切爱好和平、自由的国家和人民，首先是联合苏联、各人民民主国家和被压迫民族，站在国际和平民主阵营方面共同反对帝国主义侵略，以保障世界的持久

① 周恩来：《在中国共产党第十次全国代表大会上的报告》，1973年8月24日。转引自谢益显：《外交智慧与谋略——新中国外交理论和原则》，郑州：河南人民出版社，1993年，第5页。

② 秦亚青等：《国际体系与中国外交》，北京：世界知识出版社，2009年，第85页。

③ 《中国人民政治协商会议共同纲领》，第五十四条，参见《中华人民共和国对外关系文件集（1949—1950）》第一集，北京：世界知识出版社，1957年，第1—2页。

和平。”[①]

第二，中国游离于国际体系之外。二战结束后，全球国际体系日益完善，出现了以《联合国宪章》为基础，以安理会为主导的政治安全体系；以世界银行、国际货币基金组织为核心的货币金融体系；以关贸总协定（GATT，世界贸易组织的前身）为中心的世界贸易体系。美国等西方国家在这一体系中居于主导地位。1949年中华人民共和国成立，中国取代此前的中华民国政府登上国际舞台实属应有之义。然而，这一时期的联合国组织是美国推行霸权主义的工具，美国先后搬出“暂不审议”动议、“重要问题”程序、“双重代表权”提案等借口，执意阻挠中国恢复联合国合法席位；同时还操纵联合国对中国实施经济封锁和贸易禁运。新中国在成立后的头二十年里，始终被排斥在以联合国为中心的国际体系之外。

第三，斗争是中国外交的主要特征。20世纪50年代，毛泽东认为苏联共产党代表了世界共产主义运动的领导力量。在两大阵营对峙中，新中国坚定地站在国际无产阶级一边，与广大被压迫民族团结一心，积极斗争，共同反抗帝国主义的压迫。由此，新中国采取了与苏联结盟的“一边倒”外交方针。援越抗法、抗美援朝是这一时期中国外交政策的主要体现。朝鲜战争爆发后，新中国举全国之力掀起“抗美援朝运动”，派遣志愿军入朝。新生政权得以巩固，国际威望空前提升，但是中国被排挤于美国等西方国家主导的国际体系之外的状况并没有发生改变。60年代，中苏关系恶化，毛泽东明确提出了反帝、反修的“两条战线”和“两条统一战线”的思想，认为“新的世界大战的危险依然存在”，“当前的世界主要倾向是革命”。[②] 70年代初，中国确立了以联美抗苏为基本特征的“一条线”战略，建立联美制苏国际统一战线，在加强团结第三世界国家的同时，开启中美关系正常化，争取联合第二世界国家，共同对抗苏联霸权主义。

回顾改革开放前的中国外交，在美苏争霸的冷战形势下，中国领导人一直把“战争与革命”作为时代主题，中国的对外政策具有浓厚的革命色彩。尽管各个时期的政策调整存在差异，对外交往中联合与抗争的对象也有所不同，但始终坚持革命思维，采取斗争方式，实践国际统一战线思想，目的在于抵御潜

---

① 《中国人民政治协商会议共同纲领》，第十一条，参见《中华人民共和国对外关系文件集（1949—1950）》第一集，第1页。

② 中华人民共和国外交部、中共中央文献研究室编：《毛泽东外交文选》，北京：中央文献出版社、世界知识出版社，1994年，第584页。

在的战争威胁，维护国家主权与领土安全，实现政权稳固。

（二）外交政策对处理边界问题的影响

中国是世界上边界环境最复杂的国家之一。1949年中华人民共和国成立时，与所有陆上邻国都存在边界争议，属于历史遗留问题。考虑到边界线划定与否关乎相邻诸国的领土主权、国家利益和区域安全，新中国成立不久即开始关注并着手解决边界问题。当时的中国处于一个边境形势充满“变局”的时期，周边安全备受威胁。在这种情况下，边界纠纷极易发展成为恶化周边关系的催化剂、导火索，处理不当便会造成邻国间领土争端升级、边境形势紧张，甚至诱发局部热战等恶果。

1. 对印自卫反击战

中国与印度并未正式划定过边界，两国间存在一条传统习惯线。印度推行地区扩张主义，策动西藏叛乱，拒绝中方的划界谈判建议，于1962年发动大规模军事进攻，中国军队被迫进行自卫反击。在印方全面溃败的情况下，中方主动全线停火，并后撤至1959年双方实际控制线北20公里外。至此，印度在一定时期内不再向中国提出领土要求和实行武力威胁。这是中国在国内遭遇严重自然灾害，国际上承受多方孤立、封锁压力，与苏矛盾日益激化的情况下，为保卫国家领土主权做出的决定。

实际上，这一时期的印度有相当大的国际影响力，是亚非国家中反帝反殖、民族独立的旗帜，亦是美苏两大集团争相拉拢的对象。因而中国的自卫反击政策在国际社会上遭到了相当程度的质疑和反对。此后印度寻求与美苏合作以遏制中国，中印边界问题并没有得到根本解决。

2. 中苏边界冲突

中苏之间7000余公里的漫长边界线是由近代以来双方达成的19个不平等条约划定而来，但在战事频仍的动荡年代里，边界中不少地段的实际控制方发生了变化，与条约规定不相符合。新中国初期确立的“一边倒”外交政策和中苏结盟抗美的共同战略诉求促成了双方一段边境稳定的“蜜月期”。但随着民族利益和意识形态分歧扩大，中苏同盟关系破裂，边界未定问题随即凸显出来，进而发生了一系列边界纠纷事件，矛盾愈演愈烈，直至演化成1969年在珍宝岛、铁列克提等地发生的局部战争和冲突。

中苏边界冲突一方面是苏联推行霸权主义政策的结果，另一方面也受20世纪60年代极“左”思潮的影响。边界状况是邻国间关系的重要表征，边界地区是国家争夺领土资源、推行对外战略、比拼综合实力的重要博弈场。随着中苏关系降至冰点，两国边界相应地走向了重兵压境，纷争不断，直至武装冲突的地步。

在解决历史遗留的边界问题时，中国政府以安定四邻、缓和国际形势、保障国内建设为目的，遵循和平谈判、友好解决、不诉诸武力的原则，采取历史与现实相结合的方式，坚持边界划定前维持现状、不以武力改变现状的原则。[①] 20世纪50—60年代，中国首先与缅方就边界问题进行磋商与谈判，最终达成划界方案，以边界条约的形式将中缅边界线正式确定下来。此后，中国与尼泊尔、蒙古、巴基斯坦、阿富汗等周边近邻也相继解决了边界遗留问题，并在交涉过程中构建起了平等互信、友好合作的睦邻关系。

新中国成立后经历了政治上被孤立、经济上受封锁等严峻考验，长期游离于国际体系之外。这一时期的中国扮演着国际体系的挑战者角色，不惜代价抗美援朝、援越抗美，坚决捍卫国家主权与独立。在解决边界问题上，中国政府坚持平等协商、互谅互让原则，积极推动和平谈判进程，而在遭受少数邻国的军事挑衅时坚决反击，“有理、有利、有节”地维护国家的主权和安全。

二　中国外交2.0版本

改革开放以后的三十年，中国外交进入2.0时代。中国积极融入国际体系，在国际社会发挥积极作用；坚持“搁置争议，共同开发”的原则，稳定了边界形势；“韬光养晦，有所作为”，平稳地渡过了短暂动荡期，极大缓和了与世界主要大国的关系。为国内经济建设的健康、平稳、有序发展创造了良好的国际环境。

（一）外交政策的调整与主要特点

从20世纪70年代末特别是党的十一届三中全会到80年代末，随着全党工作重点转移到经济建设方面，邓小平同志对中国外交战略和策略进行了重大调整，更加完整地提出了“坚持独立自主的和平外交政策”[②]，中国外交进入新的历史发展时期。

---

① 曲星：《中国外交50年》，南京：江苏人民出版社，2000年，第213—214页。

② 邓小平：《争取整个中华民族的大团结》，《邓小平文选》第三卷，北京：人民出版社，1993年，第162页。

首先，和平与发展成为时代的主题。邓小平同志改变了过去关于世界战争不可避免的提法，指出“世界战争的危险还是存在的，但是世界和平力量的增长超过战争力量的增长”，“在较长时间内不发生大规模世界战争是有可能的，维护世界和平是有希望的”，“只要坚持这样的判断和这样的政策，我们就能放胆地一心一意地好好地搞我们的四个现代化建设”。[①] 他提出“和平与发展是当今世界两大问题”的重要论断，做出了中国不参加任何集团，不同任何大国结盟的决策，并在1987年党的十三大报告中正式提出“和平与发展是时代主题”。伴随对时代认识的变化，中国的外交战略也进行了一系列积极的调整。随着十一届三中全会的召开，经济建设成为国家战略的重中之重，而对外开放成为经济建设的重要手段，外交主要目标则从“支持世界革命”变成“为国内建设营造一个良好的国际环境”。[②] 对外开放成为中国社会主义现代化建设的一项基本国策。

第二，超越意识形态，独立自主发展对外关系。邓小平指出，“考虑国与国之间的关系主要应该从国家自身的战略利益出发”，“以自己的国家利益为最高准则来谈问题和处理问题”。[③] 国家利益取代意识形态，成为指导和评判中国外交工作的准绳。邓小平领导中国实行政治经济体制改革，为外交转型扫除了制度障碍，中国外交开始转向务实合作的轨道，积极发展对外交往，与不同类型国家构建友好关系。中国外交战略的模式也从结盟对抗转变为独立自主和不结盟。这包含两个层面的含义：一是不与美苏任何一方结盟，也不联合任何一方去反对另一方，而是在和平共处五项原则的基础上改善、发展同它们的关系；二是处理国家关系和国际问题时，不以意识形态定亲疏，不受一时一事所左右，而是从中国人民和世界人民的根本利益和事情本身的是非曲直出发决定自己的政策。这种思维强调在处理对外关系时以国家利益为出发点，超越了“冷战思维”，主张超越社会制度和意识形态的异同，按照和平共处五项原则同所有国家建立和发展友好关系，推动建立和平稳定、公正合理的国际政治经济新秩序。在这种思想指导下，中美两国于1979年1月1日正式建立外交关系；同时本着“结束过去，开辟未来”的精神，于1989年5月实现了中苏两国关系正常化。邓小平同志还以高超的政治智慧提出了“一国两制”的构想，在

---

① 邓小平:《在军委扩大会议上的讲话》,《邓小平文选》第三卷，第127—128页。

② 高飞主编:《和谐世界与君子国家：关于国际体系与中国的思考》，北京：世界知识出版社，2011年，第313页。

③ 邓小平:《结束严峻的中美关系要由美国采取主动》,《邓小平文选》第三卷，第330页。

香港、澳门问题上与英国和葡萄牙达成了协议，推进了祖国统一大业。

第三，中国逐步融入国际体系。对于国际体系来说，中国不再是“以阶级斗争为纲”的革命者、挑战国际体系的“造反派”，而是积极寻求机会融入国际体系，不断加强与国际社会的多领域广泛合作，日益成为推动世界和平与发展的积极力量；是稳定国际体系和秩序的关键角色，成为国际舞台上负责任、有影响的一员。在政治上，中国重返联合国。1971年第26届联合国大会通过“2758号决议”，中国最终得以恢复在联合国的合法席位，重新开始履行安理会常任理事国职责。重返联合国是中国外交史上具有里程碑意义的浓重一笔，标志着中国从政治层面融入国际体系，国家身份和国际地位被认可，参与国际事务的机会增多，程度加深。在经济上，中国加入世贸组织。2001年在历经十余年谈判后，中国成为世界贸易组织全权成员，标志着中国全面融入国际经济体系，与国际社会的关系发生了显著变化。伴随而来的是中国贸易水平、经济地位和国际影响力的极大提升，经济规模日益扩大，占全球经济总量的比重不断上升，与世界经济的相互依存度相应提高。至此，“中国真正成为了国际体系中的重要一员，也使中国第一次有机会以‘改良’替代‘革命’，在现有国际秩序中推动改革不合理的国际秩序，谋求最大程度地实现自己的利益”。[①] 另外，“中国参加国际组织的速度,特别在90年代期间是较快的，从几乎没有参与到参加数量接近发达国家和世界其他大国的水平。这表明中国已经进入了‘国际社会’”。[②]

这一时期，中国坚定不移地实行独立自主的外交方略和对外开放政策，降低战备投入，专注经济建设，以是否符合国家利益为制定和落实外交政策的标准；尊重意识形态多样性，积极开展同世界各国平等互利的国际交往与经济合作。中国实行对外开放政策的一个典型事件就是向美国开放，美国亦终止对中方的孤立政策，中美关系得以改善。中国进一步融入国际体系，与西方主要国家关系缓和，合作加强，推动国际秩序和地区格局向着有利于中国的方向发展，为国内经济建设创造了相对稳定的外部环境。

20世纪80年代末90年代初，东欧剧变，苏联解体，两极格局终结，国际形势纷繁莫测。同为社会主义国家，中国也受到一定程度的波及，出现了短暂的政治动荡。面对严峻的国内外形势，邓小平提出了“韬光养晦，有所作为”

① 秦亚青等:《国际体系与中国外交》，第87页。

② 江忆恩:《中国参与国际体制的若干思考》,《世界经济与政治》1999年第7期，第7页。

的外交政策。"韬光养晦"要求立足于本国国情，积蓄实力，收敛锋芒，埋头苦干，既坚守社会主义制度，又避免卷入意识形态和国家利益冲突。"韬光养晦"战略不仅帮助中国在乱局中实现了平稳过渡，而且指引中国在复杂的国际纷争中保持相对超脱的立场，聚精会神搞建设，一心一意谋发展。

（二）外交政策对处理边界问题的影响

这一时期，中国外交政策的核心目标就是为国家现代化建设服务，为国内经济发展营造良好的外部环境。中国政府积极寻求突破口，多层面、高效率处理边界事务，顺利解决了由苏联解体造成的新的、复杂的陆上边界问题；采取了"搁置争议，共同开发"等灵活策略，妥善化解了东海、南海等海洋边界难题。

1. 中国西北边界问题的顺利解决

在中苏同盟破裂后相当长一段时期内，中苏边界面临苏联重兵压境的局面，严重威胁了中国的国家安全。1987年，中苏两国举行第三次边界谈判。1990年，双方达成《关于边界地区减少驻军和建立信任的协定》。1991年，签署《中苏国界东段协定》及其附图。苏联解体后，原来完整的中苏边界线被相应拆分为几个独联体国家所有，中国西北边界涉及俄罗斯、哈萨克斯坦、吉尔吉斯斯坦、塔吉克斯坦四国，中国与四国继续就裁军和划界事项展开谈判。1994年，中俄签署《中俄国界西段协定》及其附图。1996年，中、俄、哈、吉、塔五国领导人签署《关于在边境地区加强军事领域信任协定》。1997年，达成《关于在边境地区相互裁减军事力量的协定》，为解决边界问题营造了良好的氛围。截至2002年，中哈两国签署《中哈边界协定》和两个《中哈国界补充协定》，中吉两国达成《中吉国界协定》《中吉国界补充协定》，中塔两国签署《中塔国界协定》《中塔国界补充协定》，中方与哈、吉、塔三国边界全部划定。2004年，中俄两国签订《中俄国界东段补充协定》，标志中俄双方边界问题得到彻底解决。[①] 从总体上看，中国积极推动与西北诸邻的一系列边界、军事协定，有利于逐步消解军事威慑，加速未定界问题的解决。中国于80年代开始实行的摒弃斗争、寻求合作的外交思维转型符合时代的要求，为国内经济建设创造了良好的外部条件。

---

① 高飞:《简评中国处理领土争端的原则及理念》,《外交评论（外交学院学报）》2008年第5期，第30页。

2. 中国灵活处理海域边界问题

伴随着美苏两极争霸时代的终结和资源开采技术的不断成熟，东海、南海地区的战略地位和经济意义日益凸显，岛屿争端成为地区国家关注的热点。中国把经济发展作为国家的战略中心，为了避免领土争端影响和干扰这个中心，必须妥善处理领土争端。

1979年5月31日，邓小平在会见来华访问的自民党众议员铃木善幸时表示，可考虑在不涉及领土主权情况下，共同开发钓鱼岛附近资源。同年6月，中方通过外交渠道正式向日方提出共同开发钓鱼岛附近资源的设想，首次公开表明了中方愿以“搁置争议，共同开发”模式解决同周边邻国间领土和海洋权益争端的立场。在随后的近30年时间里，这一原则有效管控了东海和南海的领土争端。

2000年，中国同越南签订了《中越关于两国在北部湾领海、专属经济区和大陆架的划界协定》。2002年，中国同东盟各国签署《南海各方行动宣言》。2003年，中国宣布加入《东南亚友好合作条约》。此类有关南海海域划界与合作的官方文件是中国政府落实“搁置争议、共同开发”原则，迈出历史性、实质性步伐的重要成果，有利于保障中国领土安全，维护周边和平稳定；有利于增进与东盟国家互信互利，增强在区域体系中的作用和影响力。

中国于1971年重返联合国，2001年成功加入世贸组织，在政治和经济层面全面融入国际体系，成为体系中发挥积极作用的参与者和建设者。在融入国际体系的进程中，中国形成了更加清晰准确的身份认知和自我定位，即在现行国际体系中，中国处于重要但不主导的位置。因此，坚持“韬光养晦，有所作为”，在国际事务上保持谦逊低调的风格和开放合作的态度，符合中国国际体系参与者、建设者的身份定位和“以经济建设为中心”的发展要求，推动现行国际系统平稳运行，为国内发展创造有利的国际环境。具体到牵动各国民族情感与政治神经、左右外交关系走向和周边局势的争议领土划界问题时，中国采取“搁置争议，共同开发”策略，与国家宏观外交战略相适应，是对中国外交2.0时代务实合作思维、“韬光养晦”政策的生动体现。将复杂敏感的领土问题暂时搁置，规避具体矛盾，寻求合作路径，在各方共识的基础上谋求利益最大化，为中国和平崛起创设出了有利的周边环境与发展机遇。

三　中国外交3.0版本

2008年全球金融危机爆发后，以美国为首的西方世界相对衰落，中国被推向了世界舞台的中央，世界期待中国在国际事务中发挥更大的作用。通过积极参与全球治理，倡导构建人类命运共同体，中国进一步提高自己的国际影响力、感召力和塑造力。中国外交开启了3.0版本。

（一）中国特色大国外交的提出与特点

2014年11月，在中央外事工作会议上，习近平主席正式提出“中国必须有自己特色的大国外交”。[①] 在新时代，中国外交展现出许多新特点。

首先，全球性发展中大国的定位。一方面，中国仍是世界上最大的发展中国家，实现现代化之路依然漫长。2016年，中国人均国民总收入（GNI）为8260美元，在世界银行公布的216个国家（地区）人均GNI排名中，我国排名第93位。目前，中国仍有3000多万贫困人口，扶贫减贫压力巨大。国家发展——“实现社会主义现代化和中华民族伟大复兴，在全面建成小康社会的基础上，分两步走在21世纪中叶建成富强、民主、文明、和谐、美丽的社会主义现代化强国”[②] 是当代中国的总任务。另一方面，中国改革开放和社会主义现代化建设取得了历史性成就，作为全球性大国的属性也在日渐显现。自1978年改革开放以来，中国经济三十多年保持了GDP年均9%以上的高速增长，已经稳居世界第二大经济体的位置。2013—2016年，我国对世界经济增长的平均贡献率达到30%左右，超过美国、日本和欧元区国家贡献率的总和，居世界第一位，国际贡献举世瞩目。

第二，中国走近了世界舞台的中央。在国际体系坐标中，日益崛起的中国已经开始扮演起至关重要的角色。力量越大，责任也就越大。中国从专注自身发展，开始更加关注全球治理体制和国际秩序变革。现有全球治理体制越来越难以满足维护复杂变化形势下的国际秩序向公正合理方向发展的强烈诉求。新时代里，中国秉持“共商、共建、共享”的全球治理观，倡导国际关系民主化，

---

① 《习近平出席中央外事工作会议并发表重要讲话》，新华网，2014年11月29日，http://news.xinhuanet.com/politics/2014-11/29/c_1113457723.htm。

② 习近平：《决胜全面建成小康社会　夺取新时代中国特色社会主义伟大胜利——在中国共产党第十九次全国代表大会上的报告（2017年10月18日）》，《人民日报》2017年10月28日。

坚持国家不分大小、强弱、贫富一律平等；支持联合国发挥积极作用，组建常备成建制的维和警队及8000人规模的维和待命部队；支持扩大发展中国家在国际事务中的代表性和发言权；为推动达成气候变化《巴黎协定》、制定2030年可持续发展议程发挥了重要作用。在新时代里，中国不止是扮演参与者和建设者的角色，而是顺应大势、结合国情，正确选择融入国际体系并发挥积极作用的路径和节奏；讲求效率、注重公平，让不同国家、不同阶层、不同人群共享全球社会福利与战略机遇，担负起新时代里变革国际秩序的贡献者与引领者的责任。

第三，全方位、多层次、立体化成为中国特色大国外交的重要特点。中共十八大以后，中国适应世情、国情变化，乘势而上、顺势而为，提出“一带一路”倡议，成功举办首届“一带一路”国际合作高峰论坛、金砖国家领导人厦门会晤、亚太经合组织领导人非正式会议、二十国集团领导人杭州峰会。在新的内外条件下，中国努力推动建设新型国际关系，打造人类命运共同体，构建全球伙伴关系网络；构建总体稳定、均衡发展的大国关系框架，按照“亲诚惠容”理念和“与邻为善、以邻为伴”周边外交方针深化同周边国家合作；秉持正确义利观和“真实亲诚”对非政策理念，加强同发展中国家关系；加强同各国政党和政治组织的交流合作，推进人大、政协、军队、地方、人民团体等的对外交往。①

第四，中国外交展现出崭新风貌。随着国际形势深刻变化，中国外交开拓进取、攻坚克难，在世界乱象中维护国家发展的良好外部环境，在国际变局中提升自身的国际地位和影响力。一是加强顶层设计，提出了正确义利观、总体安全观、全面发展观、全球治理观，全面深化体制机制变革，提出了“一带一路”战略倡议，大大增强了外交工作的整体性和全局性。二是坚持底线思维，坚定奉行独立自主和平的外交政策，奉行防御性的国防政策，不以牺牲别国利益为代价来发展自己，也决不放弃自己的正当权益。三是主动谋划，不仅把握好时代机遇，而且更加主动创造自身发展和世界和平的机遇。四是积极有为，构建了健康稳定的大国关系框架，开创周边睦邻友好合作新局面，推动同发展中国家合作提质升级。

在新理念、新政策指导下，中国政府对有关边界事务的处理更具战略眼

---

① 习近平：《决胜全面建成小康社会　夺取新时代中国特色社会主义伟大胜利——在中国共产党第十九次全国代表大会上的报告（2017年10月18日）》，《人民日报》2017年10月28日。

光，统筹国内国际两个大局，统筹发展安全两件大事，坚持走和平发展道路；坚定奉行互利共赢的开放战略，遵循共商共建共享原则；加强创新能力开放合作，形成陆海内外联动、东西双向互济的开放格局。目前，"一带一路"倡议正成为新时代中国化解边界难题的新方案。

（二）外交政策对处理边界问题的影响

周边是中国发展全球伙伴关系的基础，也是与国家主权、安全、发展利益最为密切相关的外部地带。中国有长达1.8万余公里的大陆海岸线和超过2.2万公里的陆地边境线，面对14个陆上邻国和6个海域邻国，周边环境和地区格局十分复杂。与海上邻国的边界争端主要涉及与日本就钓鱼岛主权及东海大陆架划界问题，与菲律宾、越南等东南亚多国就南海岛礁主权及海域划界问题等。与陆上邻国主要在喜马拉雅山麓沿线存在领土争端。

有效管控分歧、和平解决领土争端是中国边界政策的基本出发点。1972年，中日双方就钓鱼岛主权归属问题"搁置争议"，顺利实现邦交正常化。冷战结束后，日本加强对钓鱼岛"实际控制"，以2001年"租借"、2012年"购岛"等非法方式控制并企图"国有化"钓鱼岛。日本无限度破坏"搁置争议"共识的挑衅，造成中日关系恶化，双方几度剑拔弩张，东海情势危急。2016年8月，日本自民党干事长二阶俊博与中国驻日大使程永华举行会谈，紧张局势有所缓解。

进入21世纪，尤其是2009年以来，南中国海海域形势动荡，纷争不断。菲律宾、越南等域内国家单方面挑起事端、声索领土；美国重返亚太、利用南海等地区热点问题遏制中国；日本、澳大利亚、印度等其他域外国家基于战略考虑也纷纷介入。多方博弈的复杂局面进一步恶化了南海局势，损害了中国的领土主权与安全利益，破坏了中国同南海周边国家、同东盟甚至整个亚太地区的合作关系。2016年南海仲裁案后，中国政府和相关争端国力求妥善处理分歧，重回谈判协商的正确轨道，各方在岛礁主权归属和海域划界上的矛盾得到极大缓和，南海局势趋于稳定。2017年夏，中印在洞朗地区发生对峙事件，11月17日，双方在北京举行了边境事务磋商和协调工作机制会议，一致认同维护边境和平与安宁是两国关系持续发展的一个重要前提，就加强边境安全部队之间的交流与合作交换意见，分歧得到了有效管控。

中国寻求和平解决边界问题，不意味着要以牺牲自己的核心利益为代价。中国政府在处理领土边界问题时，坚持底线思维，坚决维护国家主权与安全利益，处理问题既要朝好的方向努力，也做最坏的打算。①2013年11月起，中国国防部开始划设东海防空识别区，这一新型空中预警防卫概念已于此前半个多世纪为美、加、澳、韩、日等20多个国家和地区所实践，但一直缺少国际法的认可。2013年至2017年初，中国在南海海域的填海造岛举措受到南海周边声索国及由美主导的西方阵营的指责与非议。然而，这种“以彼之道，还施彼身”的做法无疑会使各国进一步认识到当今世界加强国际协商、维护共同安全的重要意义，客观上有助于地区国家通过直接谈判解决问题，也有助于推动新世纪中国一直致力提倡的包含“综合安全观”“共同安全观”“合作安全观”的新安全观。②中国需要和平发展，但全凭中国一己之力是不够的，只有世界各国共树新型安全观，同走和平发展道路，达成人类命运共同体共识，国家间的和平发展才能更加坚实与长久。

以对话解决争端、以协商化解分歧，是中国解决边界问题的基本途径。中国希望与相关方平等协商，订立规则，建立机制，管控领土纠纷；寻求务实合作，扩大利益汇合点，实现互利共赢，共同推动区域一体化进程。随着全球化的发展，当今时代国际关系中各国间的相互依存不断提升。尽管这不意味着国际关系中的矛盾随之消失，但是在新的条件下，提出问题和解决问题的方式与过去已有根本不同。在处理边界问题上，中国坚持通过对话协商，以和平方式解决国家间的分歧和争端，坚持相互学习、相互借鉴。在新时代的中国看来，国际关系不仅仅追求和平共处（peaceful co-existence），而且要实现共同演进（co-evolution）。在中国外交从“韬光养晦”到“奋发有为”的转型过程中，中国政府既加大了在钓鱼岛和南海等涉及领土领海主权问题上的维权力度，同时又提出了“一带一路”倡议。③

1. 完善规则管控海域分歧

中国政府积极推进双多边海洋合作，与海上邻国守望相助、携手共进，努力把周边海域建设成为和平之海、友谊之海、合作之海。对于历史遗留的领土主权和海洋权益争端，中国坚持在充分尊重历史和国际法的基础上，通过对话和协商寻求解决方案，反对任何使争议扩大化、复杂化的行动。在海域划界、岛礁归属和权益分配明确之前，倡导各方搁置争议，共同开发。

---

① 参见杨洁篪：《新形势下中国外交理论和实践创新》，《求是》2013年第16期，第10页。

② 高飞：《中国外交的转型与创新》，《新疆师范大学学报（哲学社会科学版）》2017年第6期，第26页。

③ 阎学通：《外交转型、利益排序与大国崛起》，《战略决策研究》2017第3期，第4页。

2013年习近平主席访问印尼时，承认中国同东南亚国家在领土主权和海洋权益方面存在争议，但是主张以和平方式，通过对话和协商妥善处理分歧，努力维护双边关系和地区稳定的大局，同时中国愿意同东盟国家加强海上合作，使用好中国—东盟海上合作基金，发展好海洋合作伙伴关系，共建“21世纪海上丝绸之路”。2015年，中越南海争端愈演愈烈，11月，习近平主席在对越南进行回访时提到，中越两国要通过协商途径，“以合作开发为共同目标，妥善处理并管控好海上分歧。同时，集中精力推进海上合作，逐步积累共识，扩大共同利益”。

2002年11月，中国同东盟签署《南海各方行为宣言》，强调通过磋商谈判的方式处理南海争端。它是第一份致力于解决南海问题的多边政治文件，但因缺乏法律效力而难以真正约束相关各方的行为。近来，在“双轨思路”指导下，中国与东盟就南海问题合作达成一系列文件，对管控划界分歧、构建南海秩序有积极作用。2013年9月，中国和东盟高级官员举行特别会议，对解决南海领土争端的“行为准则”做出重点讨论，遵循“循序渐进、协商一致”思路，授权联合工作组就“准则”进行具体磋商，并同意采取步骤成立名人专家小组。在中方的积极努力下，南海问题明显降温。[①] 2016年7月，通过《关于全面有效落实〈南海各方行为宣言〉的联合声明》，强调直接当事国须和平解决南海海域及岛礁归属争议。同年9月，达成《中国与东盟国家应对海上紧急事态外交高官热线平台指导方针》和《关于在南海适用〈海上意外相遇规则〉的联合声明》，为各国应对危机、共商对策、防范风险提供了平台和指引。2017年5月，“中国—菲律宾南海问题双边磋商机制第一次会议”举行，7月，中菲两国外长在马尼拉会谈后达成了以“合适的方式共同开发”的共识。2017年8月，正式通过“南海行为准则”框架，为未来“准则”的实质性磋商奠定了良好基础，为完善地区规则、消弭南海争端提供了机制性保障，为深化中国—东盟战略伙伴关系、构建亚太命运共同体做出了历史性贡献。

2.“一带一路”连通繁荣大边疆

“一带一路”，即“丝绸之路经济带”和“21世纪海上丝绸之路”。2013年，“一带一路”倡议由习近平主席首次提出；2015年，《推动共建丝绸之路经济带和21世纪海上丝绸之路的愿景与行动》发布；2017年，第一届“一带一路”国际合作高峰论坛成功举办。“一带一路”逐步从理念转化为行动，从愿景转

---

① 高飞：《中国外交的转型与创新》，第20页。

变为现实，成为新时代中国特色大国外交的重要名片，推动区域合作与全球治理的典范之作。中国日益充分发挥出全球发展贡献者、国际体系引领者的负责任大国作用。

“一带一路”倡议是经济和人文合作的倡议，原则上不涉及领土和海洋争议问题，但共建“一带一路”能够增加有关国家的共同利益和战略互信，[①] 把原本复杂的、不利的外在边界环境转化为相互交融的、有利的双多边合作纽带。“一带一路”重点在于实现政策、设施、贸易、资金、民心上的“五通”，打造国际合作新平台，增添共同发展新动力，既符合中国自身利益，又与沿线国家发展需求相契合。为此，中国发起建立亚洲基础设施投资银行、丝路基金等投融资平台，主动参与次区域、区域多边合作机制，积极实施与沿线国家战略对接，推动基础设施互联互通，产能优化配置。中国互利共赢的开放战略和积极有为的外交思路，为周边国家乃至全球各国创造了前所未有的发展机遇，推动建设开放型世界经济。在倡议提出五年来，全球100多个国家和国际组织积极支持和参与“一带一路”建设，联合国大会、联合国安理会等重要决议也纳入“一带一路”建设内容。[②] 2014—2016年，中国同“一带一路”沿线国家贸易总额超过3万亿美元，已累计投资500余亿美元，建立56个经贸合作区，为有关国家创造11亿美元的税收和18万个就业岗位。[③] 中国与多个邻国在经贸领域深度融合、活力涌现，使边境地区成为双多边合作的桥梁与“飘带”。南海岛礁和海域的声索国对中国的经济依赖持续加强，与中国的利益交融不断加深。

具体到海洋合作领域，2016年11月，中国国家海洋局发布《南海及其周边海洋国际合作框架计划（2016—2020）》，以推动“一带一路”建设为重点，强调海洋是区域一体化的重要纽带作用，新增海洋资源开发利用与蓝色经济发展合作领域，推进合作伙伴海上互联互通，提升海洋经济对外开放水平。2017年6月，国家发改委和海洋局发布《“一带一路”建设海上合作设想》，认为加强海上合作顺应了世界开放合作、互利共赢的发展大势，同时也是世界各国共同应对危机挑战、促进地区和平稳定的重要途径。“一带一路”倡议倡导求同存异，凝聚共识，维护国际海洋秩序，同时也为东海、南海问题的解决提供了新思路。将争议海域及域内国家纳入“一带一路”大框架内，促使各方积极

① 张业遂：《共建“一带一路”谋求合作共赢》，《求是》2015年5月。

② 习近平：《携手推进“一带一路”建设》，《人民日报》2017年5月15日。

③ 外交部党委：《中国特色大国外交开拓进取的五年》，《求是》2017年10月。

接触，有序合作，搁置领土争议，弥合划界分歧，寻求利益共识，实现合作共赢。

顺应从“战争与革命”到“和平与发展”的时代主题变化，中国领导人做出了以经济建设为中心、实行改革开放的重大战略决策，中国外交从意识形态色彩浓重、斗争意识强烈的1.0版本进入到以经济建设为中心、讲求务实合作的2.0版本。新时期，中国国家实力和国际影响力显著提升，大国地位更加巩固。基于复杂国际形势与国家发展要求，中国外交进入“积极有为”的3.0版本：注重顶层设计，树立底线思维，坚持主动谋划，作风奋发有为，把复杂的周边环境化成开展对外合作的优势。

历史与实践一再证明，符合时代潮流与世情国情的外交政策有益于推动复杂边界问题的和平解决，构建睦邻友好的周边外交关系和互利共赢的合作模式，维护国家的长治久安与区域的繁荣发展。当前，中国特色社会主义进入新时代，中国作为国际体系中的负责任大国，前所未有地走近世界舞台中央，前所未有地接近实现中华民族伟大复兴的中国梦，前所未有地具有实现这个目标的能力和信心。在大发展大变革大调整的历史时期和世界形势下，中国深刻把握和主动创造战略机遇，深化改革，扩大开放，始终做世界和平的建设者、全球发展的贡献者、国际秩序的维护者，在包括海域领土主权和海洋权益纷争在内的双多边问题上积极作为，弥合分歧，拓展合作，推动构建新型伙伴关系和区域、人类命运共同体。以“一带一路”为代表，中国处理边界问题的新政策和新倡议，正在为地区和平和世界发展做出新的贡献。

The Impact of China's Foreign Policy Changes on the Settlement of the Border Issues

Gao Fei, Zhou Yuping

Abstract Since the founding of the People's Republic of China, its diplomacy has witnessed and experienced three major and crucial transformations, which were both a reflection of the progress of times and an incarnation of the uplifting of its national strength improvement, the optimizing of its perceptions of the world, and the more comprehensive interactions between China and the international system. These transformations have posed a significant influence on China's settlement of border disputes and its relations with neighboring countries. Based on a division of three eras of China's diplomacy and a focus on the transformation of China's relations with the international system, this paper analyzes the evolution of the objectives and practical paths of China's foreign policy, and elaborates on the effects of China's foreign policy changes over China's ways of handling its border issues.

Key Words China's Foreign Policy; Border Issues; International System.

Authors Gao Fei, Professor of China Foreign Affairs University; Zhou Yuping, Ph.D. Candidate of China Foreign Affairs University.

美日安全政策动向与“一岛三海”形势分析

高　兰

【内容提要】2017年以来，朝鲜半岛局势日益紧张，东亚地区形势出现较大变化。在美国特朗普政府亚太政策的“不确定性”以及日本安倍政府安保政策“冒险性”的双重作用下，亚太地区围绕“一岛三海”的安全形势日益严峻。即在朝鲜半岛“一岛”以及东海、南海、台海等“三海”，出现了局部接近热战的可能性与紧迫性。其本质在于，中国和美日之间的安全竞争显示出超越双边层面的外溢性特征，呈现出地区性乃至全球性影响。

【关键词】美日安全政策　朝核危机　“一岛三海”形势

【作者简介】高兰，复旦大学日本中心副主任、海洋战略研究中心主任、研究员。

2017年以来，东亚地区的安全热点问题有所升温，围绕“一岛三海”的安全形势日益严峻。所谓“一岛”，即指朝鲜半岛；所谓“三海”，即指东海、南海、台海。在这些区域，出现了局部接近热战的可能性与紧迫性。美国特朗普总统上任后，在政策操作手法上玩弄“不确定性”，不断调适对朝鲜半岛政策，其政策团队部分成员乃至特朗普本人在处理朝鲜问题方面日益强硬，甚至指责中国对朝政策不够强硬。① 另一方面，日本安倍政府在安保政策上继续采取“冒险”做法，加快“修宪”步伐，大力推动对朝鲜的严厉制裁措施等。中国与美日之间的安全竞争关系进一步深化，围绕朝鲜核问题等存在诸多分歧。

① Content Type: Country Data and Maps, “China politics: Deciphering the Trump team’s China policy”, Institution: Economist Intelligence Unit, CIAO FOCUS ISSN 1551-8124, 01-2017.

中国需要密切观察、未雨绸缪、避免被动。

一 “一岛三海”的形势分析

2017年以来，东亚安全形势日趋复杂，暗藏危机。与此相关，传统的东亚热点安全问题“一岛三海”出现了重大变化。

（一）朝鲜半岛：亚洲新热战的策源地？

2017年，朝鲜继续实施弹道导弹和核武器试验。5月15日，朝鲜试射“火星12”型地对地中远程导弹，9月，完成第6次核试验。2017年版日本《防卫白皮书》[①] 认为，朝鲜通过此次核试验，可能已经实现了“小型化”和“弹头化”目标。在此背景下，朝鲜半岛局势进一步趋向紧张。

朝鲜实行全民防卫体系，其基本军事战略以统一半岛全境为目标。为了保持战争能力和军需动员能力，尽管存在能源供给困难和经济困难，朝鲜仍然持续加大对军需产业的投入。金正恩执政以来，朝鲜的核心军事战略目标是建设核力量。2006年10月9日，朝鲜进行了第一次核试验。为了解决朝核问题，2007年进行“六方会谈”，此后，朝鲜关闭了三个关键的核设施，但拒绝公布所有核设施详情。2009年5月25日，朝鲜进行了第二次核试验。2013年2月12日、2016年1月6日以及2016年9月9日，朝鲜又分别进行三次核试验，以及数十次的导弹试验。此后，朝鲜的核力量、核战略与核决心三位一体的核运用架构不断成型，试图实现空基、陆基、海基核力量的并行发展。

近年来，朝核问题不断深化，一度接近美对朝使用武力的临界点。尤其是特朗普执政以来，美国大力推动联合国实施历史上最严厉的对朝制裁，朝鲜则继续采取激烈的反制措施。2017年4月29号，美军“卡尔·文森”号航母打击群抵达半岛东部海域，并与韩国海军举行了联合演练。以“卡尔·文森”号航母为首的美国海军战斗群，在朝鲜半岛附近进行的是一项无限期的任务，对朝鲜进行威慑和警告，同时也加剧了半岛局势紧张。美国海军战斗群驶向朝鲜半岛，增加了美方对朝鲜军事设施发动导弹打击的可能性，存在促使朝鲜领导人采取轻率行动的风险。

---

① 防衛省、自衛隊，http://www.mod.go.jp/j/publication/wp/wp2017/wp2017epubDL.html。

2017年8月以来，美朝之间的争执不断升级。[①] 8月8日，特朗普警告朝鲜，若其再继续威胁美国，将遭到“火与怒”的打击。朝鲜方面则回应说，正在考虑是否要对美国在太平洋的领地关岛进行打击。美国国务卿蒂勒森当天在出访东盟的归国途中特意经停关岛，以安抚当地居民，称“美国人可以高枕无忧”；而国防部长马蒂斯则发表声明，威胁朝鲜如再挑衅，将面临政权更迭的后果。朝鲜方面回应称，特朗普对朝鲜所做的威胁是“一派胡言”，朝鲜军方称将完成对关岛美军基地进行打击的计划。10日，特朗普再度就美朝对峙发声，对朝鲜的警告进一步升级。与此同时，美国媒体披露，五角大楼已经做好了对朝鲜导弹发射场进行先发制人打击的计划。

在半岛局势持续紧张的背景下，特朗普采取了对朝鲜“极限施压”政策。尽管美朝之间口头争执不断升级，但是美国舆论认为，特朗普并没有一个成形的对朝军事打击计划，而且如果真的实施军事行动，其后果也不堪设想。随着美国在韩国周边部署军备的大动作不断，韩国国内的不安情绪迅速扩散。韩国峨山政策研究院调查发现，43.2%的受访者认为危机情况下进攻朝鲜是“必要的”，比3年前增长6.9%；反对武力进攻者比之前下降9%。关于美国对半岛采取军事行动，韩国已进行过推演，预计将导致60万人死亡。一旦开战，如果不能成功实施“斩首”行动，或彻底摧毁隐蔽在山里和地下的朝鲜核设施，韩国将面临难以承受的灾难性后果。

另一方面，文在寅当选韩国总统后，呼吁推迟部署“萨德”系统，认为上届政府未能在这个有关国家安全的问题上让公众达成共识，韩国国内反对部署“萨德”系统的运动风起云涌。中韩围绕“萨德”驻韩发生严重争执，韩国在中美间实施的平衡政策发生动摇，事态一度趋向恶化。[②] 2017年年末，中韩关于部署“萨德”问题的争执有所转圜。2018年1月11日，中韩热线开通，文在寅总统与习近平主席进行了30分钟的电话通话，[③] 双方就改善韩朝关系和实现半岛无核化方面进一步强化双边合作达成共识。

（二）东海：对峙与协商并进

2017年以来，中日海上安全形势出现了新的变化。在围绕东海钓鱼岛、南

① 《特朗普对朝鲜警告再升级美军严阵以待》，国际在线，2017年8月11日，http://news.163.com/17/0811/08/CRHUVHOP00018AOQ.html。

② 石源华：《再议处于十字路口的东亚政治安全格局》，《世界知识》2016年第17期。

③ 《中韩热线开通后首次通话》，（韩国）《中央日报》2018年1月12日。

海等海上争端持续进行的同时，海上安全合作有所恢复，出现了复合型的竞争与合作态势。

日本2016年版《防卫白皮书》[①] 增加了批判中国的内容。《白皮书》认为，日本面临的安全环境日益严峻，包括亚太地区在内的全球势力均衡发生了变化。《白皮书》指出的9项周边安全保障相关事态中，与中国相关的占了5项，其指责中国“试图凭借力量改变现状，继续采取堪称高压式的做法”。在南海问题上，《白皮书》两次提及“南海仲裁案”，要求中国接受所谓“仲裁”结果，并支持菲律宾阿基诺政府的相关非法主张。

2017年版《防卫白皮书》[②] 再次借助海洋安全问题鼓吹“中国威胁论”，渲染日本安全保障环境日趋严峻，为安倍政府延续扩张性防卫政策背书。《白皮书》涉华部分篇幅较2016年有增无减，长达34页，其借助海洋安全问题渲染“中国威胁”，对中国海军的例行训练、海警船巡航钓鱼岛海域、在南沙群岛部署国土防卫设施等正当行为肆意歪曲，认为中国海军的活动呈“扩大化倾向”，声称这对包括日本在内的地区乃至国际社会安全保障环境造成影响，“令人强烈担忧”。在渲染日本安保环境恶化的同时，《白皮书》详尽介绍日本国家安全保障战略、防卫计划大纲、中期防卫力整备计划等日本基本防卫政策，并汇总防卫力建设取得的进展、防卫支出连续5年增长、与多国签署防卫装备及技术合作协定等安倍政府扩张性防卫政策的最新动向。《白皮书》将新安保法再次独立成章，具体介绍该法实施后自卫队拓展的新任务，包括解禁自卫队南苏丹维和部队开展“驰援护卫”活动等。

2017年，中日之间在东海问题上呈现“对峙与对话并进”的特点，双方恢复了若干对话。到2017年，中日之间共举行15次中日安全对话，13次中日战略对话、8轮海洋事务高级别磋商。2016年11月24日，中日第十七次渔业联合委员会就2016—2017年度执行《中日渔业协定》有关问题达成共识，[③] 规定中华人民共和国渔船在日本国管辖水域的作业条件（2016年6月1日—2017年5月31日），以及日本国渔船在中华人民共和国管辖水域的作业条件（2016年6月1日—2017年5月31日）。2017年12月5—6日，第八轮中日海洋事务高级别磋商在上海市举行，双方就建立并启动防务部门海空联络机制的谈判取得

---

① 防衛省、自衛隊，http://www.mod.go.jp/j/publication/wp/wp2016/w2016_00.html。

② 防衛省、自衛隊，http://www.mod.go.jp/j/publication/wp/wp2017/wp2017epubDL.html。

③《中国农业部办公厅关于实施2016—2017年度〈中日渔业协定〉有关工作的通知》，中华人民共和国农业部网站，http://www.moa.gov.cn/govpublic/YYJ/201701/t20170106_5426043.htm。

积极进展。此外，双方同意继续加强防务部门间的交流，增进互信。

（三）南海：缓慢退烧，仍存变数

为了维护中国在南海的主权以及海洋权益，2016年1月和7月，中国民航飞机在南沙群岛试验飞行；2月，在西沙永兴岛配置地对空导弹；8月，在黄岩岛上空实施轰炸机等飞行试验；12月，中国海军航母在南海地区航行。另一方面，中国与部分南海声索国逐步深化经贸和海上合作，甚至启动争议海域的共同开发项目，但彼此间的领土主权和海域争端协商仍未全面展开。

中菲关系总体上处于可控状态。2017年7月26日，中国外交部长王毅到菲律宾展开访问。菲律宾总统杜特尔特在马尼拉会见王毅表示，菲高度重视中国的国际地位和影响，致力于同中国建立更加紧密强劲的双边关系。王毅表示，在两国元首的政治决断和亲自推动下，中菲关系已实现全面转圜，短短半年多时间里，各领域交流全面恢复，务实合作蓬勃展开，给两国人民带来实实在在的福祉，并正在展现更加积极的前景。为了帮助菲律宾渔民增产，改善他们的生活，2017年，中国向巴拉望地区的渔民提供10万条拉普拉普鱼苗。

2017年以来，南海争端缓慢退烧，但仍然充满变数。目前，南沙岛礁处于“例行抗议、各自建设”的状态。值得注意的是，2017年，印尼方面出现了一连串消极动向，如加大对纳土纳群岛的军事设施建设等。早在2015年11月11日，印尼安全部长表示，如果不能通过与中国的对话谈判解决南海纳土纳群岛的“领土主权问题”，印尼有可能将中方告上国际法庭。由于纳土纳群岛周边有海底气田和良好的渔场，印尼对外国势力的活动非常警惕。为此，近年来印尼一直在纳土纳群岛动作频繁，不但进行了大规模军演，还将纳土纳群岛改为“北纳土纳海”，并追加预算扩建相关军事设施，建设海军基地和增加部署护卫舰。印尼还延长了该基地的飞机跑道、强化雷达以及部署战斗机和特种部队等，以宣示“主权”。实际上，纳土纳群岛位于我国南海“断续线”之外，印尼对中国的南沙群岛没有提出领土要求，纳土纳群岛主权属于印尼，中方没有表示异议，中国一贯致力于与直接有关的当事国通过谈判协商和平解决相关问题。

另一方面，美国方面仍然不定期地“巡航”南海，日本等国也在伺机以各种形式持续介入南海事务。2017年7月27日，美国将两架单引擎侦察机正式移交给菲律宾，以加强其海事巡逻及打击武装分子的能力。2017年12月12日，美国总统特朗普在白宫签署了总额达7000亿美元的《2018财年国防授权法案》，特别强调指出，“南海是一条极其重要的航道，中国正在破坏该地区的安全与繁荣，美国应在保障南海安全和确保各国航行和飞越自由方面发挥重要作用”，[①] 显示出美国将继续推进开展海洋安全倡议，并推动将更多国家纳入这一倡议中。

（四）台海：起伏不定，暗流涌动

2016年1月，蔡英文当选台湾地区领导人，岛内“台独”趋势有所深化。蔡英文当局推进文化“台独”，决定废除马英九执政时期制定的重视中国历史观的高中历史教育课程指导纲要。[②] 对于所谓“南海仲裁庭”的“裁决”，蔡英文当局提出异议的，仅针对台湾实际控制的太平岛被称为“礁”，没有积极提出对于作为中国主张南海全域岛屿主权根据的“断续线”的有效性问题，在这一点表现出与马英九当局不同的态度。未来一个时期，有两个“法理台独”问题值得关注：一是“修宪改领土范围”、改“国歌国旗国号”；二是公投“入联”。

种种迹象表明，蔡英文就职以来，台湾与日本之间的互动日益频繁，试图不断增进日台之间的官方关系，日本也试图踏入中日关系的“雷区”。蔡英文“联日抗中”的思维，令两岸关系发展蒙上阴影。[③] 蔡英文上台后，根据其公开表达的观点，蔡英文主张维持台海现状，希望台湾在大陆和日本之间扮演缓冲地带或是安全阀角色；台不会联合大陆对付日本，也不会采取与日本联手反大陆的立场。但是，实际上日台之间的接触更加密切。

2017年3月25日，日本总务副大臣赤间二郎访台，宣传日本观光活动。他是台湾与日本1972年“断交”后访台的最高层级的日方官员。赤间在机场接受日本广播协会采访时说：“此行目的是参加宣传日本地方魅力的活动。此次访问是日本政府大力推介日本地方魅力的表现，而中日两国关系和日本与台湾地区关系不会发生变化。”另外，他表示没有与台湾当局相关人士举行会谈的特定安排。日本声称，自1972年与台湾“断交”以来，日本与台湾的关系一直是“非政府间实务关系”。但是，日本总务副大臣级别的政府官员访台，这

① “National Defense Authorization Act for Fiscal Year 2018”, https://www.armed-services.senate.gov/imo/media/doc/FY18%20NDAA%20summary2.pdf.

② 渡边刚:《中国の警戒する『文化台独』》,《東亜》2016年9月号，一般财团法人霞山会，第6—7页。

③ 《港媒：蔡英文若上台　两岸关系恐蒙阴影》，中国新闻网，2015年10月14日，http://www.chinanews.com/tw/2015/10-14/7568283.shtml。

一事实本身已经损害了中日之间在台湾问题上的默契。

日本防卫省防卫研究所发表的第7期《中国安全战略报告2017——不断变化的中台关系》，响应蔡英文的文化“台独”思路，首次把中国大陆与台湾并列进行分析，提出“中台关系”，在概念上挑战两岸关系“雷区”。该报告指出，所谓中台关系的“维持现状”是指维持中国和台湾两个体制对峙的状态；迄今对于台军而言，幸运的是解放军依然不具备越过台湾海峡投放兵力的能力和周密地推进三军联合作战的能力，而台军在科学技术方面具有一定优势，并且在岛屿防卫方面占据地理性优势；从海洋的视点考虑，台湾位于连接东海、南海、太平洋的海上交通要冲。在东亚地区地缘政治对立有所加剧的局势下，台湾的战略重要性正进一步上升；拥有稳固执政基础、坚持“维持现状”姿态的蔡英文政府只要不面临重大的内政危机，对于中国来说，它将成为比陈水扁政府更难对付的。

二　美日安全政策的调整

2017年，围绕“一岛三海”的安全局势，出现了不少新变化。同时，美国和日本的安全政策也进行了调整。

（一）特朗普风险

2017年1月，特朗普上台后，推行以“不确定性”为特征的外交政策。[①]随着朝鲜半岛局势日益严峻，特朗普政府进行了“北压南进”的东亚政策调整。一方面，美国进一步强化了对朝鲜强硬的压制措施；另一方面，特朗普政府与日本安倍政府共同推进“印太战略”，试图强化美日与印度、澳大利亚的合作，推行印度洋—太平洋框架下的联盟战略。特朗普执政以来，美国还显著加强军事投入。美国《2018财年国防授权法案》授权国防部在2018财年支出6260亿美元基础预算和660亿美元作战预算，大幅增加了用于建设弹道导弹防御体系的资金，[②]是美国国防支出最大的增幅，创下了近十年来美国防务预算增幅新纪录。

---

① 防卫省防卫研究所编:《東アジア戦略概観2017》，http://www.nids.mod.go.jp/publication/east-asian/index.htm。

② “National Defense Authorization Act for Fiscal Year 2018”，https://www.armed-services.senate.gov/imo/media/doc/FY18%20NDAA%20summary2.pdf.

2017年，朝鲜半岛紧张局势日益突出，朝鲜继续进行核武器和导弹开发，引起美国、韩国、日本等军事与外交回应。美国在韩国部署“萨德”导弹系统引发了朝鲜的强烈不满，美朝对抗局势不断加深。特朗普一再威胁要“彻底摧毁朝鲜”，还戏称金正恩为“火箭人”。在朝鲜坚持推进核导计划的背景下，美朝争端有所升级。美国是朝鲜半岛局势恶化的主导因素之一。[①] 特朗普执政后，其对朝政策与奥巴马时期相比更加强硬，强势推行经济制裁和军事演习，并多次提出用军事打击手段解决朝鲜问题。虽然美国国内主张对朝战争的声音在逐步上升，打击朝鲜的各种方案已经出台，但美国在对朝动武问题上犹豫不决。这是因为，美国在战略上、军事上以及盟国关系等方面存在诸多制约，中国和俄罗斯强烈反对美国对朝动武。因此，美国对朝政策逐步从“超级强硬”转为“威慑性强硬”，即美国在继续强调对朝强硬制裁的同时，试图寻找美朝对话协商空间。美国国务卿蒂勒森还提出对朝鲜“四不”政策，即“不谋求朝鲜政权更迭和崩溃、不谋求加速半岛统一、不谋求在军事分界线以北驻军、不谋求加剧朝鲜人民痛苦”。

2018年1月9日，韩国和朝鲜代表在板门店韩方一侧“和平之家”举行韩朝高级别会谈，就朝方派代表团参加平昌冬奥会、南北关系改善等共同关心的问题进行讨论。1月10日，特朗普向韩国总统文在寅表示，只要朝鲜和韩国保持对话，美国将不会进行军事干预，[②] 暂时排除了对朝鲜进行军事行动的可能性。此外，特朗普提出，愿意与金正恩谈判，希望恢复美朝对话等。但是，韩美双方一致同意继续对朝鲜保持高压政策，强调对朝鲜保持最大压力战略的重要性。朝鲜方面则仍然坚持拒绝“弃核”。

在南海问题上，特朗普政府的南海政策看似“低调”，实则危害性更强。自特朗普执政以来，美国在南海的军事行动频次增加，军方对开展行动的自主性增强，并且在我国南沙和西沙同步开展行动。2017年2月18日，“卡尔·文森”号核动力航母战斗群进入南海进行巡逻。这是特朗普上台后，美国海军首次在南海进行巡逻，借此表明美国对亚太地区的重视，也是向同盟国展示承诺和责任。美军持续以“航行自由”为理由在南海挑衅。在南海地区，美中军队

---

① 石源华：《朝鲜以超强硬应对美韩的强硬》，《世界知识》2017年第24期。

② 《特朗普表示暂不对朝鲜动武声称“始终敞开对话大门”》，《参考消息》2018年1月12日，http://news.163.com/18/0112/10/D7ULU57400018AOQ.html。

舰机发生意外危险的可能性在增加。[①] 早在2014年8月19日，中国海军J-11战斗机在距离海南岛200公里的南海公海上空，与美国海军P-8侦察机异常接近，距离不足10米。[②] 这类事件有可能造成双方的军事危机。

在台海问题上也出现一些不安定的信号。2016年12月2日，台湾地区领导人蔡英文主动挑起事端，打破美台1979年“断交”以来的惯例，打电话给特朗普，祝贺他当选美国总统。中国向美方提出“严正交涉”，外长王毅表示，“这只是台湾方面搞的一个小动作，根本不可能改变国际社会已经形成的一个中国格局”。美国《洛杉矶时报》等媒体分析说，特朗普可能是在他不掌握的问题上被利用，加剧美中直接军事冲突的风险。[③] 事实表明，多年来台湾在美国有不容忽视的游说力量，特朗普身边有一批坚持强硬对华立场的顾问，不时寻求可利用的机会，游说总统，试图挑动台湾议题，采取对华敌视政策。

2017年6月13日，中国与巴拿马在北京签署建交联合公报，巴拿马政府宣布承认一个中国，台湾是中国不可分割的一部分，巴拿马断绝同台湾的官方联系。此后，蔡英文当局担心其他与台湾“建交”的“邦交国”出现效仿巴拿马的“断交”效应，遂向美国求助。6月16日，美国众议员史蒂夫·夏波特提出所谓的“台湾旅行法”，[④] 其得到包括众议院外交事务委员会主席罗伊斯等大约10名议员的联署，并获得众议院外交事务委员会亚太小组通过。该法案鼓吹“解除美台高层官员互访限制”，允许双方“所有层级官员互访”，试图在台湾问题上“玩火”。特别是特朗普签署的《2018国防授权法案》，提出美国应加强与台湾的长期伙伴关系和战略合作，[⑤] 支持台湾努力发展当地的海底作战能力；要求美国政府对美台军舰相互停靠对方港口议题进行评估，并定期向国会汇报等。这些举动将突破美国历届政府在两岸问题上的许多“禁区”，不仅损害中美关系，也将致使两岸关系进一步紧张。

随着美国2018年国防费用拨款方案正式实施，美国将在“一岛三海”问题

---

① 日本防卫省防卫研究所编:《中国安全保障レポート2016》，http://www.nids.mod.go.jp/publication/chinareport/index.htm。

② U.S. Department of Defense, “DoD Registers Concern to China for Dangerous Intercept,” August 22, 2014, https://www.defense.gov/News/Article/Article/603111/.

③ 《特朗普“台湾电话”遭质疑美媒：菜鸟犯下的错误》，环球网，2016年12月5日，http://world.huanqiu.com/exclusive/2016-12/9769657.html。

④ 《美国众议院通过“台湾旅行法”，蔡英文高调感谢》，网易新闻，2017年6月17日，http://news.163.com/17/0617/02/CN3LVR6D000187V5.html。

⑤ “Taiwan in the National Defense Authorization Act (NDAA), 2018”, https://www.armed-services.senate.gov/imo/media/doc/FY18%20NDAA%20summary2.pdf.

上加强军力投入与军事存在，特别是在朝核问题上不会掉以轻心，美国的东亚安全政策将保持较高的力度与强度。预计到2020年，美海军60%的兵力将部署在太平洋地区，其中包括强化在日本的海空军力、在新加坡轮换部署濒海战斗舰等。此外，美国国防部还将增加关岛海空力量，并在关岛进一步部署海军陆战队，以此构建“地理上更加分散、行动上更加灵活、政治上更可持续”的军事态势。美空军在亚太地区加大部署军力，并将把相关部队如情报侦察与监视部队进一步调往亚太地区，与盟友和伙伴国协同提升陆海空域态势感知能力。

（二）日本安倍政府的政策调整

2017年以来，中日之间围绕钓鱼岛领土争端、南海争端等问题的斗争依然复杂。2017年8月8日，日本召开内阁会议，批准2017年版《防卫白皮书》，《白皮书》指出朝鲜开发、试验导弹成为“新阶段的威胁”，日本可能已在其射程之内。此外，《白皮书》再次借助海洋问题鼓吹“中国威胁论”，指责中国“毫不妥协地要实现自己的单边主张，对于包括日本在内的区域和国际社会安全的影响，令人强烈担忧”。《白皮书》还称，中国国产航母“辽宁舰”2016年首次驶入西太平洋，展示了“海上战斗能力的提升以及向更远方投送战力能力的提升”，揣测中国今后在日本海附近的活动会更加频繁。

日本2017年《外交蓝皮书》[①] 提出，进入21世纪，世界的势力均衡态势发生重大变化。在东亚地区，朝鲜推进开发核武器给日本带来明确且重大的威胁。《蓝皮书》将朝鲜核导开发定性为“新阶段的威胁”，详细介绍了朝鲜在2016年两次实施核试验和发射超过20枚弹道导弹的经过，称针对朝鲜的日韩、美日韩合作“正变得前所未有的重要”。[②] 此外，《蓝皮书》批评中国以不透明的方式加强军事力量，急速扩大在日本周边海域空域以及南海的活动，成为包括日本在内的地区各国担忧的事项，因此（日本）必须谨慎关注中国的动向。

日本防卫省防卫研究所发布的《东亚战略概观》，是该机构根据日本防卫省“继续推进安保对话与防卫交流，加强日本与周边邻国及相关国家的信赖关系”这一方针所发行的重要刊物，其分析对象包含朝鲜半岛、中国、东南亚、俄罗斯、美国及日本自身等国家和地区。自1997年以来直至2017年，该机构连续发布了21份年度战略研究报告。《东亚战略概观2017》的副标题是《2016

---

① 《平成27年版外交青書》，日本外务省网站，http://www.mofa.go.jp/mofaj/gaiko/bluebook/。

② 《平成27年版外交青書》，日本外务省网站，http://www.mofa.go.jp/mofaj/gaiko/bluebook/2017/html/chapter2_01_01.html#s211。

年的东亚——不确定性提升的战略环境》，开篇首先分析美国特朗普政权不透明的外交政策，详细论述朝核危机不断升级的态势，继续渲染中国“强硬的”海洋发展现状，以及周边国家苦于应对的局面。①

从上述重要政策文件不难看出，日本对“中国威胁”的认知仍然是根深蒂固的。在这种认知之下，日本正不断加大军力建设。根据日本防卫省2018年度概算要求，将成立水陆机动团，引进两艘新型护卫舰，启动新雷达开发，强化监控东海，严防朝核攻击。日本方面还多次表示，继韩国引进“萨德”之后，将加快调研“萨德”在日本的部署问题。日本还以履行同盟义务、应对朝鲜威胁为由，宣称将拦截经日本上空飞往美国的导弹，使得原本紧张的朝鲜半岛局势进一步升温。

此外，在传统的日美同盟关系基础上，安倍政府不断强化与韩国、澳大利亚、印度以及东南亚国家的所谓安全保障关系，宣称要维护基于“自由、民主主义、尊重基本人权、法治”的国际秩序，将以往以东北亚或亚太地区为中心的安全合作地理范围扩大到印太地区。② 为应对美国亚太政策的不确定性，安倍政府与美国一起，加紧联手印度、澳大利亚等地区强国推动“印太战略”。日本在防卫省专设负责地区海上安全合作事务的部门，加大对东南亚国家海上安全能力建设的支持。作为“印太战略”的具体实施手段，日本通过自卫队参加海外演习、访问各国港口等方式，呼吁建立“海洋亚洲”③，开展各种支援事业加强伙伴国家的能力，强调航行自由、和平解决争端等。日本海上保安厅加大了对相关国家海上保安机构能力建设的支援，④ 每年向东南亚海域派遣巡逻船和飞机等，并与当地机构开展联合训练。

三　几点思考

进入21世纪，东亚安全秩序不断出现调整。随着中国、印度等新兴国家的发展，世界经济重心从大西洋转移到太平洋，各大国在该地区展开更加深入

---

① 防卫省防卫研究所编:《東アジア戦略概観2017》，http://www.nids.mod.go.jp/publication/east-asian/index.htm。

② 《TICAD VI 開会に当たって・安倍晋三日本国総理大臣基調演説》，2016 年 8 月 27 日，日本外务省网站，http://www.mofa.go.jp/mofaj/afr/af2/page4_002268.html。

③ 《開かれた、海の恵み—日本外交の新たな 5 原則—》，2013 年 1 月 18 日，日本外务省网站，http://www.mofa.go.jp/mofaj/press/enzetsu/25/abe_0118j.html。

④ 首相官邸网站，https://www.kantei.go.jp/jp/singi/kaiyou/annual/H29/H29_cover.pdf。

的战略博弈。以朝鲜半岛局势发展为代表，东亚地区的诸多热点问题有所“升温”，深刻地反映了东亚秩序调整背后的风险。① 在东亚地区，随着权力结构的变化，出现实力均衡的变化与博弈主体的多样化。中国力量继续快速崛起；美国超级霸权力量相对衰落；日本强行推进安保政策试图摆脱战后体制；朝鲜强硬推进核导计划，力求自保；东南亚国家的传统平衡战略出现新调整；台湾地区继续试图伺机“独立”。

从今后的发展趋势来看，首先，对于中国来说，台海问题是“一岛三海”问题中最重要的，事关中国的核心利益。张文木教授在《论中国海权》一书中指出，中国的真正战略任务在于维护主权统一，实现台海统一，这是二战以来雅尔塔会议、《波茨坦公告》等赋予作为战胜国中国的权利。② 今后，美国和日本对“台独”势力的暗中鼓励和支持，是影响台海局势走向的重要因素，对中国实现国家统一的目标构成了关键威胁。

其次，朝鲜半岛问题是今后在“一岛三海”热点问题中的重中之重，是今后最接近“热战”边缘的问题。朝鲜半岛爆发军事冲突的风险依然存在，危机的场景大致有以下几种情况，包括朝鲜核试验发生事故、朝鲜国内经济和政治形势在外界重重压力下发生突变、美国对朝鲜发动预防性打击等。种种迹象表明，美国如果对朝鲜动武，将损害中美关系。在中美元首会晤中，双方确认致力于实现半岛无核化目标，同意就半岛问题保持密切沟通与协调。中国坚持解决朝核问题的“双轨并行”思路和“双暂停”建议，希望各方认真考虑，并做出建设性回应。中国的朝鲜半岛政策的目标是实现地区和平稳定与合作。③ 美国则是从其全球战略出发，需要朝鲜半岛局势保持适度紧张，不会让半岛无核化与和平机制同步实现。特朗普政府与奥巴马政府的对朝政策基本一致，仍然是军事演习加上经济制裁，而且特朗普的对朝军演强度更高，经济制裁措施更加严厉，甚至扬言要制裁相关中国企业，威胁将朝核问题与中美贸易、南海乃至台海问题“挂钩”，对中国频频施压。当前和未来一个时期，朝鲜半岛问题将处于中美关系议题中的核心位置。④ 在这方面，中美之间已经开展了不少沟通和协作，有助于管理朝鲜半岛日益紧张的局面。中美需要切实管控朝鲜半岛出现突发性严重冲突的可能性。

---

① 《平成29年版外交青書》，日本外务省网站，http://www.mofa.go.jp/mofaj/gaiko/bluebook/。

② 张文木：《论中国海权》，北京：海洋出版社，2014年。

③ 石源华：《三议特朗普时代的东亚政治安全格局》，《世界知识》2017年第15期。

④ 刘鸣：《东亚需要发展一个新的合作安全机制》，《世界知识》2017年第22期。

第三，南海问题是“一岛三海”问题中极为复杂的问题，不仅涉及中国周边国家，也涉及域外国家，具有长期性。当前，中国不仅同越南、菲律宾等海上邻国存在着主权和海洋权益争端，南海也是美国、日本等大国大肆染指的焦点地区。东南亚国家采取平衡战术，一方面在安全上倚重美、日等大国的支持，另一方面在经济上力图搭上中国发展的便车，寻求更多经济利益，同时尽可能地扩大本国的海洋权益。今后，中国应当从战略角度有效处理同邻国的岛礁纠纷，并妥善解决与美国在亚太地区的海权博弈。随着中美两国在南海力量对比逐渐向有利于中国的方向发展，南海争端也将发生相应的转变。因此，中国在西太平洋上需要慎重应对与美国之间的战略竞争，努力规避风险，扩展海洋方面的功能性合作。

第四，东海、钓鱼岛问题是中日之间相持不下的争端，但同时也应看到，中日关系也存在改善的可能性。关于钓鱼岛问题，安倍政府要求中方公务船停止频繁进入钓鱼岛附近12海里海域，不要继续“侵入日本领海”。中国方面则指出“维护东海的和平与稳定是十分重要的事情”，敦促日方不要在钓鱼岛和中国海军舰队和空军战斗机群进出太平洋问题上大做文章。2010年钓鱼岛撞船事件发生以来，中日在东海的军舰与战斗机多次出现对峙，我国海监与渔政船只执法过程中也和日方发生摩擦。关于台湾问题，2017年以来，日本频频提升与台湾的实质性关系，违反了日本与中国之间达成默契的“一个中国”原则。中国要求日方遵守1972年两国恢复邦交正常化时签署的联合公报，并警告日本方面“在涉及两国关系政治基础的重大问题上，不能打任何的折扣，更不能有一丝倒退”。安倍则表示“日本在1972年日中联合声明中阐明的在台湾问题上的立场没有变化”。

另一方面，中日关系出现一定的改善势头。2017年5月14—15日，“一带一路”国际合作高峰论坛在北京举行，安倍晋三派自民党干事长二阶俊博率团参会，并请二阶向习主席转交其亲笔信。二阶俊博表示，日本对中国“一带一路”倡议的进展状况感到震撼，并暗示未来日本也有可能加入亚投行。安倍亲笔信的主要内容包括，在迎来中日邦交正常化45周年及《中日和平友好条约》缔结40周年之际，希望两国构筑稳定的友好关系；希望保持对话，在合适的时机实现互访；希望相互合作解决朝鲜问题；希望在“一带一路”倡议上加深对话和合作。2017年7月8日，中日首脑会谈在德国汉堡举行，这是习主席与安倍首相的第五次“非正式会谈”。双方达成四点共识：第一，要借2017年中日恢复邦交正常化45周年和2018年中日友好条约签署40周年之际，进一步改善两国关系，推进两国各个领域的合作。第二，两国要保持高层对话，尽快恢复领导人互访。第三，在“一带一路”倡议问题上，双方达成了合作的共识。第四，双方同意为防止两国军队的擦枪走火，尽快启动两国军方之间的“海空紧急联络机制”。

关于中国倡导的“一带一路”国际合作，安倍首相表示“这是一个很有潜在力的构想”，愿意在一定条件下寻求两国的合作。日本逐渐认识到，需要与中国深化经济关系，而且“一带一路”倡议也有利于日企发展。根据亚洲开发银行的报告，2030年前亚洲每年的基础设施投资需要1.7万亿美元，但目前实际上只投资了9000亿美元左右。日本方面越来越多有识之士认为，中日需要合作以应对亚洲旺盛的基础设施投资需求。为此，2017年12月4日在东京召开第三次中日企业家和前政府高官对话之际，安倍提出，“正如习近平主席所指出的，中日关系进入了新的开端”，[①] 中日互惠关系不仅仅限于两国间的贸易，具有更大的发展空间。安倍指出，“印太战略”和“一带一路”倡议并非对立关系，日方“考虑在推动自由开放的印度洋—太平洋战略之下，和提出‘一带一路’倡议的中国开展更广泛的合作”。

考虑到上述形势，提出以下几点思考。首先，中国必须继续发展国力，为实现国家统一、解决台湾问题提供强有力的保障。由于台湾在美国遏制中国的“第一岛链”中占据重要地位，中国解决台湾问题必将涉及同美国甚至日本的利益冲突。中方需谨慎处理同美日的关系，将台湾问题纳入中美日战略三角中进行综合考量。其次，在朝鲜半岛问题上，应继续推动六方会谈或其他形式谈判对话的重启，避免朝鲜半岛出现严重的武装冲突甚至全面战争。此外，需要协商如何构建有效的地区安全合作机制，在东亚地区推动军备控制，采取建立互信的措施。第三，在南海问题上，中国应该继续采取循序渐进的方式维护主权和海洋权益，保持中越关系、中菲关系改善的势头。与相关各方合作推动《南海行为准则》具体条款的协商，为南海的长期稳定奠定基础。第四，在东海、钓鱼岛问题上，继续从大局出发，进一步推动中日关系的实质性改善，解决分歧，拓展合作。争取在2018年恢复已经中断6年之久的两国领导人互访，落实双方就改善关系达成的共识，在战略互惠关系框架下构建可持续的、良好的中日关系。

---

① 《第3回日中企業家及び元政府高官対話（日中CEO等サミット）歓迎レセプション》，首相官邸网站，https://www.kantei.go.jp/jp/98_abe/actions/201712/04taiwa_kangei.html。

New Trends of U.S. and Japan's Security Policy and Current Situations on "One Peninsula and Three Seas"

Gao Lan

Abstract Since 2017, the situations on the Korean Peninsula have become increasingly tense and strained. Relatively big changes already have already taken place in the East Asia. Aggravated by the "combined dual effect" brought by "uncertainties" of the Asia-Pacific policy of the Trump administration in U.S. and "riskiness" of the security and defense policy of the Abe administration in Japan, the security situations become more and more gloomy and confrontational in the Asia-Pacific region, particularly in the areas of "One Peninsula and Three Seas" (namely, the Korea Peninsula and the East China Sea, the South China Sea and the Sea around Taiwan). Propelled by some unexpected urgent events, some parts of these areas were very likely to approach the brinks of "hot war" on some occasions. Now there is a spillover in the security competitions between China on the one side and U.S. and Japan on the other side, which appears to be regionally or even globally influential. This may reflect the true nature of these changes.

Key Words U.S. and Japan Security Policy; the Korean Nuclear Crisis; the Situations in the Areas of "One Peninsula and Three Seas"

Author Gao Lan, Research Professor, Deputy Director of the Center for Japanese Studies and Director of the Center for Maritime Strategic Studies, Fudan University.

“一带一路”研究

“一带一路”与中国周边安全环境的重塑

曹云华

【内容提要】中国改革开放政策的成功，在很大程度上应该归功于有一个良好的周边环境。过去30多年，中国与周边国家之间建立了良好的、相互信任和理解的、互惠互利的关系，这样一种良性发展的周边环境，为中国的和平发展和走向世界提供了重要的桥梁、有力的战略支撑和可持续发展的资源供应。然而，近年来，中国与周边的关系出现逆转，周边环境出现一些新情况、新问题，相互之间的猜疑与不信任增加了，各种各样的纠纷与摩擦频繁发生，区域外大国的介入也日益加深。中国与周边国家的关系陷入了“经济上相互依存与安全困境并存”的矛盾之中，本文旨在探讨影响中国与周边国家关系的诸多因素，并寻求改善当前关系的突破口。

【关键词】一带一路　周边安全环境

【作者简介】曹云华，暨南大学国际关系学院/华侨华人研究院教授、博士生导师。研究生姚骋、季鹏和邓艳任参与了本文的资料收集与整理工作。

中国改革开放政策的成功，在很大程度上应该归功于有一个良好的周边环境。在过去30多年间，中国与周边国家之间建立了良好的、相互信任和理解的、互惠互利的关系，这样一种良性发展的周边环境，为中国的和平发展和走向世界提供了重要的桥梁、有力的战略支撑和可持续发展的资源供应。然而，近年来，中国与周边的关系出现逆转，周边环境出现一些新情况、新问题，相互之间的猜疑与不信任增加了，各种各样的纠纷与摩擦频繁发生，区域外大国的介入也日益加深。人们不禁要问，当前的中国与周边关系究竟出了什么问题，中国的周边环境为什么风云突变，中国究竟应该怎样做，才能继续取得周边国家的信任和理解？

一　中国与周边国家关系的现状与走势

冷战后二十多年，世界发生一系列深刻的变化，世界政治经济的中心正在从欧美向东亚加速转移，东亚地区的政治经济新发展，不仅改变了世界格局，同时也深刻影响着中国与周边国家关系的进程。东亚的一系列重大变化包括如下：

1. 东盟的崛起；
2. 日本正在走向“正常国家”或叫“普通国家”；
3. 中国的和平发展；
4. 朝鲜半岛的持续紧张局势；
5. 区域经济一体化。

当前中国周边环境总的特点是什么？是无秩序状态。由于中国快速和平发展和迅速崛起成为世界大国，打破了原有的地区秩序，而新的秩序却还未建立起来，目前，整个东亚地区都处于新旧秩序的过渡时期。近年来，有许多学者运用权力转移理论分析东亚国际关系的特点，认为当前的东亚正处在权力转移的阶段。原来东亚的权力结构是单极的，由美国主导，现在由于出现了新的大国，权力结构开始发生变化，新的大国希望得到更多的权力，以便与自己的大国地位相适应。原有的权力掌握者并不甘心失去权力，想尽千方百计维护自己的权力。为此，也可以把这个阶段概括为新旧权力结构交替的时期。这就是当前中国周边环境国际关系总的特点。

当前中国与周边关系出现两大趋势，即经济上相互依存不断加深，而在安全上的猜疑和不信任感在加速增加，这两大趋势构成了当前乃至今后相当长一段时间中国与周边国家关系的主要特征。

第一，经济上相互依存不断加深。

中国与周边经济相互依存不断加深。我们试从贸易与投资两个方面分析当前中国与周边国家经济的相互依存。自2008年以来，中国和周边主要国家的经济贸易合作呈现持续上升趋势，虽受金融危机影响，但中国依旧是周边国家

的主要贸易合作伙伴，各种数据显示，周边各国与中国的双边贸易额占该国总贸易额的比重以及在华直接投资的比重基本呈逐年上升趋势；周边各国与中国的双边贸易额占中国贸易总额的比重，个别国家虽有所下降，但总体比重依旧保持稳定，周边国家依然是中国重要的贸易对象。

中国商务部公布的最新数据显示，2016年，日本与中国双边货物进出口额为2705.0亿美元，增长0.2%。其中，日本对中国出口1138.9亿美元，增长4.3%；日本自中国进口1566.1亿美元，下降2.5%。日本与中国的贸易逆差427.1亿美元，下降16.9%。中国为日本第一大贸易伙伴、第二大出口目的地和最大的进口来源地。

同期，韩国与中国双边货物进出口额为2113.9亿美元，下降7.0%。其中，韩国对中国出口1244.3亿美元，下降9.3%；自中国进口869.6亿美元，下降3.6%。韩国贸易顺差374.7亿美元，下降20.1%。中国为韩国第一大贸易伙伴、第一大出口目的地和第一大进口来源地。

2016年，印度与中国双边货物进出口额为696.2亿美元，下降1.7%。其中，印度对中国出口89.6亿美元，下降7.7%；自中国进口606.6亿美元，下降0.8%。印度与中国贸易逆差516.9亿美元。中国继续保持为印度第一大进口来源地、第二大贸易伙伴，同时也是其第四大出口市场。

另据中国海关统计，2016年，我国与东盟双边贸易总额为2.98万亿元人民币，比上年同期（下同）增长1.9%，占我国同期贸易总额的12.3%。其中，对东盟出口1.68万亿元，下降2%；进口1.3万亿元，增长7.4%。中国继续保持为东盟第一大贸易伙伴。东盟也是中国第三大贸易伙伴、第四大出口市场和第二大进口来源地。

2013—2016年中国主要周边国家双边贸易情况

年份 / 国别（地区）	2013年		2014年		2015年		2016年	
	双边贸易额（亿美元）	占该国外贸总额比重（%）	双边贸易额（亿美元）	占该国外贸总额比重（%）	双边贸易额（亿美元）	占该国外贸总额比重（%）	双边贸易额（亿美元）	占该国外贸总额比重（%）
日本	3098.9	20.0	3074.8	20.4	2698.6	20.7	2705.0	21.6
韩国	2289.2	21.2	2354.0	21.4	2273.8	23.6	2113.9	23.4
印度	659.5	8.45	716.0	9.18	708.3	10.7	696.2	11.2
东盟	4436.1	17.7	4801.25	18.9	4721.6		4522	

澳大利亚	658.7	13.5	1281.7	27.3	377.8	9.72	418.9	11.0
俄罗斯	683.3	11.8	884.0	11.2	635.5	12.0	661.1	14.1

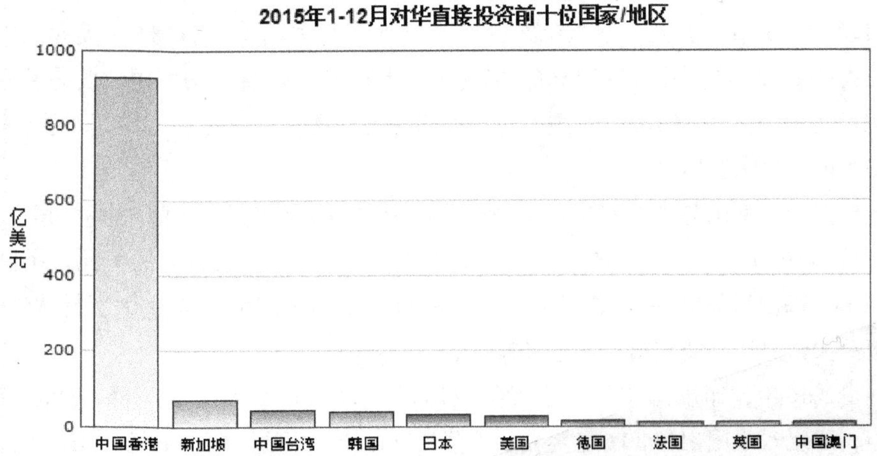

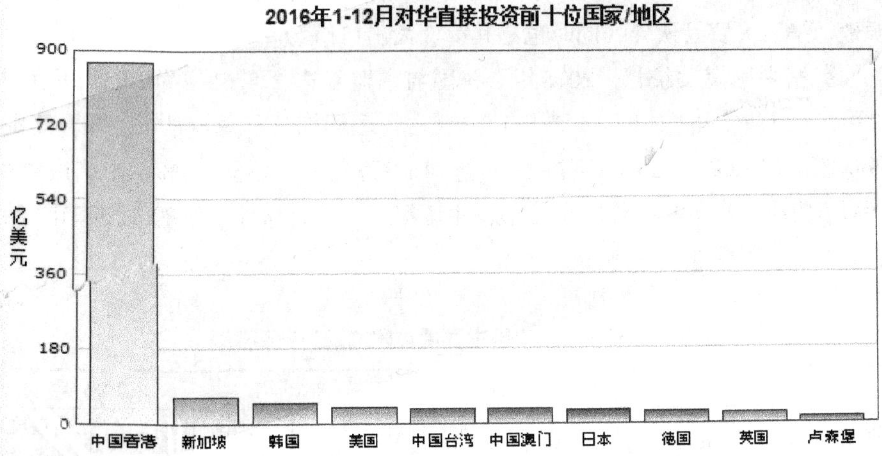

2013—2016年中国主要周边国家双边贸易情况（亿美元）

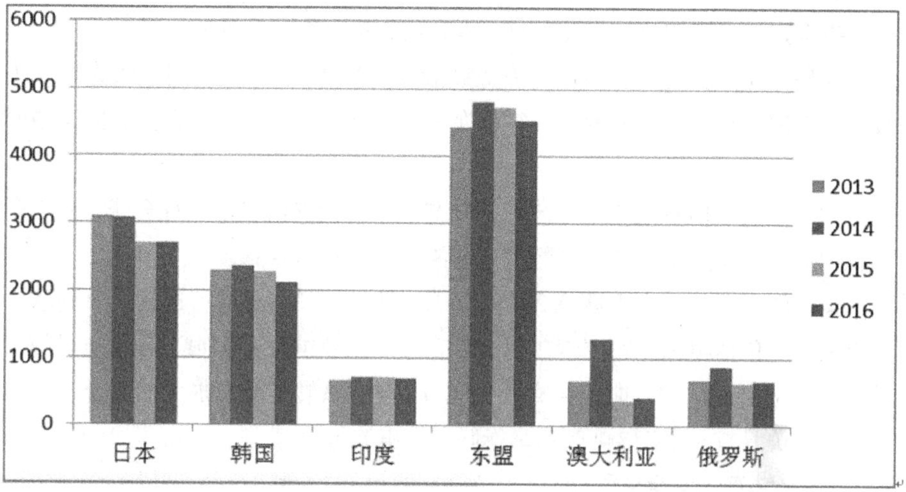

资料来源：以上各表均根据中国商务部网站和中国海关网站提供的相关数据整理。

第二，正在集体陷入“安全困境”。

周边国家对中国的不信任感正在加深，周边国家正在集体陷入安全困境，美国前总统奥巴马上台以后推行“重返亚洲”政策加剧了这种态势。近年来，美国与中国周边国家的安全互动非常频繁，这也从一个侧面反映出周边国家对中国的猜疑和不信任感在增加。现将美国与中国周边国家近年来的安全合作事项列表如下（2010—2017年7月）：

1. 美日双边安全合作

奥巴马政府上台后到访的第一个国家是日本。

2010年10月，美日举行了代号“利刃”的历史上规模最大一次联合军事演习。

为把关岛建设成为亚洲太平洋地区军事投射重心，美军已将其总共11艘航母中的6艘调集到该地区，潜艇数量也从282艘增加到345艘。

2011年，时任国务卿希拉里·克林顿与时任日本外相前原诚司在夏威夷会谈时公开宣称：“我愿明确，尖阁诸岛（钓鱼岛）属于安保条约第5条的范围。我们重视保护日本国民的义务。”

2012年9月底，中日钓鱼岛之争白热化阶段，美国两艘军舰开进黄海。

2015年4月28日，美国时任总统奥巴马在华盛顿与到访的日本首相安倍晋三举行了会谈。双方一致同意为构筑国际秩序强化美日同盟，并发表联合声明，再次宣称中国钓鱼岛系《美日安保条约》第5条的适用对象。

2015年4月27日，美日联合发表新版《美日防卫合作指针》，大大拓展了日本对外使用武力的范围和条件，也在一定程度上改变了日本在美日同盟中的地位。

2017年2月10日，美国总统特朗普与日本首相安倍晋三举行会谈，双方表示将加强两国在安全领域的同盟关系并深化双边经贸联系。

美国海军与日本自卫队从2017年6月1日起在日本海举行连续三日的联合军事演习，包括美国海军“卡尔·文森”号和“罗纳德·里根”号航空母舰以及日本海上自卫队“日向”号直升机航母在内的3艘航母参加此次联合军事演习。这是美日首次出动3艘航母举行联合军事演习。

2. 美韩双边安全合作

自“天安舰事件”爆发后到2010年年底，美韩两国在朝鲜半岛周边举行了五场大规模联合军演——“不屈意志”海上联合军事演习（7.25—7.28）、“乙支自由卫士”联合军事演习（8.16—8.26）、美韩联合反潜军事演习（9.27—10.1）、“最响雷鸣”空军联合军演（10.15—10.22）、美韩黄海联合军演（11.28—12.1）。

2010年11月，“延坪岛事件”爆发后，美国立即发表声明，谴责朝鲜，并重申对韩国的盟国防卫义务。在黄海展开的大规模军事演习，“华盛顿”号核动力航母参与其中。

据韩国媒体2016年7月8日消息，美韩最终决定在韩国部署萨德反导系统。

2017年3月6日，萨德系统部分装备，通过军用运输机运抵驻韩美军乌山空军基地。韩国防部表示将尽快通过相应程序陆续将萨德系统部署在星州基地。

2017年3月9日，美国国务院谈及韩国宪法裁判所审判总统弹劾案时表示，韩美两国将持续保持巩固的友好关系。

人民网北京2017年3月20日电，日前，美韩“鹞鹰”军演在韩国拉开帷幕。13日起，双方同步在韩举行“关键决心”联合军事演习。两场演习双方投入总兵力超过30万人，美军还派出航母战斗群、F-35B隐形战机及海豹突击队第六分队等精锐力量参演。

2017年4月17日，韩国代总统黄教安在与美国副总统彭斯会面后发表共同声明，称“韩美将尽快推动萨德的部署与运用”。

2017年4月26日，美韩两军在朝韩军事分界线附近的韩国北部抱川实施综合火力演习。

2017年6月12日，韩国海军表示，从当天起同美国海军在关岛近海举行代号为“沉默的鲨鱼”的联合潜艇演习，为期三周。

2017年6月30日，美国总统特朗普在白宫会见韩国总统文在寅，双方着重就如何应对朝核问题和双边贸易进行了会谈。两国总统都表示将继续致力于强化美韩同盟，促进两国军事和安全领域的合作。

2017年7月5日，因应朝鲜4日成功试射洲际弹道飞弹（ICBM），美国和韩国的导弹部队在朝鲜半岛东海岸进行拦截弹道飞弹的联合演习。

3. 美澳双边安全合作

2011年11月16日，美国总统奥巴马宣布：从明年开始，美国海军陆战队将在澳大利亚北部达尔文市长期驻扎。将澳大利亚视为美国的“最有力盟国”。

2012年4月，美军进驻澳大利亚北部城市达尔文，标志着美澳军事关系的一大进展。

2014年8月12日，美国和澳大利亚在悉尼举行年度部长级定期磋商会议，正式签署军力部署协议，允许约2500名美国海军陆战队队员轮驻澳大利亚北部城市达尔文。

2017年1月28日，美国总统特朗普与澳大利亚总理马尔科姆·特恩布尔通电话，双方强调两国关系的重要性。

2017年5月5日，特朗普总统在纽约“无畏”号航母博物馆上会见澳大利亚总理马尔科姆·特恩布尔，高度赞扬美澳联盟关系。美国太平洋战区司令哈里斯参加会见并发表演说，高度赞扬美国海军精神，称美澳军事联盟就像75年前一样强大，联盟不会容忍朝鲜核威胁。

2017年6月5日，每年一度的美澳部长级双边会晤在澳大利亚悉尼举行，两国外长和国防部长重点就反恐和其他安全问题进行磋商，重申将在反恐方面加强合作，并警告极端组织“伊斯兰国”在中东的外国成员可能返回各自国家作乱。

2017年6月29日，美国和澳大利亚在悉尼开启了“护身军刀—2017”联合军演，共有3.3万名美国和澳大利亚军人参加了这场演习，演习预计于7月25日结束。

4. 美国与东南亚国家安全合作

2009年7月，美国在泰国普吉岛召开的东盟地区论坛上加入《东南亚友好合作条约》。

2010年夏，美泰签署《创造力伙伴关系协定》，通过加强美泰两国大学和公司之间的合作来促进泰国经济的增长；美菲进行“2+2”战略对话，签署《千年挑战合约》以援助菲经济发展和减少贫困。

2010年9月27日，美泰在美国—东盟峰会第二次纽约峰会上，探讨发展双方涵盖经济、政治、安全与技术援助等领域的战略伙伴关系机制。

2010年11月，奥巴马访问印尼时重申加强与印尼关系，维护亚太地区的和平与稳定。

2011年12月，希拉里访问缅甸，这是美国国务卿自1955年以来对这个亚洲国家的首次访问。

2012年4月，在中菲黄岩岛对峙时，美菲举行“肩并肩”联合军演。

2016年4月14日，美国国防部长卡特在马尼拉拜会菲律宾总统阿基诺三世，并与菲律宾国防部长加斯明举行双边会议。表示，在15日的年度肩并肩演习结束后，将派275名美军人员暂时留在菲律宾。5架A-10C雷霆攻击机，以及4架其他型号的战机也将继续留在菲律宾，直到4月底才会撤离。这些飞机将停驻克拉克空军基地，协助训练菲律宾军队，以提升两军的海空联合行动能力。

2017年2月14日，由美国和泰国军队联合主办的“2017年‘金色眼镜蛇’”多边联合演习在泰国拉开帷幕。

2017年5月31日，美国总统特朗普在白宫与到访的越南总理阮春福举行会谈，双方表示将加强两国在经贸和防卫等领域的合作。

2017年6月2—4日，在仰光军队展览馆举办美国取消对缅制裁后的首届美国—缅甸商品展。

2017年6月23日，美国和菲律宾两国海军举行“Sama Sama 2017”联合演习。

2017年7月14日，美国与泰国高级代表团在美国国务院举行第六次美泰战略对话。双方讨论了一系列共同关切的问题，包括朝鲜问题和反恐合作。

5. 美印双边安全合作

2010年6月，印美开启战略对话，承诺建立“全球战略伙伴关系”。美印签署“防务关系新框架”，两国联合军演规模扩大、频度增加。

美印两国军品大单接二连三。2008年，印度斥资10亿美元从美国购买6架新型C-130J运输机。2009年，美国同意向印度出售8架P-8I远程海上巡逻机，后又追加4架该型号的巡逻机。

2010年11月8日，奥巴马在印度国会发表演讲，表示支持印度申请成为联合国安理会常任理事国。

2015年1月25日，美国总统奥巴马开启为期3日的印度之旅，并出席26日印度共和国日庆祝活动。

2015年6月3日，美国与印度防长签署《美印2015防务合作框架协议》，推动在多个安全相关领域的防务合作。

2016年8月29日，印度和美国正式签署协议，美印两军将能利用彼此的海陆空军事基地进行补给与维修。

2016年8月29日至9月2日，美国国务卿克里访问印度，主持第二届美印战略与商业对话，并与印度总理莫迪等高官举行会晤。

2017年6月23日，军火商通用原子公司透露，美国国务院已批准该公司向印度政府出售MQ-9B型“卫士”武装无人侦察机。该机是MQ-9型“捕食者”的升级型号，最大续航能力超过48小时，有两个武装挂架，可携带两枚导弹。印度拟购买的22架无人机总金额将超过20亿美元，将大大增强印度在印度洋—太平洋地区的海洋态势感知能力。

2017年6月26日，美国总统特朗普会晤印度总理莫迪，表示美印关系从未如此牢固，并表示双方在多数问题上都取得共识，将在反恐领域加大合作。2017年7月，印度最大炼油公司印度石油（IOC）日前签署了印度第一份从美国进口原油的协议，成为继韩国、日本、中国、泰国之后，又一个从美国进口原油的亚洲国家。

6. 美国与中国周边国家的多边安全合作

2008年，美国对迪戈加西亚军事基地启动为期四个阶段的改造工作，将其打造成全方位的超级海军军事基地和完善的后期补充中心。

2011年6月，美日举行“2+2”安全磋商，双方首次提出在面向共同的亚太战略目标的同时，构建并强化美日韩、美日澳、美日印、美日和东盟等多个三边合作框架。

2011年7月，美国国务卿希拉里在印度参加第二次美印战略对话期间，第一次明确提出构筑以阿富汗为枢纽，将南亚、中亚与西亚连接起来，以实现其“能源南下”“商品北上”的“新丝绸计划”。

2011年7月，美日澳在文莱附近举行三方军演。

2011年12月19日，奥巴马政府在华盛顿启动美日印三边官方对话。

2012年4月，日韩澳首次派员观摩美菲“肩并肩”联合军演。

2012年6月，美日韩举行联合军演。

2017年8月6日，韩国总统文在寅、美国总统特朗普和日本首相安倍晋三在美国驻汉堡总领事馆共进晚餐，三方商定在联合国安理会以及双边层面，对朝施加更强力的制裁和压力。

2017年7月10日，印度、美国、日本三国在印度南部金奈海域的孟加拉湾，举行了“马拉巴尔—2017”海上联合军事演习。

2017年7月22日，美国海军黄蜂级两栖攻击舰“理查德”号（LHD 6）、澳大利亚海军堪培拉级两栖攻击舰“堪培拉”号与美国、澳大利亚、新西兰三国十余艘各型军舰组成庞大编队在太平洋珊瑚海航行训练。

二　当前的中国—周边关系出了什么问题？

如前文所述，当前中国—周边关系出现矛盾的两个方面：经济相互依存进一步提升。在经济上中国和周边之间已经发展到了谁也离不开谁的地步，出现了一荣俱荣、一损俱损的局面；但在安全方面，却出现了与经济领域正好相反的态势，双方陷入了“安全困境”，双方的不信任和猜疑加剧，海洋争端、边界纠纷、核武器开发、恐怖主义等问题进一步恶化了中国与周边国家的国防与安全关系。当前，整个东亚地区国家关系出现一个纷繁复杂和多变的状况，前几年，我们在形容中国—周边关系发展时，都用这样一句话来描述，“进入历史上最好的时期”，或者叫“黄金时期”。但在最近两年多的时间里，突然出现许多波折，尤其是由于南海争端使中国与一些东盟成员国的关系出现反复，许多人甚至产生悲观的情绪，认为中国—周边关系一下子掉到了谷底。笔者认为，中国—周边关系发展到今天，总体而言是顺利的，基本态势仍然没有改变，各国都不愿意看到局势的恶化，双方都有改善和提升双边关系和多边关系的愿望。

有一些人认为，目前中国—周边关系乃至整个东亚出现混乱的局面，完全是美国搅局的结果。特朗普上台之后，美国政府的亚太政策仍然在调整之中，例如宣布放弃了TPP，军事与安全方面有可能收缩战线。有些人认为，这下子中国可以松口气了，如果没有美国人的搅局，一切问题都会顺利解决，中国在东亚的领导地位马上就可以确立起来，这种想法其实是片面的。应该看到，在目前乃至今后相当长一段时间内，美国在东亚地区仍然将维持其各种存在与影响力。况且，导致中国与周边国家关系变化的原因，主要还是在于亚洲内部，美国的存在与影响力虽然很重要，但是这个外因是通过内因才能起作用的。

导致中国—周边关系出现恶化的内因很多，主要有如下两个方面的因素：

中国方面的因素。中国作为一个正在迅速崛起和走向世界的大国，时间太短，速度太快，我们的人民还没有做好充分的思想准备和物质准备，笔者认为，作为一个世界大国的公民，那是要有充分的思想准备和物质准备的，是需要学习的。中国崛起成为世界大国的过程，同时也是其人民学习如何做一个大国公民的过程。但是，我们的人民长期适应的是国家在国际社会中处于弱小和边缘的地位，现在一下了被推向世界政治经济舞台的中心，还很不适应。中国在崛起的过程中不能一味地追求大国的地位，而忽略了邻居们的感受。其实，中国应该换位思考，也就是从周围的邻国和弱国的角度思考它们对中国崛起的感受。

周边方面的因素。中国加强国防现代化建设使周边邻居们集体陷入安全困境。研究安全的学者认为，一国加强安全所做的各种努力，会引起其他国家，尤其是邻国的恐惧和不安全感，也就是说安全或不安全在很大程度上是观念和心理上的一种反应。中国是周边国家最大的邻国，又是一个正在和平崛起的大国。中国现在可能还没有资格说是世界大国，但是，对周边各国而言，它绝对是一个庞然大物，起码是一个地区强国。中国在加强国防现代化建设方面所做的各种努力，都会引起周边各国的猜疑和恐惧心理，这是很正常的，关键是如何消除这种恐惧和不安全的感觉。这种安全困境如果不能正确地疏导和化解，就有可能出现军备竞赛，导致地区局势紧张甚至出现某种程度的对抗。

长期研究东亚问题的新加坡学者黄朝翰教授从另一个角度进行解读，他认为，当前东亚存在两种截然不同的新经济秩序与旧政治秩序，是导致中国与周边关系出现混乱的主要原因。黄朝翰教授认为，从20世纪80年代起，东亚逐渐形成了以中国为主导的经济新秩序，然而，原来以美国为主导的旧政治秩序却仍然没有发生变化，这两个秩序相互矛盾，很难兼容。东亚高速发展的第一波浪潮来自于日本，随后很快地延伸到四个新兴工业经济体（“亚洲四小龙”）以及部分东盟经济体。东亚的第二次高速发展来自于中国，中国作为区域中最大的经济体，毫无疑问将会持续引领区域的经济发展，并且在东亚经济体中形成的新的经济关系格局。“尽管如此，在相当长的一段时间内，中国并不能塑造区域的地缘政治格局。中国的‘和平发展’这一政策理念并未得到东亚国家的广泛认同，而中国软实力的弱小和无力，又不足于让这一理念深入人心。尤其是日本还在较长一段时期不会接受自身的相对衰落和中国的崛起这一现实。同时，加上美国在战略上重返亚太，阻碍中国崛起，干预本区域地缘政治发展的自然演变。这是东亚政治经济新秩序面临的最大挑战。”①

笔者把中国与周边邻国目前的关系解释为两种病状：一种是周边邻国得了“安全困境”的病：它们把中国的崛起看作是对邻居的不安全甚至是威胁。邻国们有这种想法是很正常的，中国则应该换位思考问题；另一种病是中国人得了“大国焦虑症”：我们的国民急于求成，想一夜之间成为大国，这种焦虑和狂躁，激起了周边邻国们的不安和担忧。

我们以东盟为例，看东盟是如何应对中国的崛起。

首先，东盟意识到，中国崛起是不可阻挡的大趋势，东盟应该顺应这个趋势，加强与中国的联系，赶搭中国经济快车。

其次，推行“大国平衡战略”，利用其他大国制约中国。东盟欢迎美国重新加强在东南亚的存在与影响力，东盟也欢迎印度的“东向政策”。此外，受到美国的鼓励，东盟也积极欢迎日本、澳大利亚、韩国等地区强国加强在东南亚的安全存在与影响力。

再次，加强东盟自身的团结和凝聚力，加快推进东盟的区域一体化，提出建立东盟共同体，包括政治与安全共同体、经济共同体、社会与文化共同体。2015年底，东盟宣布，东盟共同体正式建成。

那么，中国现在的崛起，面临一个什么的周边环境呢？可以从如下几个方面看：1.美国正在加强与传统盟友和新盟友的合作。美国是否已经在中国周边构筑了一个C型包围圈？这是一个见仁见智的问题；2.中国的崛起可能会与很多周边国家产生利益冲突，包括自然资源、移民、国际市场等。3.中国本身面临的一些国内问题有国际化的趋势，包括跨境民族问题、宗教问题、各种分裂势力等。

澳大利亚学者休·怀特在一篇题为《为什么亚洲仍有可能爆发战争》的文章中认为，越南战争之后，亚洲，尤其是在东亚出现了一个相对稳定的局面，原因在于有一个中美日“双重保证”的机制在发挥作用。这个机制的主要特点，

① 《以中国为中心的新东亚经济秩序》，黄朝翰在暨南大学国际关系学院/华侨华人研究院的演讲，2013年3月21日，广州。

是美国主导东亚，而中国和日本接受并且适应美国这一主导作用，有一种稳定的三角关系。“让东北亚建立起现代秩序的最重要因素是越南战争结束后的形势。该秩序的首要基础是美国、中国和日本之间关系的确定。”“让这种秩序得以为继的机制可以称为‘双重保证’：美国向中国保证，中国的安全不会受到日本的影响，同时又向日本保证，日本的安全不会受到中国的影响。”

目前，亚洲正朝着多极秩序迈进，在日益多极化的亚洲，将会出现一个什么的国际体系？怀特认为，根据欧洲历史上的经验，有四种模式可以起参照作用：

第一种模式，公元1世纪的罗马帝国模式，这似乎是美国选择的模式。这种模式的前提是美国能够继续保持其实力，而该地区的其他大国，包括中国、日本仍然接受美国的领导地位。怀特认为，这已经不大可能了。

第二种模式，现在的欧盟模式，即出现一个超国家的联合体。欧盟能够出现，关键在于法德和解，而在东亚，中日和解的道路仍然是漫长的。

第三种模式，“欧洲协调”。从1815年到1914年，欧洲大国间的关系虽然经常充满竞争，不过还是就竞争的限度达成了明确的共识。这些共识包括：尊重政治机构、国家利益和其他所有大国军队的合法性，共同认可避免大国间爆发战争的重要性高于一切。在这种秩序下，欧洲的经济实力、全球影响力及公共福利都大幅上升。

第四种模式，均势体系。在16—18和20世纪，大部分时期主导欧洲战略事务的都是这种模式。均势体系通过防止任何一个大国夺得霸权地位，有效维护了体系内绝大多数国家的利益。如果处理得当，这种体系有助于维持和平，但它的代价是，战略竞争一刻不能停止，偶尔还会爆发全面战争，这类战争往往都是灾难性的。今后的东亚最有可能出现这种秩序，“如果我们真的在朝这个方向迈进，那么正在形成的就是较有可能爆发重大战争的秩序。”①

三 “一带一路”将重新建构中国的周边安全环境

如何化解中国与周边国家之间的安全困境？积极推行“一带一路”倡议，可能是一个较好的选择，这个倡议将引领中国与周边国家一起建立新的合作关系，重新营造一个良好而有序的中国与周边关系。

---

① [澳]休·怀特：《为什么亚洲仍有可能爆发战争》，（英国）《生存》双月刊，2009年1月号。

近年来，“一带一路”成为学术界讨论的热点，许多人从各个不同的视角做出不同的理解。笔者认为，“一带一路”就是我国在新的历史时期推行的新的区域合作战略，新的周边战略，是一种新的、高度开放的地区主义。同时，它也是一种新的全球化战略，是正在崛起成为世界大国的中国对当今世界的一种反应。如何正确认识“一带一路”？笔者尝试用“六个不是”和“六个是”来解读这个问题。

首先，中国不是现有国际秩序的革命者和造反者，而是现有国际秩序的修正者。改革开放以来，我们调整了对现有国际秩序的态度，从过去那种不认可、不合作、不参与调整为积极参与和合作。中国在改革开放以来所取得的巨大成就，在很大程度得益于现有的国际秩序，中国是现有的国际秩序的受益者。诚然，现有的国际秩序有许多不合理的地方，需要改革和调整，以适应变化了的世界，中国现在提出“一带一路”战略，正是这个目的。中国正在迅速成长为世界大国，有能力、有责任、有义务对国际社会做出更多的贡献。而现有的国际秩序不能很好地反映这一变化，因此，需要调整和改革，需要变化。正在构建的新的国际秩序需要有中国的参与，中国作为一个正在崛起的世界大国也必须为人类社会做出更多的贡献。

其次，中国不是要恢复古代的“朝贡体系”，而是要为地区的和平、稳定与繁荣做出自己的贡献。针对中国—东盟自由贸易区建设，西方一些分析家在前几年撰文认为，中国与东盟建设自由贸易区的政治意图，是试图恢复古代那种“朝贡体系”，以加强对周边国家的控制。这是一个错误的观点，中国人并不想要恢复这个体系，在当今这样一个高度开放的世界里，也不可能重新建立这样一个体系。近年来，中国周边的确出现了一些紧张局势，但是，这些紧张局势并不是中国造成的，而是由一些历史遗留问题，加上一些域外大国的不当干预造成的。

再次，“一带一路”不是要另起炉灶，而是要充分利用现有的合作框架和体系。在亚洲地区已经成立了很多地区合作组织，它们在过往的地区秩序构建中已经发挥或者正在发挥着重要的作用，主要有：1.多边合作组织，如东盟、上海合作组织、南亚合作组织；2.金融合作机构，如亚洲开发银行、正在筹建的亚洲基础设施投资银行、金砖国家银行等；3.多边或双边合作自由贸易安排，多边如亚太经合组织、中国—东盟自由贸易区等，双边如中国—新加坡自由贸易区、中国—新西兰自由贸易区、中国—澳大利亚自由贸易区、中国—韩国自由贸易区等。截至目前，我国已签署15个自贸协定，其中已实施12个自贸协定，涉及23个国家和地区，自贸伙伴遍及亚洲、拉美、大洋洲、欧洲等地区，其中包括新加坡、韩国、巴基斯坦、新西兰、智利、秘鲁、哥斯达黎加、冰岛、瑞士、韩国和澳大利亚等国；与香港、澳门签有《更紧密经贸关系安排》（CEPA），与台湾签有《海峡两岸经济合作框架协议》（ECFA）。今后，中国将继续坚持双边与多边并举的方针，深化各种已有的双边或多边合作架构及安排，推动区域一体化和全球化。

第四，中国不是要搞新殖民主义，而是要与其他国家和地区共谋发展。西方一些学者和政客攻击中国这几年在世界各地的投资与贸易以及向发展中国家提供的援助是推行“新殖民主义”，这是一种污蔑和不实之词。的确，在发展对外关系的过程中，部分中国企业在国外有一些不当的行为，甚至触及当地的法律和习俗。但是，我们要注意两个区别：一是要把企业的行为和政府的政策区别开来；二是要把部分不良企业和大部分守法企业区别开来。

第五，中国不是要搞中国版的“马歇尔计划”，而是要与世界分享中国和平发展的成果。马歇尔计划（The Marshall Plan），官方名称为欧洲复兴计划（European Recovery Program），是第二次世界大战结束后美国对受到战争严重破坏的西欧各国进行经济援助、协助重建的计划，对欧洲国家的发展和战后世界政治经济格局的形成产生了深远的影响。该计划于1948年4月正式启动，一直持续了4个财政年度之久。在该计划下，西欧各国通过参加经济合作发展组织（OECD）总共接受了美国包括金融、技术、设备等各种形式的援助共131.5亿美元。中国推行的“一带一路”倡议，不是如一些人期盼的那样，要在国际社会慷慨撒钱，而是要量力而行。毫无疑问，中国作为一个正在崛起的世界大国，必须为人类做出更大的贡献，拿今天流行的话来说，就是要为国际社会提供更多更好的公共产品，但是，这是一个渐进的过程，而且中国本身也还是一个发展中国家，中国正在为消除自身贫困和全面提升人民的生活水准而努力。

第六，中国不是要在周边搞一国独大，建立一个排除其他大国而单独由中国支配的区域体系或区域秩序，而是要实行高度开放的地区主义。“一带一路”倡议欢迎世界其他地区和大国的加入，中国愿意与其他大国一道共同推进“一带一路”建设，共同促进沿线国家的和平、稳定与繁荣。换句话说，“一带一路”不是排他性的区域合作倡议，而是向全世界开放的区域一体化和全球化新举措。在当今保护主义甚嚣尘上的时候，中国愿意高举区域化和全球化的旗帜，与世界各国一道共同推进世界和平与经济发展。

新中国成立以来，中国与周边国家关系的发展经历了如下三个阶段的变化：

第一阶段，从新中国成立之初到20世纪70年代中期，根据和平共处五项基本原则，处理与周边国家关系，致力于与大部分周边国家解决历史遗留问题，建立睦邻友好关系。

第二阶段，从1978年改革开放开始至21世纪初期，致力于营造一个良好的周边环境，并且从20世纪90年代中期起，谋求与周边国家开展区域一体化，促进与周边国家的经济贸易合作，取得了巨大的成就，包括组建中国—东盟自由贸易区、上海合作组织、与日本和韩国举行中日韩自由贸易区的谈判等。

第三阶段，从2013年习近平主席提出"一带一路"倡议开始，中国与周边国家关系进入到一个崭新的历史时期。2017年5月14—15日，中国政府在北京举行"一带一路"国际合作高峰论坛，习近平主席在论坛的演讲中指出，要把"一带一路"建成和平之路、繁荣之路、开放之路、创新之路和文明之路。"一带一路"建设植根于丝绸之路的历史土壤，重点面向亚欧非大陆，同时向所有朋友开放。不论来自亚洲、欧洲，还是非洲、美洲，都是"一带一路"建设国际合作的伙伴。"一带一路"建设将由大家共同商量，"一带一路"建设成果将由大家共同分享。[①] 习近平主席近年来关于"一带一路"的所有讲话自始至终贯穿了一个精神，那就是和平、开放、共享。"一带一路"战略在周边的实践也始终体现了这个精神，中国的"一带一路"倡议需要沿线国家的积极参与，在这方面，周边国家占有更多的先机。

"一带一路"倡议的最终目标，是要使中国与周边国家结成利益共同体与命运共同体。在倡议实施的初期，重点是经济贸易与投资及国际产能合作，但随着经济合作的深入开展，中国与周边国家之间的文化教育交流与合作必然会得到加强，当中国与周边国家开始有真正的、深入的文化教育交流时，周边安全环境的重塑将是必然的。正如习近平主席最近指出："'一带一路'建设要以文明交流超越文明隔阂、文明互鉴超越文明冲突、文明共存超越文明优越，推动各国相互理解、相互尊重、相互信任。我们要建立多层次人文合作机制，搭建更多合作平台，开辟更多合作渠道。要推动教育合作，扩大互派留学生规模，提升合作办学水平。要发挥智库作用，建设好智库联盟和合作网络。在文化、体育、卫生领域，要创新合作模式，推动务实项目。要用好历史文化遗

---

① 《携手推进"一带一路"建设》，习近平在"一带一路"国际合作高峰论坛开幕式上的演讲，2017年5月14日，新华社北京5月14日电。

产，联合打造具有丝绸之路特色的旅游产品和遗产保护。”[①] 其实，所谓安全，更多的是一种思想意识的建构，当中国与周边国家真正结成利益共同体与命运共同体的时候，相互之间的信任才能真正确立起来，只有在这个时候，我们才可以说，我们有了一个稳定、和谐的周边安全环境。

四 结语

在闭关锁国的年代，周边环境对中国的生存与发展并没有显得那么突出和重要，因此，中国只需要实行和睦周边的策略，便能够与邻居们相安无事。在中国实行改革开放政策之后，中国与世界的联系越来越密切，中国在走向世界的过程中，周边的重要性日益凸显，中国与周边的相互依存度日益加深。周边既是中国走向世界的战略通道，也是中国迈向世界大国的战略支撑，同时还为中国维持高速发展提供源源不断的资源。尽管当前世界上发生的许多重大事件已经超越时间和空间，但是，国际关系的参与主体——国家仍然必须以地理表面作为自己生存活动的空间，这是客观存在的事实。因此，地理因素过去是，现在仍然是，将来也还是影响一个国家内政和外交活动的最重要因素之一。

有一些学者把当前中国与周边国家关系的“安全困境”归咎于美国人的“搅局”，即由于美国前总统奥巴马推行的“亚太再平衡”战略，以及美国及其盟国的挑拨离间。笔者不赞成这个观点，当前中国与周边国家之间的“安全困境”，在很大程度上是内生的，而不是外来势力干预的结果，外来势力的干预充其量也只是外因，内因是产生于中国与周边国家之间本身，外因是通过内因起作用的。美国的作用和影响，主要是利用了周边国家对中国崛起产生的恐惧和猜疑，并且加剧了这种恐惧和猜疑。因此，中国今后要做的是进一步发展与周边国家的关系，加深正确的认识和理解，减少猜疑与恐惧，通过实施“一带一路”倡议，把中国与周边国家建成真正的利益共同体和命运共同体。建设中国与周边国家的利益共同体与命运共同体是一个长期的过程，既是一个物质建设的过程，也是精神建设和文化融合的过程，需要中国与周边国家共同努力，携手合作。

---

① 《携手推进“一带一路”建设》，习近平在“一带一路”国际合作高峰论坛开幕式上的演讲，2017年5月14日，新华社北京5月14日电。

“The Belt and Road” and the Reshaping of the Security Environment surrounding China

Cao Yunhua

Abstract China’s success in its policy of reform and opening should be largely attributed to a favorable environment in its peripheral areas. In the past 30 years, China has established good relations with its neighboring countries that are characterized by mutual trust, mutual understanding, and mutual benefits. Such a favorable surrounding environment provides China with important links, effective strategic supports, and sustainable supply of resources that push forward China’s peaceful development and its closer connections with the world. However, there have been some reversions in China’s relations with its neighboring countries in recent years. In pace with the occurring of new situations and new problems in China’s neighboring areas, more distrusts and suspicions appear, and a variety of disputes and frictions become more frequent. Furthermore, big powers outside China’s neighboring areas are increasingly involved in these areas. The relations between China and its neighboring countries have already fallen into a trap of “coexistence of economic interdependence and security dilemma”. Therefore, the aim of this paper is to identify the various factors that affect the relations between China and its neighboring countries and look for breakthrough points that may help to improve these relations.

Key words “Belt and Road”; Surrounding Security Environment

Author Cao Yunhua, Professor of School of International Studies and Academy of Overseas Chinese Studies, Jinan University.

宗教公共外交与“一带一路”软环境建设

范磊　杨鲁慧

【内容提要】近年来，宗教在全球的复兴和世界性非世俗化趋势，让宗教从三百多年来威斯特伐利亚体系的边缘逐渐回归到国际关系的中心。尤其是“9·11事件”以后，世界上几乎所有重大的事件或多或少都受到宗教因素的影响，宗教正在成为国际关系发展中影响力不断提升的软力量。在中国外交格局中，宗教的地位也越来越重要，以宗教为载体的公共外交实践成为推动民心相通、提升中国国际形象和国际话语权的重要途径。古丝绸之路上中国与沿线地区的宗教传播与和平交流对于当前的“一带一路”建设有着非常重要的启迪意义。如今的“一带一路”沿线地区涵盖多个文明和多种宗教，很多地区和国家呈现宗教多元异质性与包容性并存的特点，既存在不同宗教间的合作共处，也充斥或者隐含着宗教间的分歧甚至冲突。如何在新的地区与国际形势下推动中国与“一带一路”沿线国家的友好交流，促进不同宗教之间的多元共存与和平包容，规避宗教极端主义的风险和挑战，加强沿线软环境建设，对于实现沿线各国的共同发展与互利共赢意义重大。

【关键词】宗教公共外交　软环境　一带一路　文明互鉴　文明复兴

【基金项目】2016年度教育部人文社科研究青年基金项目“新加坡族群多层治理结构研究”（16YJCGJW003）的阶段性成果；2016年度教育部重点基地山东大学当代社会主义研究所资助项目“中国周边地缘政治格局与‘一带一路’国别政策研究”的阶段性成果；2016年度山东省高校人文社科研究项目“国际比较视角下各民族交往交流交融的‘底层设计’研究”

（J16YA11）的阶段性成果。

【作者简介】范磊，山东政法学院社会稳定与危机管理研究中心研究员，山东大学当代社会主义研究所特邀研究员，国际政治博士；杨鲁慧，山东大学亚太研究所所长，教授、博士生导师，山东大学当代社会主义研究所研究员。

引　言

“一带一路”倡议强调共同发展和互利共赢，希望通过“在历史纽带和传统友谊的基础上，与沿线各国建立平等均衡的新型发展伙伴关系，为世界经济复苏、发展与稳定、和平合作夯实基础”。[①] 所以，在“一带一路”倡议的发展进程中，共同发展、互利共赢是最基本的目标，而要实现这一目标离不开以政策沟通、设施联通、贸易畅通、资金融通和民心相通为基础的互联互通。作为中国贡献给世界的公共产品，“一带一路”不仅包括设施联通、资金融通、贸易畅通等器物层面的硬公共产品，也涵盖了理念和制度等非器物层面的软公共产品，从而在社会与文化层面努力培育公共产品生产与供给的软环境，通过这种柔性的力量将设施联通、贸易畅通整合到一起。[②]

如果设施联通、贸易畅通和资金融通是“一带一路”建设的骨架的话，以政策沟通和民心相通为基本内容的人文交流则是“一带一路”建设的经脉，是一种软性的力量支撑。而“文化的道德规范作用和感召力常常是以宗教的形式来体现的，……宗教是文化的存在方式和表现形式。”[③] “‘一带一路’沿途是世界上典型的多类型国家、多民族、多宗教聚集区域，四大文明古国诞生于此，佛教、基督教、伊斯兰教、犹太教等也发源于此并流传至世界各个角落。”[④] 在如此多元多样的区域推动“一带一路”软力量建设，宗教公共外交可以在其中承担重要的作用。历史已经证明，丝绸之路推动了宗教传播，而中外宗教文

---

① 郭业洲主编：《“一带一路”跨境通道建设研究报告（2016）》，北京：社会科学文献出版社，2016年，第3页。

② 范磊：《软公共产品与“一带一路”的未来》，中国网，2015年12月9日，http://opinion.china.com.cn/opinion_24_142308.html，访问日期：2017年6月7日。

③ 邢悦：《文化如何影响对外政策：以美国为个案的研究》，北京：北京大学出版社，2011年，第69页。

④ 金蔚：《将宗教资源嵌入“一带一路”》，《联合时报》2015年3月31日，第6版。

化交流又推动了丝绸之路的繁荣。“国之交在于民相亲，民相亲在于心相通”。“一带一路”倡议就是要通过推动沿线各国和地区的民心相通，借助宗教交流等多种公共外交形式增进不同文明之间的交流互鉴，实现沿线人民的相知相交、和平友好。

自古以来，“古老的丝绸之路不仅联通了东起太平洋，经中亚、印度、波斯湾，西至地中海沿岸的东西方商品贸易，还推动了包括宗教在内的思想文化传播。宗教与人类智慧的交流蔓延到整个丝绸之路沿线，让这一区域在当下变得更加复杂和有竞争力。”① 所以，在某种程度上而言，丝绸之路不仅是贸易之路，人员往来之路，而且是文化之路、宗教传播与融汇之路、文明互鉴之路。② 以至于古丝绸之路曾被冠上“宗教之路”的称号。可以说，“一带一路”是一项沟通不同民族、不同宗教和不同文明的合作倡议，能否获得成功，从根本上取决于沿线国家的人民能否跨越历史恩怨、民族矛盾、宗教冲突、文化差异等障碍，搭建民心相通的桥梁和纽带，为深化双边和多边合作奠定坚实的民意基础。③

改革开放以来，中国在实现中华民族伟大复兴的征程中取得了为世界所瞩目的成就，在国际事务中也已经从原来的旁观者逐渐成长为积极的参与者和诸多领域的引领者。原本忽视或者不擅长的领域在新形势下被主动纳入中国的外交议程，尤其是“9·11事件”以后，包括宗教在内的非传统议题成为中国外交日益关注的领域，宗教对中国外交的影响也越来越突出。中国前外交部长钱其琛就曾指出，“冷战后，宗教、民族问题突出起来。许多热点问题差不多都与宗教、民族问题分不开。”④ 所以，推动宗教领域的公共外交实践发展也成为中国与各国民众民心相通的重要途径，借助这一途径，让中国故事更加深入人心，以更加富有亲和力的方式传播好中国声音，提升中国开明的国际形象，在更宽的领域培育国际话语权。可以说，“宗教向来是中外文化交流的重要组成部分，公共外交以及民间外交无论是过去还是现在都是宗教和宗教团体介入中

---

① Peter Frankopan, *The Silk Roads: A New History to the World*, London: Bloomsbury, 2015, p. 27.

② 卓新平、刘金光、方光华、郑筱筠：《对话宗教与“一带一路”战略》，《世界宗教文化》2015年第2期，第56页。

③ 郭业洲主编：《“一带一路”跨境通道建设研究报告（2016）》，北京：社会科学文献出版社，2016年，第7页。

④ 钱其琛：《外交十记》，北京：世界知识出版社，2003年，第378页。

国对外关系的主要途径。”[①]

一　宗教与公共外交的相关性

“人群聚居之处，必有宗教痕迹。”[②] 当今世界70多亿人口中有85%左右的人都有着不同的宗教信仰。任何一个全球性的问题、任何一个国际问题、任何一个国际交往行为都离不开宗教的因素。[③] 换言之，国际关系中的“宗教是一种弥散于公众广大无垠心灵空间的精神力量，对国家外交产生了无所不在的影响。”[④] 威斯特伐利亚体系的确立实现了“上帝的归上帝，凯撒的归凯撒”，世俗国家的领导者和职业外交官们掌握了国家对外交往的通道，宗教逐渐被排斥于外交与国际关系的主流之外。不过，“漫长的威斯特伐利亚体系历程流放了宗教，但是宗教却得以幸存并在当下重新回到世界政治中。如今，世界政治日新月异，宗教自身也发生了翻天覆地的变化，并且正在从被威斯特伐利亚放逐的边缘回归到国际关系的中心，甚至开启了新的可能性。”[⑤] 不容置疑的是，宗教正在成为国际关系发展中影响力不断提升的软力量，“自冷战结束以来，世界上几乎所有的重大事件或多或少均有宗教的背景和动因，因此‘不重视宗教就无法理解国际关系’”。[⑥]

宗教外交的概念在历史上曾经被认为是不合时宜的，尼高森（Harold Nicolson）甚至曾经指出，“传教士、空想家和律师是最差的外交家，理智仁慈的无神论者才是最佳选择。因此，宗教对外交理论的建构并没有什么影响。”[⑦] 即使由美国前总统威尔逊大力倡导的“传教士外交”（missionary diplomacy）曾经在特定的国家和地区产生一定的影响，推动了宗教与外交之间的互动，但也只是昙花一现，不为主流世界所接受。随着全球化进程的发展，尤其是20世纪后半期以来，宗教在全世界的复兴和非世俗化趋势的发展，让国际关系开

---

① 徐以骅：《全球化时代的宗教与中国公共外交》，《世界经济与政治》2014年第9期，第82页。

② “〈导读〉宗教的最佳面貌”，见休斯顿・史密斯：《人的宗教》，刘安云译，海口：海南出版社，2013年，第1页。

③ 裴勇：《发挥宗教优势助力“一带一路”建设》，《中国宗教》2015年第6期，第32页。

④ 涂怡超、赵可金：《宗教外交及其运行机制》，《世界经济与政治》2009年第2期，第48页。

⑤ Pavlos Hatzopoulos, Fabio Petito, *Religion in International Relations: The Return from Exile Edited*, New York: Palgrave Mcmillan, 2003, p.2.

⑥ 徐以骅：《宗教与当代国际关系》，《国际问题研究》2010年第2期，第44页。

⑦ Harold Nicolson, *Diplomacy*, London: Oxford University Press, 1939, p.50.

始面临着一个不可忽视的事实：宗教与政治和国际关系的结合越来越紧密，影响也越来越大。罗马教廷以及与宗教相关的国际组织“在与人权、环境、扶贫等非政府组织的跨国合作中扮演着越来越重要的角色，并以此推动世界政治、文明和全球公民社会的进程”。[①]

“尤其是自‘9·11事件’以来，宗教在国际关系中的地位急速提升，已成为各国国家安全与对外战略考量中不可回避的重要因素。因此，在各国的对外关系和对外战略考量中，宗教公共外交正在逐渐兴起。”[②] 面对信仰宗教的人群的持续性扩大，不少国家开始将宗教作为实现其外交目标和维护国家利益的重要手段。美国就表示希望“通过拓展公共外交的项目和平台来建立相互的信任和尊重”，[③] 美国前国务卿奥尔布赖特曾指出，美国要“对外交官展开宗教培训，使大使馆的每位工作人员都具有宗教信仰”。[④] 2013年，美国国务院设立了宗教与全球事务办公室，协助奥巴马政府执行关涉宗教方面的内外战略，该办公室有着明确的宗旨，即拓展美国政府对宗教发展的认知以及与宗教社群进行密切的沟通互动。[⑤] 显而易见，“宗教外交正在成为一种不同于现代外交的新外交形态，对当代外交产生了深远影响。”[⑥]

一方面，随着全球信仰宗教人数的大幅增长和组织体系的日益严密，宗教日益呈现出跨国化的趋势以及政治化的色彩，近年来部分宗教的发展趋势也让世界认识到了宗教对外交和国际关系事务的直接影响，没有任何一个国家、团体和个人可以忽视宗教对政治与外交的巨大冲击。另一方面，“宗教的强大力量还在于其对人的启迪”，[⑦] 由于其在思想、价值观和情感层面的优势，在认

---

① Scott M. Thomas, *The Global Resurgence of Religion and the Transformation of International Relations: The Struggle for the Soul of the Twenty-First Century*, New York: Palgrave Mcmillan, 2005, p.32.

② 徐以骅：《宗教与公共外交》，《中国宗教》2014年第7期，第58页。

③ Office of the Under Secretary of State for Public Diplomacy and Public Affairs, “Public Diplomacy: Strengthening U.S. Engagement with the World,” USC Centre for Public Diplomacy, 26 February, 2010, https://uscpublicdiplomacy.org/sites/uscpublicdiplomacy.org/files/legacy/pdfs/PD_US_World_Engagement.pdf.

④ Philip Seib, *Religion and Public Diplomacy*, New York: Palgrave Mcmillan, 2013, p.218.

⑤ John Kerry, “We ignore the global impact of religion at our peril,” *America Magazine*, 2 September, 2015, https://www.americamagazine.org/issue/religion-and-diplomacy, last accessed on 10 July, 2017.

⑥ 涂怡超、赵可金：《宗教外交及其运行机制》，第49页。

⑦ Madeleine Albright, “Faith and Diplomacy,” *The Review of Faith & International Affairs,* Vol.4, Issue 2, 2006, p. 3.

同政治迅速发展的今天，宗教这种软性的影响力往往要比现实中冷冰冰的利益政治、政治同盟等来的温软，也更容易走入受众的心中，加上宗教所具有的公共性、草根性使其与公共外交进一步耦合，从而让宗教成为公共外交实践中重要的活动场域。当然，外交的非职业化倾向也为宗教参与外交活动并推动宗教外交的形成提供了一个外在的助力。

何谓宗教外交？国内外学者对此见仁见智，有学者认为，“宗教外交系指一个国家的中央政府以特定宗教价值观念为指导，通过职业外交官直接实施、授权或者委托各种宗教组织实施的外交行为以及默许宗教组织开展的针对另一个国家政府的游说行为”。[①] 并指出，宗教外交一方面是利用宗教手段服务于外交使命，一方面是利用外交手段为宗教拓展服务，这里依然是将宗教外交的主体视作是国家或者国家架构下的职业外交官或者受托的宗教组织，也就是宗教外交实质上还是体现政府意图或者国家意志的一种官方外交行为。而随着宗教参与外交的深入和形式的多元多样，宗教外交与宗教的国际交流、传播产生了更多的交集，而宗教外交的非传统属性或者草根属性也得到了彰显，宗教人士、以宗教为主要内容的非政府组织等已经广泛地参与到跨国宗教互动中，从而赋予宗教外交越来越多的非官方色彩。

“一带一路”沿线地区涵盖多个文明和多种宗教，不同宗教之间有和平共处，也有因教义差异而出现的分歧甚至冲突，尤其是冷战结束以后日益凸显的民族宗教问题也让“一带一路”建设面临较大的挑战。在接下来推动“一带一路”建设的进程中，如何实现中国与沿线国家的友好宗教交流，推动宗教公共外交在“一带一路”沿线各国的发展对于该倡议的发展有着非常重要的意义。毕竟，“不容回避的是，‘一带一路’还涉及宗教文化。在今后的工作中继续加强对宗教文化的认知，充分发挥宗教的积极作用，‘一带一路’建设就会事半功倍；反之则事倍功半，宗教甚至有可能成为‘一带一路’建设的掣肘。”[②] 所以，在这层意义上而言，宗教公共外交被赋予的是让传统外交更亲和，让非传统外交更有效的重要使命。

---

① 涂怡超、赵可金：《宗教外交及其运行机制》，第52页。

② 《宗教在“一带一路”建设中的意义》，《中国民族报》2015年1月27日，第6版。

二　古代中国与丝绸之路沿线地区的宗教交流

“文明的生命在交往，……文明脱离了交往便会衰亡。”[①] 在古丝绸之路上，以宗教传播与交流为主要内容的文明交往热络频繁，东西方通过丝绸之路推动了彼此思想和宗教的互鉴和传播。自古以来，中国与中亚、南亚、西亚乃至欧洲的这种双向深层次交流，为古代丝绸之路的发展注入了强大的“民心相通”活力。从宗教的起源来看，世界上各大主要宗教基本上都是起源于亚洲，不论是佛教、基督教、伊斯兰教，还是印度教、锡克教、道教、犹太教、摩尼教等，都是在亚洲的不同区域产生并散播到全世界的。虽然欧美以基督教文明自居，但是却并不是基督教的起源地。当前，“一带一路”沿线所经过的地区也基本上都是与历史上各大宗教产生的区域以及传播范围相重合的区域，厘清历史上中国与丝绸之路沿线国家宗教文化交流的历史轨迹，对于当前的“一带一路”软环境建设有着重要意义。

总的来看，佛教是最早与丝绸之路产生联系的世界性宗教，而依托玄奘西游产生的《西游记》更是赋予了丝路与佛教更深层次的涵义。早在西汉时期，佛教就通过陆上丝绸之路传入中国，海上丝绸之路则推动了佛教在南亚及东南亚的传播。如今佛教在这两条线路上的存在和影响力依然巨大，尤其是东南亚的泰国、越南、老挝、柬埔寨、缅甸、新加坡等国的佛教在本国信仰体系中有着十分重要的地位。

伊斯兰教的传播在很大程度上也是借助了海陆丝绸之路的通道：陆上是经波斯及阿富汗到达中国的新疆，然后传至青海、甘肃和长安地区；海上是经孟加拉湾过马六甲海峡到中国的广州、泉州、杭州等地。穆罕默德曾说：“学问，虽远在中国，亦当求之”，[②] 充分凸显了当时阿拉伯人对中国的认知和向往。而与在其他区域的传播不同的是，伊斯兰教传到中国的方式基本上是以和平的商路传播来实现的。如今伊斯兰教在中亚、东南亚等国的重要影响力对“一带一路”倡议的发展而言是不可忽视的重要变量。再就是基督教的传播，不论是马可波罗还是利玛窦，也都是依托海陆丝绸之路抵达中国，如今菲律宾的天主教、新加坡的基督教等都在本国有着重要的影响力。

---

① 彭树智：《文明交往论》，西安：陕西人民出版社，2002年，第3页。

② 金宜久主编：《伊斯兰教史》，南京：江苏人民出版社，2006年，第378页。

以佛教为例，产生自南亚的佛教早在西汉时期就已经传入中国了。早期的佛教东来就是藉由陆上古丝绸之路从印度或者西域传入中原地区，而后来随着航海技术的发展，海上丝绸之路的开辟为佛教通过海路传播创造了便利条件。印度也为其曾向周边地区特别是中国输出它的宗教与文化而充满文化优越感，尼赫鲁就不无自豪地指出，“印度文化传统经过五千年的侵占及激变的历史，绵延不绝，广布在民众中间，并给予他们强大的影响”，而在文化的传播中“中国受到印度的影响也许比印度受到中国的影响为多”。① 其中，宗教的传播是影响最大的方式，正如有学者所言，“印度文明与域外文明的最早接触，也正是在佛教形成之时。”② 当然，中华文化也正是借助这一交流而得以西渐，并远播到欧陆引发欧洲对东方的向往和憧憬。中国和印度之间的这种双向交流互动在古代的文化传播中意义重大，在中外交通史上留下了深深的印记。

除了佛教，早期通过丝绸之路传入中原的还有袄教、犹太教、基督教、摩尼教等。7世纪以后，伊斯兰教开始在阿拉伯半岛兴起，并在随后的几个世纪里逐渐经由丝绸之路传入中亚、南亚地区，并最终传入中国。从中国新疆开始，经阿富汗、中亚五国、伊朗、巴基斯坦、西亚阿拉伯各国直至耶路撒冷，这一古老的丝绸之路沿线自唐宋以后，就逐渐发展为伊斯兰教文化区；而海上丝绸之路沿线，如印尼、马来西亚、孟加拉国、斯里兰卡、马尔代夫等，也都深受伊斯兰教的影响并逐渐伊斯兰化。

伊斯兰教东向传播的事实是“穆斯林所瞄准的贸易路线是数个世纪以来由佛教徒牢牢掌控的，他们的到来首先就成为这些先行者的经济竞争对手。最终，在经济利益的驱动下，穆斯林打着传播伊斯兰教的旗号而选择了军事手段。意识形态的花言巧语在千年以前就以道貌岸然的形式来掩盖这种野蛮的侵略。”③ 在这一情势下，如今的巴基斯坦和印度北部逐渐被伊斯兰化，而后在10世纪伊斯兰教开始传入中国的新疆地区。此外，海上丝绸之路作为伊斯兰教传播的另一条重要途径，推动了其在泉州和广州地区的落地生根。不过，需要指出的是，伊斯兰教传入中国的时候“主要形式便是和平形式的交往，而在

---

① [印]尼赫鲁:《印度的发现》，齐文译，北京：世界知识出版社，1956年，第51、246页。

② 吕建福:《亚欧多元文明交汇下不断演进的佛教》,《北京论坛（2015）文明的和谐与共同繁荣——不同的道路和共同的责任论文集》，2015年11月6日，第4页。

③ Richard Foltz, *Religions of the Silk Road: Premodern Patterns of Globalization*, New York: Palgrave Mcmillan, 1999, p. 55.

唐宋时期则主要表现为商贸活动和使节往来”，[①] 并没有像在其他地区那样通过军事征服来实现，这是一个很大的不同。

中国人注重礼尚往来，当时的中国商人也远航到了西亚的波斯湾、亚丁湾等地，甚至亚丁港一度被称为“中国走廊”[②]。到宋朝时，“侨居泉州的蕃客数‘以万计’。泉州港的繁荣，也给宋廷带来了巨额的关税收入。”[③] 穆斯林商人在中国的大量侨居，也给当地的社会文化发展产生了一定的影响，比如泉州圣友寺（1009年）、清净寺（1131年）等影响至今的清真寺的修建。南宋末年，有位祖籍中东的穆斯林蒲寿庚还被提举为泉州市舶司，元初又被擢升至福建行省中书左丞。这既反映了当时官员录用晋升机制的包容性和开放性，也显示了穆斯林和伊斯兰文化在当时的影响力以及穆斯林积极融入本土社会的价值取向。这些在另一个侧面凸显了伊斯兰文明与中华文明借助海上丝绸之路的交流之盛，“历史上没有哪个宗教能像伊斯兰教这样如此支持贸易往来。”[④]

明初郑和下西洋的壮举不仅推动了中国与海上丝绸之路沿岸国家的商贸交往，而且也推动了中外宗教的双向交流。郑和船队在从东南亚、南亚到西亚和东非的广大地区都留下了大量的伊斯兰教和佛教印迹。而明清时期中国一批优秀的穆斯林学者利用自身在中华文明和伊斯兰文明两大领域的双重禀赋和文化修为，努力尝试将两大文明的思想文化进行整合，推动文明对话和沟通，这就是被称为“以儒诠经”[⑤] 的文化现象，而依托的根本基础就是宗教。在过去的漫长历史中，中国与“一带一路”沿线地区之间的宗教文化沟通经由海陆两条丝绸之路得以实现，有效地促进了东西方物质和文化的交流互鉴，是人类不同文明之间交往的典范。

三　中国与“一带一路”沿线国家宗教交流的现实与挑战

如今，中国与“一带一路”沿线各国之间的宗教外交依然活跃，并对双边和多边关系的影响产生了积极的影响。佛教方面，以海上丝绸之路重要支点国

---

① 马明良：《伊斯兰文明与中华文明的交往历程和前景》，北京：中国社会科学出版社，2006年，第79页。

② 纳忠：《阿拉伯通史》，北京：商务印书馆，1997年，第517页。

③ 杨怀中：《回族史论稿》，银川：宁夏人民出版社，1991年，第112页。

④ Richard Foltz, *Religions of the Silk Road: Premodern Patterns of Globalization*, New York: Palgrave Mcmillan, 1999, p.85.

⑤ 马明良：《伊斯兰文明与中华文明的交往历程和前景》，第99—125页。

家的斯里兰卡为例，5世纪时，法显就曾到斯里兰卡研习佛学，他从陆上丝绸之路去印度、从海上丝绸之路回中国的经历也让这段早期佛教交流与丝绸之路有了天然的联系。新中国成立以后，中斯两国佛教界依然保持着密切的互动。佛教交往是两国传统友谊的体现，也是“一带一路”倡议实施中推动两国民心相通的重要纽带。而在佛教历史传统悠久的斯里兰卡，佛教僧侣在国家的社会文化发展、公共舆论以及教育等众多领域都有着较大的影响力，通过佛教公共外交来推动两国宗教界的沟通并提升彼此的战略互信和认同，对“一带一路”倡议的顺利实施有着重要意义。

伊斯兰教对“一带一路”沿线的政治、经济、文化和国际关系有着不容忽视的巨大影响。尤其是“9·11事件”以后，伊斯兰教文明对国际事务的参与日益深入和频繁，已经成为影响世界和平与发展的显著因素。新中国成立后，阿拉伯世界一直以来都是中国外交所看重的友好地区。1956年至1990年中国同22个阿拉伯国家相继建交，2004年成立“中阿合作论坛”，2010年建立“中阿战略合作关系”，2014年习近平主席提出构建“1+2+3”的合作新格局，2016年习主席出访西亚北非期间签署了首份《中国对阿拉伯国家政策文件》，制定了中阿合作“路线图”。[①] 中阿关系的良性发展有力推动了两大文明的密切交往和对话。目前，中国与阿拉伯伊斯兰国家的发展中，除了密切的经贸往来，还有政治安全领域的战略互信构建以及人文领域的宗教文化交流。特别是中阿合作论坛成立以后，双方确立了中阿文明对话研讨会和文化艺术节等交流对话机制，大大推动了两大文明之间的相互了解和沟通。

总体来看，不论是佛教、基督教、道教还是伊斯兰教，在中国及周边国家传播发展的过程中基本都能保持和平的“性格”，甚至能够与当地的文化和社会实现深度的融合，保持和谐发展的良好局面。但是，“当世界局势发生重大变化时，宗教矛盾、民族矛盾往往使原来得到控制、得到处理、得到解决的问题重新爆发，宗教问题、民族问题会突然变得重要、敏感起来。”[②] 历史发展的不同阶段，丝绸之路沿线地区的宗教战争曾给沿线国家造成了千百年来都难以消除的历史阴影，而近年来随着部分宗教原教旨主义的复兴以及宗教极端主义、国际恐怖主义和民族分离主义的三股合流，既冲击了相关国家内部的社会稳定与治理进程，还造成“一带一路”沿线地区民族与宗教问题的纠缠，使这

① 柳莉：《习主席新年首访开辟中阿战略合作新时代》，人民网，http://opinion.people.com.cn/n1/2016/0122/c1003-28077121.html，访问日期：2017年7月10日。

② 钱其琛：《外交十记》，第379—380页。

一区域面临着日益严峻的非传统安全挑战。

2016年世界恐怖主义指数（GTI）[①] 显示，2015年在恐怖主义中死亡的人数排名前十位的国家分别是伊拉克（占比23.7%）、阿富汗（占比18.1%）、尼日利亚（占比16.8%）、叙利亚（占比9.4%）、也门、巴基斯坦、埃及、索马里、尼日尔、喀麦隆，世界其他国家共占比14.6%，从2000年到2015年，全球因恐怖主义死亡的人数超过10万人。这些恐怖主义活动基本上都与宗教极端主义密切相关，前十位的国家也都属于广义的“一带一路”沿线范围。所以，“一带一路”沿线区域包括了当今世界上恐怖主义活动高发的地区，其所面临的来自宗教极端势力的冲击是显而易见的。很多国家甚至陷入了“恐怖活动频发—外资撤离、外贸衰落—经济衰退、社会失序—恐怖活动更加猖獗”的恶性循环。[②] 由宗教极端主义等所引发的非传统安全挑战可能会割裂这些国家与外部世界的贸易往来，从而导致其国内经济发展的放缓甚至停滞，从而对“一带一路”倡议的落实构成了严峻挑战。

如习主席所言，“古丝绸之路沿线地区曾经是‘流淌着牛奶与蜂蜜的地方’，如今很多地方却成了冲突动荡和危机挑战的代名词。”[③] 这一局面的出现很大程度上就是源自不同宗教甚至同一宗教内部不同教派之间的分歧和矛盾。所以，面对宗教这种信仰形态，“一带一路”倡议在落实和发展中必须正视其所具有的双重属性。宗教本身因其所具有的共同价值和理想目标，很容易就可以凝聚相应体量的信众实现群体动员。在此基础上，如果宗教沿着人类文明发展的趋势与信众实现心灵沟通，将会释放巨大的正能量，以积极的价值取向鼓舞和调节信众心理，对国内的社会发展与稳定以及国际和平与安全都会产生正向的推动。而如果宗教成为蛊惑人心和煽动极端思想的工具，则会将隐含的负能量推向社会，在狂热的氛围中宣扬仇恨和排他意识，从而激化矛盾，引发冲突甚至以“圣战”为名发动战争，造成人类共同面对的“和平赤字、发展赤字和治理赤字”。

目前，由于受到某些国家所鼓吹的“大突厥语系”“大突厥经济圈”和突厥国家联盟等理念的蛊惑，我国新疆的民族分离势力呈现出前所未有的膨胀态

---

① “Global Terrorism Index 2016”, Institute for Economics & Peace, http://economicsandpeace.org/wp-content/uploads/2016/11/Global-Terrorism-Index-2016.2.pdf.

② 张晓磊、张二震:《“一带一路”沿线恐怖活动风险的贸易隔离效应》,《世界经济文汇》2017年第1期，第70页。

③ 《习近平在“一带一路”国际合作高峰论坛开幕式上的演讲》，新华网，2017年5月14日，http://news.xinhuanet.com/2017-05/14/c_1120969677.htm。

势。而我国所紧邻的中亚五国、阿富汗、巴基斯坦、伊朗以及其他西亚南亚国家内部也随着宗教复兴的影响而遭逢了来自伊斯兰激进主义和宗教极端势力的影响和渗透。比如阿富汗内部呈现的有和平而无安全的整体态势，巴基斯坦内部活跃的俾路支民族分离主义和国际恐怖主义为代表的极端势力等。宗教分歧与领土、主权等政治因素相结合，对“一带一路”建设将造成极大的冲击和隐患，产生难以避免的负面影响和挑战。

当然，宗教的积极面向还是主要的。亚当斯在1817年给美国总统杰斐逊的信中曾对他人所抱有的“没有宗教的世界将是所有可能的世界中最好的”的观点给予了否定。在他看来“没有宗教的世界将会变得难以名状。而只要有宗教的存在就不会令人性堕落。”[①] 所以，在“一带一路”建设中，对宗教的两面性要给予客观的分析和深刻的认知。不容否认的是，古代丝绸之路在推动宗教传播的过程中发挥了积极的作用，而宗教的传播也相应地促进了丝绸之路的繁荣与沿线国家和地区的发展。虽然古代通过丝绸之路传播的宗教涵盖了佛教、伊斯兰教、基督教、印度教、祆教、犹太教等多种影响力较大的宗教，但通过丝绸之路的传播方式与后来在其他地区以战争等方式传播不同，基本是以和平的商贸活动为载体而实现的，是多元文明的融通。

可以说，也正是丝绸之路所具有的注重商业利益和互通有无这一特点决定了不同宗教在传播中能够做到和谐共存，包容发展。这对于当前的“一带一路”建设有着非常重要的启迪意义，如何在当前时空以及沿线各国力量结构和地缘政治格局已经发生了重大变化的背景下推动“一带一路”沿线不同宗教之间的多元共存与和平包容，实现沿线各国的共同发展与互利共赢，考验着中国及沿线各国的外交智慧和治理能力。中国与丝绸之路沿线各国两千多年以来的密集互动而形成的“和平合作、开放包容、互学互鉴、互利共赢”的丝路精神，对于推动当今“一带一路”倡议的和平发展以及化解沿线地区的冲突与矛盾有着重要的指导意义。

四 “一带一路”软环境建设中的宗教公共外交诉求

目前，各界普遍认为“一带一路”倡议要以基础设施建设作为重点和优先，

---

① Founders Online, “From John Adams to Thomas Jefferson, 19 April 1817”, https://founders.archives.gov/documents/Adams/99-02-02-6744.

尤其是互联互通为标志的交通基础建设要先期推动。但是，通观“一带一路”沿线各国，不难发现并非所有国家都与中国存在战略互信，其中的部分国家可能对中国以及中国所提出的倡议尚存在疑虑甚至恐惧。所以，在“一带一路”倡议的实施过程中，不能搞“一刀切”，那些与中国有着积极的战略互信的国家，可以加紧推动设施联通建设，优先提供这种“硬公共产品”，以此进一步密切合作关系；而针对那些对中国存在疑虑，双方暂时缺乏战略互信的国家，应优先考量以政策沟通和民心相通为主要标志的“软公共产品”提供方案。[①]以公共外交为“一带一路”倡议的顺利实施奠定包容坚实的“社会根基”，加强“一带一路”倡议的软环境建设，其中宗教作为一种可以走入人们心灵的信仰形态，有着得天独厚的优势。

“宗教是中外文化交流的重要载体与精神纽带。玄奘西游与鉴真东渡至今被人传诵，并成为中印、中日关系强大的文化纽带。”[②]甚至可以说，宗教公共外交作为不同层级的行为体在思想和价值观等领域的沟通交流，其影响力可能要比“基于现实利益的政治结盟和经贸交流等更为深刻和持久”，[③]这就使“一带一路”建设中的软力量发展和软环境建设成为一种内在需求。《关于加强“一带一路”软力量建设的指导意见》明确指出，软力量是“一带一路”建设的重要助推器，要加强理论研究和话语体系建设，推进舆论宣传和舆论引导工作，加强国际传播能力建设，为“一带一路”建设提供有力理论支撑、舆论支持、文化条件。[④]可以说，宗教公共外交责无旁贷。具体而言，在“一带一路”建设进程中加强宗教公共外交工作，主要是基于以下几方面的原因。

第一，宗教的信仰属性使其成为推动“一带一路”沿线各国民心相通的天然选项。在“一带一路”沿线推动以宗教公共外交为代表的文化交流与合作是确保该倡议顺利开展的重要润滑剂。新形势下，“‘一带一路’以经贸合作带动人文交流，以人文交流促进经贸合作，必将在各民族、宗教文化相互碰撞、融合中扮演非常重要的角色。因此，将宗教和宗教文化这一独特的社会资源纳入‘一带一路’，是战略构想的命中之题，在实施这一战略中千万不要忽略宗教

① 范磊：《软公共产品与“一带一路”的未来》，中国网，2015年12月9日，http://opinion.china.com.cn/opinion_8_142308.html。

② 何亚非：《宗教是中国公共外交的重要资源》，《公共外交季刊》2015年第1期，第20页。

③ 徐以骅：《全球化时代的宗教与中国公共外交》，《世界经济与政治》2014年第9期，第76页。

④ 《习近平主持召开中央全面深化改革领导小组第三十次会议》，新华网，2016年12月5日，http://news.xinhuanet.com/politics/2016-12/05/c_1120058658.htm。

和宗教文化的意义和作用。”[①] 这既是由宗教自身的属性决定的，也受制于当前“一带一路”建设所面临的客观现实。

“一带一路”沿线地区宗教多元，是多个世界性宗教的发源地和汇聚地。所以在这一区域开展宗教公共外交既有得天独厚的先天优势，也有推动文明对话和宗教交流的内在需求。亨廷顿曾经多次强调他提出“文明冲突论”并不是为了鼓吹文明的冲突，而是为了呼吁通过文明间对话防范冲突，在预警的同时增进不同文明的了解和认知。宗教公共外交作为一种重要的跨国、跨民族和跨文明的沟通形式，有助于增进不同国家、民族、宗教和文明之间的了解，实现彼此的和解与相互认知。在这里，宗教既可能成为“小到社区大到社会、民族、国家赖以维系其整合的凝聚剂，也可能是各种大小规模的冲突之根源”，[②] 关键就在于当前国际关系的行为体如何看待其在处理不同政治和文化实体之间关系中的地位和作用。在“一带一路”建设中，必须尽可能地通过有效的方式激发宗教在具体发展进程中的正能量。

第二，宗教作为人类向往彼岸世界的价值取向和意识形态的信仰体系，既有其局限性也有其积极性，化解宗教潜在的负面因素也是“一带一路”建设的显性需求。如果“单纯就其价值体系来看，几乎所有的宗教都是引导人类向善的，并将近乎相同的真、善、美作为各自宗教体系的终极信仰。”[③] 但是，不同的宗教之间甚至同一宗教内部的不同教派之间因为对规范和价值体系的认知差异，加上“对权力和利益的追逐缺少了政治框架的有效约束而逐渐失去和平与宽容的面向，极易引发族际冲突和宗教矛盾”。[④] 甚至宗教会成为极端势力进行社会动员的工具，造成宗教形象的坍塌，比如伊斯兰极端分子所做的那样。于是，“很多人将伊斯兰教视为是极端主义和暴力的宗教，……但这并不能归因于《古兰经》《摩西五经》或者《圣经》。事实上，问题并不在信仰，而在信徒，以及他们的行为方式。必须强调所有宗教所共有的价值观——关爱、团

---

① 《应将宗教和宗教文化纳入“一带一路”战略构想》,《中国民族报》2015年3月10日，第5版。

② 孙尚扬:《宗教社会学》，北京：北京大学出版社，2015年，第1页。

③ 韩方明:《宗教公共外交的和平使命》，中国网，2014年12月3日，http://news.china.com.cn/world/2014-12/03/content_34220852.htm。

④ 范磊:《新加坡族群和谐机制：实现多元族群社会的善治》，长沙：湖南人民出版社，2016年，第216页。

结和相互尊重，以及‘己所不欲，勿施于人’的黄金法则。”①

“一带一路”沿线几乎所有的国家都曾经或正在面临宗教和民族冲突的困扰，部分国家因宗教问题而引发的恐怖主义活动、民族分离运动、族群与部族冲突等依然活跃，并对周边国家和地区造成了一定影响，在“一带一路”建设的进程中这无疑会给软环境建设带来极大的困难。比如近年来基地组织、伊斯兰国（ISIS）对整个地区乃至世界所产生的冲击已经为世人所忌惮。而由此引发的不仅仅是对所在区域各国社会稳定的冲击，对于域外的外来投资甚至与宗教相关的双边与多边关系都会产生不利的影响。在这种情势下，做好宗教公共外交工作，加强中国与“一带一路”沿线各国宗教机构和信众之间的沟通，以宗教的正能量抵消和遏制宗教的负能量，为“一带一路”倡议在沿线国家的落实和发展创造和平的软环境成为必然的需求。

第三，宗教公共外交的有序开展将成为中国推动与“一带一路”沿线各国政治经济和社会文化交流的催化剂和助推器。古丝绸之路被赋予的“宗教之路”称号就充分体现了其对于宗教传播的意义以及宗教在这一通道上的深刻记忆。必须言及的是，丝绸之路上繁盛的商贸往来凸显了这条通道的经济属性，而宗教传播为重要内容的人文交流与沟通只是这条通道的副产品，但是恰恰是宗教思想的传播为原本冷冰冰的商贸往来注入了鲜活的灵魂。换言之，依托宗教为载体和内容的文化交流推动了丝路沿线的民心相通，在跨宗教良性互动的同时又刺激了商贸的进一步繁荣。

有学者提出，“一带一路”本身就是人类文明的复兴，不同文明之间要以互鉴超越冲突的逻辑，彼此要充分尊重文明的差异性，尊重发展模式的多样性，建立文明伙伴关系。② 历史上，中华文明与佛教文明、伊斯兰教文明以及基督教文明的交汇交融，在跨文明、跨宗教的对话交流和吸收中实现了对自身发展的超越，成就了源远流长的中华文化。温家宝同志就曾强调，“中华文明与阿拉伯、伊斯兰文明加强对话与交流，相互学习和借鉴，可以使本民族的文化更加丰富多彩，更加繁荣兴盛。”③ 不同文明和宗教之间的对话与合作，将为

---

① Kofi Annan, “Kofi Annan Calls for End to Resentments, Stereotypes, Preconceptions, upon receiving Alliance of Civilizations Report,” The United Nations, 13 November 2006, https://www.un.org/sg/en/content/sg/speeches/2006-11-13/kofi-annan-calls-end-resentments-stereotypes-preconceptions-upon.

② 王义桅：《世界是通的：“一带一路”的逻辑》，北京：商务印书馆，2016年，第63—64页。

③ 《温家宝在中阿合作论坛第四届部长级会议开幕式上的主旨演讲》，中国驻摩洛哥大使馆网站，http://ma.china-embassy.org/chn/xwdts/t694375.htm。

“一带一路”的发展注入新的活力和动力。

第四，宗教公共外交还肩负着提升中国与“一带一路”沿线国家战略互信的重要使命。宗教在很多国家是影响国家政治生活的基础性力量，对本国国内政治与社会发展乃至外交和区域性地缘政治都存在着深远的影响。如果在“一带一路”建设中忽视了宗教对区域和平与安全的正能量而激发了其对国内结构和地区政治的破坏性，结果可想而知。“一带一路”建设中，“固有的问题依然很多，从民族宗教形势紧张到对投资者提供保护的法律规范缺乏，多方面的挑战都将对这一倡议的发展造成明显的不确定性。”① 所以，要充分认识到“一带一路”沿线地区的形势复杂性和挑战性，积极发挥软力量沟通在其中的作用，尤其是在部分地缘政治环境复杂、安全风险系数大且民族、宗教形势紧张多元的国家和地区，必须深入研究宗教和文化结构在经济与社会发展中的作用，通过发挥宗教公共外交的作用，推动“民心相通”的实现，为“一带一路”建设营造和谐稳定的软环境。

如何拓展更广范围的交流与合作，与关系良好的国家继续深化和加强双边传统合作关系，提升传统友谊；与缺乏战略互信的国家之间谋求弱化战略互疑应该成为今后努力的方向。“宗教所特有的倾听和传播能力已经突破国界”，② 在跨国的场域中依托公共外交的形式推动双边与多边层面的民心相通和战略互信构建，以消解彼此之间的战略互疑和国民的相互敌视情绪，最终强化命运共同体意识。这正是“一带一路”软环境建设的发展要求和目标选项。

五　宗教公共外交与“一带一路”软环境建设的路径选择

“长期以来，丝绸之路虽因冲突、战乱等政治原因而不时中断，但却因无数经商者、传教者的执着、坚持而不断畅通。”③ 而“一旦处理不好，宗教间的纷争不仅会驱动大规模的社会冲突，而且很容易转化为动摇和冲击国家和地区政治大局稳定的爆炸性因素。”④ 可以说，宗教对于古丝绸之路的发展发挥了重要的作用，如今在“一带一路”建设的愿景与行动已经日益明朗化的背景下，

① Prashanth Parameswaran, “The Real Trouble With China’s Belt and Road,” The Diplomat, 11 May 2017, http://thediplomat.com/2017/05/the-real-trouble-with-chinas-belt-and-road.

② 何亚非:《宗教是中国公共外交的重要资源》,《公共外交季刊》2015年第1期，第20页。

③ 卓新平:《丝绸之路的宗教之魂》,《世界宗教文化》2015年第1期，第25页。

④ 赵可金:《“一带一路”：从愿景到行动》，北京：北京大学出版社，2015年，第106页。

更需要借助宗教公共外交的力量谋划和建设“一带一路”沿线的软环境，实现前几年曾经提出的要在外交领域实现“在政治上更有影响力、经济上更有竞争力、形象上更有亲和力、道义上更有感召力”[①] 的目标。当前，国家之间的自然地理障碍在现代技术条件下总有办法克服，而观念与心理上的屏障则很难克服。在思想层面实现无障碍联通，这将是宗教公共外交的重要使命。“一带一路”沿线推动软环境建设，应该做好以下几方面工作。

第一，以人类命运共同体理念为指导，积极打造中国与“一带一路”沿线国家的命运共同体，努力推进宗教人文交流，为“一带一路”软环境建设营造和谐稳定的大环境。在世界日益网络化的大背景下，“世界是通的”已经成为一个核心的命题。“互联互通的发展不仅为人类社会的发展注入了蓬勃的生产力，而且通过有效的联通让不同区域、不同国家、不同民族、不同文明的行为主体实现了前所未有的联动，平面化世界的区隔、排他甚至对抗正逐渐走向网络联通下的互鉴、合作与融合。”[②] 可以说，互联互通已经推动人类社会“越来越成为你中有我、我中有你的命运共同体”，而“迈向命运共同体，必须坚持不同文明兼容并蓄、交流互鉴。……不同文明、不同民族、不同宗教汇聚交融”，[③] 努力推动不同文明之间的交流对话，让文明互鉴成为增进中国与“一带一路”沿线国家之间共同发展、互利共赢的纽带和桥梁。

命运共同体的建构离不开参与各方的共有观念和文化，文化层面的共识推动着共有身份认同的建构，宗教作为文化体系中与人的思想密切相关的信仰形态对于不同的行为体有着较强的价值沟通功能。不同宗教之间的差异性体现了文明的多元色彩，也是跨文明互鉴交流的基本前提。2015年3月28日，各部门联合发布的《推动共建丝绸之路经济带和21世纪海上丝绸之路的愿景与行动》文本中强调要积极打造政治互信、经济融合、文化包容的利益共同体、命运共同体和责任共同体。当前“一带一路”的发展，离不开中国与沿线各国之间的宗教公共外交和软环境建设，“命运共同体”理念将为其提供一个包容的行为场域。

第二，加强跨宗教的和平对话，构建不同层面的宗教公共外交话语体系，

---

① 刘国昌:《朋友，你有亲和力吗?》,《人民日报》(海外版)2009年7月25日，第1版。

② 范磊:《“一带一路”2.0时代的新担当》，中国网，2017年4月13日，http://opinion.china.com.cn/opinion_17_162717.html。

③《习近平主席在博鳌亚洲论坛2015年年会上的主旨演讲(全文)》，新华网，2015年3月29日，http://news.xinhuanet.com/politics/2015-03/29/c_127632707.htm。

完善宗教合作机制。可以说，“没有各宗教间的和平，就没有各民族间的和平；没有各宗教间的对话，就没有各宗教间的和平。”[①] 在“一带一路”发展的新形势下，推动中国与沿线国家之间的跨宗教和平对话，构建不同层级的宗教公共外交话语体系，已经成为“一带一路”发展的内在要求。中国和沿线国家完全可以通过参与多边的宗教对话与合作平台来推动不同文明和宗教之间的和平对话；通过跨国跨宗教的合作机制增信释疑，落实求同存异的理念，形成人文交流与民心相通的合力，优化和提升“一带一路”软环境建设。

在全球层面的世界宗教和平组织（世宗和，Religions for Peace）就是当前世界各国跨宗教合作的重要平台，旨在制止冲突、消除贫困、保护地球为宗旨，提倡尊重宗教间差异，致力于在全世界推动跨宗教合作。[②] 自成立以来，“世宗和”在世界范围内组织了各种跨宗教对话，宗教与和平、宗教与环境等领域的研讨，已经成为不同文明和宗教之间寻求对话与合作的有效平台。此外，其在亚洲、欧洲、中东和北非、非洲、拉美和加勒比等地区设有地区组织。中国也一直积极参与世宗和与亚宗和的各项活动，推动不同文明与宗教间的对话与沟通。在国家层面，如前文所述，从东亚到东南亚、南亚、中亚、西亚、北非、欧洲的广大区域内，中国已与“一带一路”沿线国家建立起了良好的宗教互动。在“一带一路”框架下，这种不同层面的多边宗教对话对于提升“一带一路”的软环境，增进沿线各国之间的民心相通有着十分深远的意义。

第三，积极推动“一带一路”沿线各国在相互尊重和求同存异的基础上共同推动包容性合作与均衡发展，以传承千年的“丝路精神”助力宗教公共外交发展，以沿线各国共同发展的大合唱推动“一带一路”软环境建设。作为一个开放的倡议，在“共商、共建、共享”原则指导下的“一带一路”欢迎世界上所有国家和地区的参与。所以，发展“一带一路”沿线的宗教公共外交也要坚持开放性的思维，在具体的发展中期待着沿线各国共同努力，以共同的利益作为基本的出发点和落脚点，寻找更多的利益交汇点，坚持义利并举，与沿线各国共享发展红利，共同推进和平、合作、发展的“大合唱”的形成。

对于“一带一路”沿线各国而言，虽然在国情、宗教、发展阶段以及民意等多个方面存在差异性，但是并不意味着彼此之间互斥的，目前沿线绝大部分

---

① Hans Küng, *Global Responsibility: In Search of a New World Ethic*, New York: Crossroad Pub. Co., 1991, p. XV.

② Religions for Peace, “Mission”，世界宗教和平组织网站，http://www.religionsforpeace.org/vision-history/mission。

国家与中国有着良好的合作传统，即使与部分国家之间存在一些历史遗留问题或者现实发展困境，但并不排除中国与各国之间在“一带一路”框架内的互学互鉴与合作共赢。比如中日之间因为历史问题而多有龃龉，但是佛教层面的交流为两国社会的认知提供了一扇重要的窗口。1993年赵朴初居士率中国佛教代表团出访日本期间指出，“回溯历史，佛教在中、韩、日三国人民的文化交流中起着媒介的作用。可以说，佛教上的合作与交流是中、韩、日三国文化交流史上最重要、最核心的内容。”① 如今在“一带一路”的框架下，面对东亚地区纷繁复杂的地区局势，通过宗教公共外交来传播和平理念，有助于拉近三国民众的心理距离，为“一带一路”的发展创设良性的软环境。

第四，积极推动“一带一路”沿线国家以和平的方式实现和平，以非暴力的方式化解暴力，充分发挥宗教公共外交的软实力对区域与世界和平的推动作用。在推动宗教公共外交的过程中，一方面，要看到宗教所秉持的仁爱、宽容等思想在环保、难民、疾病防治等全球治理的多个领域的积极作用，② 充分发挥宗教对于冲突调节和弥合分歧方面的天然优势；另一方面，也要看到宗教的扩张性和极端色彩，在一些传统的地缘政治热点地区宗教甚至扮演了冲突甚至战争的“导火索”和“放大器”的角色。③

面对因宗教或者其他因素而引发的暴力，如果采取以暴制暴的休克疗法只能让问题变得更糟而得不到合理解决。和平的实现不能依靠暴力来实现，人类社会的发展历史证明，只有以和平的方式实现和平，以非暴力的方式化解暴力才是人类社会可持续发展的良久之策。当前，面对“一带一路”沿线国家中所普遍存在的宗教多样、文化多元的情况，在宗教公共外交的进程中必须在推动跨宗教的合作与对话的同时，一方面对宗教可能引发的风险拥有充分的认知，并形成完善的防范和应对机制；另一方面以宗教公共外交为重要抓手，积极推动中国与沿线国家的民心相通，进而增进彼此社会的理解及国家层面战略互信

---

① 中国佛教协会:《第十九次中韩日佛教友好交流会》，http://www.chinabuddhism.com.cn/special/zhrhy19/lchy1/hy13/2016-10-13/11933.html，访问日期：2017年7月30日。

② 2017年8月26日，笔者在新加坡进行田野调查期间，适逢善牧主教座堂（Cathedral of the Good Shepherd）举行“和平与和谐：为新加坡与世界祈福”的主题活动。通过与组织者和参与者的交流和观察，充分体会到宗教在引导人们向善和致力于和平美好的社会构建方面所应该和能够发挥的积极作用。在其印刷的宣传材料中，还引用了教皇方济各的话来呼吁人类彼此之间的理解和认知：“如果我们真诚地阐述我们的信念，我们就可以更清晰地认识到彼此所秉承的共性。新的道路将会为相互尊重、合作以及真正的友谊而敞开。”

③ 参见何亚非:《宗教是中国公共外交的重要资源》,《公共外交季刊》2015年第1期，第24页。

的构建。从根本上而言，“只有促进经济社会发展，妥善处理地区冲突，倡导不同文明、宗教、民族之间的平等对话，我们才能让恐怖主义的幽灵无所遁形”，[①] 从而为宗教公共外交的发展奠定稳定的现实基础，助力“一带一路”软环境建设。

结论

习近平总书记曾指出，“一个没有精神力量的民族难以自立自强，一项没有文化支撑的事业难以持续长久。”[②] “一带一路”建设是一项非常复杂的系统工程，既需要政治层面的战略谋划，也离不开社会文化层面的对接推进。“古丝绸之路尽管开始于政治军事、繁荣于商旅交通，但其更重要的意义在于促进了人类文明的交往。……推进‘一带一路’建设既需要政治经贸的硬支撑，也离不开文化宗教的软助力。”[③] 宗教公共外交作为推动不同宗教、不同文明、不同国家和民众之间实现和谐互通的重要合作与交流形式，有助于充分激发宗教自身所蕴含的正能量，弱化宗教所具有的负能量，通过跨宗教的沟通与交流抑制其消极因素可能产生的不利影响，为“一带一路”沿线国家和社会增进相互的理解和信任，为民心相通奠定更为坚实和温润的人文与社会基础。

在新的形势下推动中国与“一带一路”沿线国家之间的跨宗教和平对话，构建不同层级的宗教公共外交话语体系已经成为“一带一路”发展的内在要求。在向“一带一路”沿线国家和地区传播中国宗教文化的同时，“既要做好与沿线宗教之间的对话和交流，也要加强我国宗教界之间的相互对话与交流，大家拧成一股绳，兼容并蓄、交流互鉴、互相支持、互相协作、共谋发展”。[④] 宗教公共外交将在更深层次上增进中国与“一带一路”沿线国家和民族之间的相互了解，并进一步外溢到更高层面的政治安全领域，通过这种民心相通的软性互动在“一带一路”倡议的大背景下建构起双边或多边的相互依赖和战略互信。

古丝绸之路的发展积淀了以和平合作、开放包容、互学互鉴、互利共赢为

---

① 《王毅：中国也是恐怖主义的受害者》，中国人大网，2015年3月8日，http://www.npc.gov.cn/npc/xinwen/2015-03/08/content_1916129.htm。

② 范玉刚：《没有文化支撑的事业难以长久——学习习近平总书记关于文化发展繁荣的重要论述》，《光明日报》2014年1月8日，第2版。

③ 裴勇：《发挥宗教优势助力“一带一路”建设》，《中国宗教》2015年第6期，第32页。

④ 《重视“一带一路”建设中宗教文化的独特作用》，新华网，2016年4月7日，http://news.xinhuanet.com/politics/2016-04/07/c_128870932.htm。

核心的丝路精神。如今中国与“一带一路”沿线国家面临着共同的发展机遇，透过历史的镜子不难发现，“只要坚持团结互信、平等互利、包容互鉴、合作共赢，不同种族、不同信仰、不同文化背景的国家，完全可以共享和平，共同发展。”[①] 这是人类社会发展的文明向度。新形势下，以“一带一路”为抓手推动宗教公共外交，可以让这种合作与交流更加紧密，让双边与多边的软环境建设更加融洽和包容。换言之，宗教公共外交有助于提升中国与“一带一路”沿线各国的命运共同体意识，有助于推动中国与人类文明的转型与复兴，对于“一带一路”的软环境建设乃至更大场域的发展与合作有着积极的意义。[②]

① 习近平:《弘扬人民友谊，共创美好未来——在纳扎尔巴耶夫大学的演讲》，新华网，2013年9月8日，http://news.xinhuanet.com/politics/2013-09/08/c_117273079.htm。

② 范磊:《宗教文化与“一带一路”在南亚的民心相通》,《公共外交季刊》2017年第2期，第77页。

Public Diplomacy for Religious Affairs and Soft Environment Construction for the "Belt and Road"

Fan Lei; Yang Luhui

Abstract In recent years, the emerging trends of global de-secularization and resurgence of religions have pulled religions back to the center of international relations from their marginalized positions within the Westphalia System in the past 300 years. Particularly, ever since the "9.11" event, almost all the major events of the world have been more or less influenced by religious factors. Religions have become a soft power that is increasingly influential in the development of international relations. In China's diplomatic arrangements, the statuses of religions also become more and more outstanding. China's practices of public diplomacy embodied in religious exchanges have been viewed as important means and ways to promote mutual understandings between common peoples, strengthen China's discourse power, and improve China's international image. The peaceful exchanges between different religions in history along the ancient silk road that connected China and many regions may offer many references to China at present time for its construction of the "Belt and Road". At present, there are many different civilizations and religions in the areas of the "Belt and Road". On the one hand, there are religious heterogeneities and tolerances in these areas, characterized by cooperative coexistence of different religions. On the other hand, there are also disagreements and even conflicts hidden in the interactions between these religions. Therefore, contemplations should be made on the issues of how to push forward China's friendly exchanges with countries along the "Belt and Road" under the new situations in the region and the international community, how to strengthen plural coexistence and peaceful tolerance between different religions, and how to avoid the risks and challenges of religious extremism. Also, it is meaningful to accelerate the soft environment construction along the “Belt and Road”, so as to realize the common development and achieve a win-win pattern between China and “Belt and Road”-covered countries.

Keywords Religious Diplomacy; Soft Environment; the Belt and Road; Revival of Civilization

Authors Fan Lei, Ph.D. of International Politics, Researcher of the Center for Studies on Social Stability and Crisis Management, Shandong Institute of Law and Politics, and Guest Researcher of the Research Institute of Contemporary Socialism, Shandong University. Yang Luhui, Professor and Ph.D. Tutor, Dean of the Asia-Pacific Research Institute of Shandong University, Researcher of the Research Institute of Contemporary Socialism, Shandong University.

周边人文交流

“一带一路”建设中的人文交流：挑战与对策

邢丽菊

【内容提要】“一带一路”倡议是新时代中国领导集体在外交上的重大理论和实践创新。作为“一带一路”建设的三大支柱之一，人文交流在推进“一带一路”建设中具有重要地位，能够为深化双多边合作奠定坚实的民意基础。“一带一路”人文交流有助于推进民心相通，有助于构建政治互信，有助于深化经贸合作。当前“一带一路”人文交流面临沿线国家宗教文化冲突、政局不稳、域外势力干预、我国对外交流传播能力有限等一系列困难与挑战。为了顺利推进“一带一路”人文交流，中国应积极倡导不同文化在平等基础上的交流互鉴；丰富促进人文交流的对话机制；探索官民并举模式，鼓励民间力量发挥更大作用；加强国际传播能力建设，大力发展文化产业。“一带一路”人文交流是一个潜移默化的长期过程，不能急功近利。

【关键词】人文交流　一带一路　文化产业　中国外交

【基金项目】教育部哲学社会科学研究重大课题攻关项目“深化中外人文交流的战略布局与运行机制研究”（批准号：15JZD033）的阶段性成果。

【作者简介】邢丽菊，复旦大学国际问题研究院教授、国家领土主权与海洋权益协同创新中心研究员。

“一带一路”倡议是新时代中国领导集体在外交上的重大创新，它传承古代丝绸之路精神，顺应当今世界和平、发展、合作、共赢的新潮流，彰显人类社会的共同理想和美好追求。“一带一路”建设为21世纪的人文交流提供了宽广舞台和巨大动力，人文交流则为“一带一路”提供重要助力。在当今国际政治、经济和文化关系日趋复杂的形势下，“一带一路”语境中的人文交流也被赋予更加特殊的内涵。

一 人文交流对“一带一路”建设的意义

人文交流一般包含人员交流、思想交流和文化交流，其目的是增进各国人民之间的相互认识与了解，从而塑造区域文化认同、价值认同，最后达成区域政治合法性的支持。[①] 在现代国际关系中，人文交流与政治安全合作、经济贸易合作一道构成国际关系的三大推动力。与后两者相比，人文交流是“人与人之间沟通情感和心灵的桥梁，是国与国加深理解与信任的纽带……它与其他外交手段相比更具有基础性、先导性、广泛性和持久性”。[②]

党的十九大报告明确提出，加强中外人文交流，以我为主，兼收并蓄。推进国际传播能力建设，讲好中国故事，展现真实、立体、全面的中国，提高国家文化软实力。中央办公厅、国务院办公厅于2017年12月印发了《关于加强和改进中外人文交流工作的若干意见》，教育部、文化部也于2017年5月专门召开发布会，介绍推动“一带一路”沿线国家民心相通的若干举措。作为“一带一路”建设的三大支柱[③] 之一，人文交流将为深化双多边合作奠定坚实的民意基础和社会根基。

（一）人文交流是推进中国与“一带一路”沿线国家民心相通的重要途径

人文交流按其字义，指的是人与人之间的思想文化交流。交流也好，沟通也罢，都只是一种渠道，一种手段。可以说，交流本身并非软实力，但是，这种交流因其触动人们的思想，进而可能影响到政府决策，从而对国与国之间的关系产生直接重大的影响。“国之交在于民相亲，民相亲在于心相通”，“以

---

① 许利平、韦民等:《中国与周边国家的人文交流》，北京：时事出版社，2015年，第4页。

② 刘延东:《深化高等教育合作，开创亚洲人文交流新局面》,《世界教育信息》2010年第12期，第11页。

③ 王毅外长在美国战略与国际问题研究中心的演讲中提出,“一带一路”建设的三大支柱是互联互通、产能合作和人文交流。内容详见:《发展中的中国和中国外交——王毅在美国战略与国际问题研究中心的演讲》，中国外交部网站，2016年2月26日，http://www.fmprc.gov.cn/web/ziliao_674904/zyjh_674906/t1343410.shtml。

心相交者，成其久远”。国家之间的关系说到底是人与人的关系，只有打动人心，才能实现其他合作领域的“感而遂通”。正如德国哲学家卡西尔所言，人文沟通是“理想世界的力量”，一切真善美的实现最终都要依赖于这种力量。[①]人文交流以民众互动、互识、互知为出发点和落脚点，广泛动员更多的行为主体进行面对面的、切身实地的交流与沟通，让参与民众直接感受相互间思想文化的激荡碰撞。

要实现民心相通，就必须依托多层次、宽领域、全方位的渠道来加强沟通与交流。中国所倡导的人文交流涵盖范围相当广泛，内容非常丰富。以中美人文交流机制为例，涉及教育、科技、文化、体育、妇女、青年、地方交流等七大领域。[②] 人文交流旨在通过沟通和交流，追求情感和文化上的理解与认同，并将此转化为具有亲和力和感召力的柔性力量。美国学者约瑟夫·奈认为，国际关系中的软实力大都来自一个国家、组织和个人体现出的价值观、国内管理和政策所提供的范例，以及其处理外部关系的方式。[③] 应当说，软实力不仅包括塑造人们喜好的能力，更重要的是吸引人心的能力。它主要通过制度、价值观和感召力赢得人心，通过以情动人和以理服人等相对温和的手段争取人心。中国政府与“一带一路”沿线国家大都签订了政府间人文交流协议，高层访问密切，民间交往活跃，教育交流年、文化旅游年、国际博览会、电影艺术节等各种活动精彩纷呈。这些都是促进人文交流互鉴、塑造良好国际形象、加强软实力建设的必然要求。

（二）人文交流是促进中国与有关国家政治互信的重要基础

互信是人们在复杂的社会环境中产生牢固关系的基本条件。无论是雇佣关系，还是合作关系，如果不能以互信为基础，人们相互间的关系就会很脆弱，也很难长久持续下去。政治互信是国与国之间构建长期稳定合作关系的重要条件。所谓政治互信，指的是一国政府和公众对另一国的政治体制、发展道路、价值观念及政策取向相互间有基本的理解和明显的认同。“信”在中国文化价值观中占据特殊重要的地位。两千多年前的孔子就曾说，“人而无信，不知其

① ［美］克莱斯·瑞恩：《异中求同：人的自我完善》，北京：北京大学出版社，2001年，第24页。

② 刘延东：《系牢中美人文交流纽带》，中国外交部网站，http://www.fmprc.gov.cn/web/ziliao_674904/zt_674979/dnzt_674981/qtzt/zmzlyjjdh_674999/dqlzmzldil_675001/t1275007.shtml。

③ ［美］约瑟夫·奈：《软实力》，马娟娟译，北京：中信出版社，2013年，第12页。

可也”（《论语·为政》）。习近平主席曾指出，信任是人与人关系的基础、国与国交往的前提。[①] 信任关系的建立是一个系统的工程，需要有关行为主体在多方面做出长期不懈的努力。国与国之间在政治、经贸、安全、文化等上难免诉求不尽相同，利益不尽一致。如何缩小分歧而非放大矛盾，如何寻求共识而非突出差异，答案不是简单而唯一的。

政治互信的构建不是孤立的，而是与其他各领域的沟通和交流相互促进的。人文交流虽不能必然导致政治互信的建立，但没有人文交流的广泛开展，要建立政治互信则无从谈起。人文交流因其内容丰富多彩、形式灵活多样，对拉近不同对象间的距离、增进相互间理解所发挥的作用是难以替代的。1971年中美两国乒乓球运动员的互动是一个突出的例子。中美两国老一辈领导人和政治家以非凡的战略远见和高超的外交艺术，用小小银球推动了中美关系的“大球”，不仅开启了中美关系40余年不平凡的发展历程，而且深刻改变了世界格局。[②] 时任美国总统尼克松也曾说过，他从未料到美国对中国的主动外交行动会以乒乓球队访问的形式得以实现。[③] 中国政府主张“和平合作、开放包容、互学互鉴、互利共赢”的丝路精神，这既是中国开展对外人文交流的基本方针，也是顺应国际形势发展、增进不同文明互鉴、符合各国共同利益的国际关系准则。大力加强“一带一路”人文交流，将使沿线民众更好地了解和理解中国的政治制度、发展道路、传统文化以及外交政策理念，将会促进中国与沿线国家政治互信的建立。

（三）人文交流是深化中国与有关国家经贸合作的重要保障

新型国际关系理念以合作共赢为核心，合作是路径，共赢是目标。这既是对中国传统外交思想的丰富和发展，也是对世界秩序演进的重要判断。[④] “一带一路”是经济贸易和文化发展的双核战略，它主要以经贸合作为基础，以开放包容为理念，以人文交流为支撑。“一带一路”是中国率先倡议提出的，但这

---

① 习近平：《为构建中美新型大国关系而不懈努力——在第八轮中美战略与经济对话和第七轮中美人文交流高层磋商联合开幕式上的讲话》，中国外交部网站，2016年6月6日，http://www.fmprc.gov.cn/web/ziliao_674904/zyjh_674906/t1369845.shtml。

② 《刘延东同志致中美乒乓外交40周年系列活动贺信》，《中国体育报》2011年8月18日。

③ 《中美开始乒乓外交》，人民网，2015年4月10日，http://www.people.com.cn/GB/historic/0410/1145.html。

④ 阮宗泽：《构建新型国际关系：超越历史，赢得未来》，《国际问题研究》2015年第2期，第30页。

并非只是中国自己的事情。它致力于将中国的发展融入到沿线国家乃至世界的共同发展中，致力于将中国的发展战略与沿线国家现有的机制实现对接联通，致力于统筹中国与沿线国家的共同利益以及具有差异性的利益关切，最终目标是与各国建立利益攸关的共同体。

经贸合作与人文交流相辅相成，相互促进。当前，经济全球化在曲折中发展，区域经济一体化在更深层次推进，贸易、投资、服务、人员等领域的便利化、自由化进展虽不顺利，但各方仍在继续努力。经济生活在任何一个社会中都不是完全独立的，而是与政治、文化、教育等紧密联系在一起。中国近年来大力推动与一些地区和国家建设自贸区，主张与一些地区和国家建立经济共同体和命运共同体。要深入开展经贸合作，特别是要建设经济共同体和命运共同体，必须要对相互间的发展需求、消费模式、经营理念及文化习惯等有深度的了解。只有依托广泛的人文交流，并借此形成相互理解和信任的关系，经贸合作才能真正成为相互关系中稳定的压舱石。与此同时，人文交流本身也可以为经贸合作带来巨大的直接收益。在“一带一路”人文交流建设的过程中，文化、教育、体育和卫生等领域都有巨大潜力可以挖掘的新型产业。“一带一路”建设对推动中国对外教育产业合作、文化产业合作、旅游产业合作及健康产业合作等提供了重要的历史机遇和广阔的市场舞台。

二　推进“一带一路”人文交流的问题与挑战

“一带一路”倡议提出以来，西方社会各种质疑的声音屡见不鲜，有舆论批评其为中国版的“马歇尔计划”，甚至冠之以中国版“新殖民主义”。针对这些偏见和误读，如何积极开展有针对性的工作，中国面临的任务相当艰巨。总体而言，在推进“一带一路”进程中，中国在人文交流领域面临的问题和挑战主要有：

（一）文化及宗教的差异对人文交流的影响日益突出

由于在地理、历史、民族、文化及宗教等各方面存在差异，“一带一路”沿线国家的国情是十分复杂的。上述诸多差异一方面带来了沿线国家和地区在宗教及文化上多元而丰富的特点，另一方面也使得由此产生的分歧和矛盾在一定条件下变得突出。全球化的迅速发展和信息技术的重大革命并没有消除人类社会在文化及宗教上的差异，相反地，使文化及宗教上的排斥性及对抗性在一些地区和国家表现得更为激烈。美国文化学者亨廷顿认为，冷战结束后，世界政治的主轴是西方的力量和文化与非西方的力量和文化的相互作用。[①] 他提出的有关文明冲突的观点引起国际社会广泛关注，虽遭遇不少人批评，但也不断被证实。应当说，"9 · 11" 恐怖袭击事件之后，世界所呈现出来的所谓 "文明冲突" 有多方面的原因，其中来自基督教文明的国家及个人普遍认为，相较于其他文明的国家及个人，基督教国家享有种族及文化上的优越性。这是引发并激化文明冲突的一个重要原因。

中华文明与西方文明的一个重要区别是，它一直富有很大的开放性，具有很强的包容性，对外来宗教及文化兼收并蓄，形成了独具特色的文明体系。长期以来，中国与 "一带一路" 沿线国家在文化上相互借鉴，在宗教方面相互影响。历史上的古丝绸之路曾经极大地推动了中国与沿线各国人民的交流，中国的儒、道思想西渐，起源于异域的佛教、景教、摩尼教等世界六大宗教也相继传入中国。以丝绸之路为媒介拓展开来的中西文化交流，在明末清初耶稣会传入中国后达到顶峰。宗教与文化的相互交流促进了中外民众精神和信仰层面的沟通，为丝路沿线贸易的发展做出了贡献。然而，任何宗教都具有两面性，任何文化都有其特殊性，其中的消极因素一旦失去有效约束，就会引发冲突，并有可能带来巨大的破坏力。当前，中东、东南亚、中亚等地区的民族分裂主义、宗教极端主义、国际恐怖主义以及跨国犯罪活动猖獗。某些沿线国家过于强调本土文化的独特性，对接受异质文化相当抵触，一些宗教极端势力插手其中，致使一些问题变得突出。在文明冲突已经被泛化，特别是一些别有用心的势力大肆挑拨中国与外部世界关系的背景下，文化及宗教方面的隔阂已经对中国开展对外人文交流形成掣肘。

（二）政治体制的不同对人文交流的干扰日益突出

政治体制并没有一个统一的标准，也不应该有一个统一的模式。每个国家的国情都形成自己政治制度的特点，每个国家必须依据与其国情相适应的条件来管理自己、发展自己。政治体制的不同是国际社会文明多样性的重要组成部分，不应该对国与国之间的人文交流活动形成干扰。作为一个开放的平台，"一带一路" 使不同政治体制和不同发展模式的国家都可以参与其中。"一带一

① ［美］塞缪尔 · 亨廷顿：《文明的冲突与世界秩序的重建》，北京：新华出版社，2010年，第5—7页。

路”沿线既有社会主义国家，又有西方政党体制的资本主义国家，也有强势领导人掌权的、社会正处于转型期的国家，更有国家权力不集中及政府治理能力相对较弱的国家，还有相当一些是权力高度集中的君主政体国家。政治体制的多样性体现了沿线国家多元化的发展道路和治理模式，为有关国家政治上相互借鉴、模式上取长补短提供了有益机遇。但另外一方面，国际政治的客观现实是，政治体制的不同是影响国家间关系的一个重要因素，这种差异给开展正常有序的人文交流带来了明显的干扰。

具体到“一带一路”建设中的人文交流，这方面的干扰主要体现在三个层面：一是就沿线国家而言，政治体制的差异增加了相互间理解与认同的难度。一些国家长期以来对西方国家的政治干涉十分敏感，它们既反对西方国家对其政治体制施加压力，也担心西方国家的政治影响对其社会造成冲击。二是政治体制的差异导致相关国家在具体的法律、制度、规则等方面缺乏较好的对接。这给人文交流增加了很大工作量，也意味着相关国家需要首先在人才培养上下很大功夫，以加强对各方国情的了解及其规章制度的理解。在中国的政治制度需要被其他国家进一步认识，中国的语言和文化还不是很普及的情况下，中国对有关国家开展人文交流只能是一个渐进和渐强的过程。三是以美国为首的西方国家在国际上竭力传播西方的政治制度和价值观念，把中国的“一带一路”倡议视为一种地缘战略，把中国推进对外人文交流视为意识形态扩展，并为此采取了一系列干扰政策，这也在相当程度上影响了中国对外人文交流工作的顺利开展。美国实施“亚太再平衡”战略，挑拨中国与周边国家的友好合作关系，一个重要目的就是干扰中国实施“一带一路”倡议及积极开展人文交流活动。这些干扰是中国推进人文交流过程中难以回避的挑战。

（三）经济发展的不平衡对人文交流的阻碍日益突出

在经济全球化背景下，经济发展不平衡问题越来越引起世人担忧。经济是国家发展的基础，如果经济不能保持稳定有效的增长，各种社会问题就会突显甚至集中爆发。随着经济全球化和政治多极化的深入发展，世界各国间的联系愈加紧密，逐渐形成了“你中有我，我中有你”的复杂局面。然而，这种联系并没有消除国家间经济发展不平衡的问题，反而使得这种不平衡在一些地区更加突出，并因此带来许多政治及安全上的“并发症”。当今世界，中心与外围的国际空间结构依然存在，“西方中心主义论”依然在世界政治、经济、文化等各个领域发挥作用。世界体系中的中心国家一般通过经济优势、政治强力以及文明辐射等因素将周边或外围国家纳入自己主导的大格局中。[①] 长期以来由发达国家主导的全球经济秩序和治理体系，显然难以保障发展中国家的利益诉求，全球治理体系呈现碎片化现象。某些域外大国依仗经济与军事力量，干涉"一带一路"沿线国家的内政，阻碍它们开展正常的对外交流活动。[②]

改革开放30余年来，中国的综合国力迅速上升。1978年，中国的GDP总量只有2160亿美元，仅占美国当年GDP总量的十分之一。2010年中国的GDP总量超过日本，跃居世界第二位。到2017年，中国的GDP总量上升到约13.67万亿美元，约占同年美国GDP总量的70%。按国际货币基金组织等机构以购买力平价法（PPP）计算，中国的经济总量目前已经赶上美国。随着中国的快速崛起，广大发展中国家希望与中国加强人文交流，从中国汲取经济建设和国家治理方面的经验，由此更好地分享中国发展的红利。但也有一些国家受到部分反华势力炒作的"中国威胁论"的挑拨离间，担心中国借助经济优势对其施加政治影响或经济掠夺。不难发现，"中国威胁论"在发展中国家并非完全没有市场，一些不明真相或心怀叵测的人随之起舞。与中国的快速发展相比，"一带一路"沿线不少国家经济发展缓慢，经济结构相对单一。其结果是，一些沿线国家受到"中国威胁论"的影响，对与中国开展人文交流颇有忌讳；还有一些国家虽然积极性很高，但囿于人力、物力，特别是财力，对人文交流的现实需求并不迫切。以东盟国家为例，其对"一带一路"的态度基本分为三类：老挝、柬埔寨、泰国积极支持；印尼、马来西亚、新加坡总体不排斥但颇为谨慎；菲律宾、越南则怀疑中国的背后意图，对有关合作顾虑重重。

（四）国际传播能力的不足对人文交流效果的制约日益突出

由于社会制度和意识形态等差异，西方国家在全球大肆宣扬西方的文化价值观。一部分西方学者认识到，"不同文明的人们应寻求和扩大与其他文明共有的价值观、制度和实践"。[③] 这是"9·11"恐怖袭击事件给他们带来的惨痛教训。但另一方面，他们又鼓吹"国家都倾向于追随文明相似的国家，抵制与它们没有文明共性的国家"。[④] 从本质上看，以亨廷顿为代表的学者追求的是，

---

① 翟崑：《超越边缘化：世界体系论下的东盟共同体》，《人民论坛》2016年第9期。

② 徐步、杨帆：《中国—东盟关系：新的启航》，《国际问题研究》2016年第1期，第45—46页。

③ ［美］塞缪尔·亨廷顿：《文明的冲突与世界秩序的重建》，第295页。

④ 同上，第135页。

当其他文明与西方文明发生分歧时，其他文明应当做出改变以适应甚至顺从西方文明。中国经济实力越强，中华文明的影响力就越大，西方国家对基督教文明的衰落就越恐惧。我们应当清楚地认识到，经济实力的增强是文化影响力增加的重要基础，但同时它也不会自然转化成文化影响力。正因如此，大力加强国际传播能力建设，对促进人文交流并借此提高文化影响力具有重要意义。

对中国来说，加强国际传播能力建设面临的问题主要体现在三个方面：一是官方层面的传播能力建设问题。有关部门的主管者应当深入了解国际传媒领域面临的复杂局面，不仅自身熟悉国际传媒话语体系，也要在培养国际传播人才方面进一步下大力气。尽管这些年来我们通过不懈的努力取得很大成果，但由于语言文化等方面客观的劣势，我们的国际通用型人才仍然严重不足。二是民间机构和个人的传播能力建设问题。在全球化时代，人文交流已经不是“以我为主”由内向外的单向宣传，也不是传统的政府间单方面推动。在对外人文交流中，民间组织和个人，包括学术智库、跨国企业、旅游访客甚至被派往国外工作的劳动者都是重要的参与者。近些年来，一些企业和个人在国外的不法行为或假冒伪劣产品被西方或事发国媒体炒作，并由此产生不小的负面影响，这必须引起足够的重视。三是以美国为首的西方国家对国际传媒的操控问题。当前国际上的话语权主要掌握在以美国为代表的西方国家手中。它们掌控最具影响力的大众传播媒介，拥有数量众多的传媒专业人才，还把持了最先进的传媒技术。这些国家唯我独尊，习惯于把自身的价值观和喜好强加于人，热衷于在国际上搞以自身为主导的霸王条款。[①] 中国如何加强国际传播能力建设并在国际舞台上积极传播“中国好声音”，相较于过去如何对待西学东渐的外来文明，成为一个新的时代课题。

三　推进“一带一路”人文交流的对策思路

“一带一路”人文交流内容丰富、平台多样、形势复杂、行为主体多元，这意味着今后要做的工作是大量的。近年来，在有关方面共同努力下，我国对外人文交流所取得的成绩十分显著，有目共睹。但是，也必须要清醒地认识到我国对外人文交流过程中面临的困难与挑战，切实做好有关工作。今后一段时期，针对如何排除干扰、化解挑战、推进人文交流，建议如下：

---

① 阮宗泽：《各国共享的百花园值得期待》，《人民日报（海外版）》2016年7月7日。

（一）以人类命运共同体理念为引领，倡导不同文化在平等基础上交流互鉴

人类命运共同体理念是中国特色大国外交理论创新的重要成果，为21世纪国际关系的发展提供了新思路。这一理念继承发扬了中国外交的优秀传统，反映了中外优秀文化和全人类共同的价值追求。这一理念的重要意义在于以共建美好世界为目标，不断增强中外人民的心灵相通，加强中国与世界的相互认知和认同。[①] 我们要在“一带一路”沿线国家积极宣传人类命运共同体的理论，倡导不能对文化价值观进行排序或差别对待；要尊重文明的多样性，以文明交流超越文明隔阂、文明互鉴超越文明冲突、文明共存超越文明优越；[②] 要大力弘扬中国优秀传统文化，同时承认各国文化的独特性与共通性，诚心实意地汲取沿线国家文化中的优秀内涵；要重视与沿线国家进行宗教交流与合作，充分尊重沿线国家不同的宗教信仰，重视和加强宗教理论研究；要与沿线国家一道保护和开发宗教文化旅游资源，打造宗教文化与旅游文化合一的可持续发展模式；要在亚信、上合组织等地区机制框架内，积极尝试开展宗教与文明对话，使之与政治、经济合作等议题并驾齐驱，向国际社会充分展现中国在文化与宗教方面的包容性。

（二）以加强政府层面的政策沟通为主要渠道，丰富促进人文交流的对话机制

要积极利用好现有资源平台，加强我国与沿线国家战略机制的对接联通，如加强“一带一路”与俄罗斯国家复兴战略、印度“东向行动”政策、“欧洲投资计划”、印尼“全球海洋支点战略”、蒙古“草原丝绸之路”等的对接，从国家层面为经贸合作和人文交流奠定坚实的政策基础；要与沿线国家共同举办“教育交流年”“旅游交流年”“文化交流年”等活动，建立长期稳定的人文交流合作机制，建设好软环境平台。目前我国已经与东盟最大的国家——印尼于2015年正式建立了副总理级别的高级人文交流机制，内容涵盖教育、科技、文化等七大领域。印尼是全球最大的穆斯林国家，这一机制是我国同发展中国家建立的首个高级别人文交流机制，因此具有里程碑意义。相关政府部门要与

---

① 王毅：《携手打造人类命运共同体》，中国外交部网站，2016年5月31日，http://www.fmprc.gov.cn/web/ziliao_674904/zyjh_674906/t1368155.shtml。

② 杨洁篪：《推动构建人类明月共同体》，《人民日报》2017年11月19日。

沿线国家政府对口单位就便利人员往来进行积极的政策磋商，探讨我国与沿线国家人员交往便利化的新举措，如逐步扩大对持中国护照的免签国家范围，简化中国籍劳务人员务工签证的申办手续等。

（三）以继续探索官民并举模式为重要手段，鼓励民间力量在人文交流中发挥更大作用

国与国的关系基础是“民心相通”，而所谓“民”就是人民，就是每个个体或是由个体组成的团体。我国在官民结合开展人文交流方面已经有了多年的摸索，积累了很多宝贵经验。但不可否认的是，由于改革开放的时间总体上还不是很长，我们在进一步调动民间力量方面仍然大有可为。要发挥好“民相亲”“心相通”的桥梁作用，充分推动社会各界参与到“一带一路”人文交流的事业当中；要以经贸合作为依托，发挥企业在“走出去”过程中的重要作用；要熟知国际商务规则以及沿线国家国情，努力提高产品质量、科技含量；要下苦功树立品牌意识、环保意识以及回馈当地社会的服务意识；要加强学术往来，加大对沿线国家留学生的培养，增强智库间的互动交流；要发挥各类文化团体、社会组织的积极作用，推动区域间、城市间人文交流，通过文化互动来消除偏见和误解；要积极发挥沿线国家华侨华人的交流使者作用。据统计，全球6000万海外华人中约60%居住在“一带一路”沿线国家，他们的积极参与有助于将中国的文化思想与“一带一路”沿线国家的实情实现更好的对接。

（四）以打造面向国际市场的文化媒体为突破口，大力发展我国的国际文化传媒产业

近年来，我国在建设有影响力的传媒平台和人员队伍方面下了许多功夫，投入了不少资金，更新了不少设备，设立了不少奖项。应该说，效果是明显的，但又是有限的。在坚持优秀传统文化根基的前提下，我们要紧跟全球化和信息化时代的特点，从做强涉外媒体和教育、文化产业等方面入手，加强人文交流的能力建设。要积极借鉴非英语国家媒体走向世界的成功经验，打造中国面向世界的拳头媒体。在这方面，卡塔尔的半岛电视台和俄罗斯的“今日俄罗斯”电视台的经验值得借鉴。我国的媒体要有意识地建立平等互鉴、包容尊重、命运共同的传播话语体系，将我国传统文化的和平诉求、新型国际关系理念、命运共同体理念等如实传达给沿线国家。这就需要打造汇通中外的新概念、新表述，用富有亲和力、感召力和公信力的话语来讲好中国故事。在发展

文化产业方面，要坚持政府推动、企业主体、市场主导、商业运作的模式。政府要制定并完善文化创新的相关政策，加大对文化产业的资金扶持，并构建多元合作渠道开放和整合文化资源。企业要借鉴国际文化产业成功的经验，努力培养国际专业化人才，根据市场需要来进行商业投资等运作，大幅提高跨国经营的法律意识、管理水平、文化素养等。

“一带一路”倡议提出以来，已经先后有80多个国家和国际组织响应参与其中，这充分说明中国的倡议符合沿线国家的切实需要，可以与沿线国家自身的发展战略实现对接。这也表明，“一带一路”倡议顺应了全球化时代历史发展的大趋势，为国际社会共同应对发展难题、化解相互间分歧、建立彼此间信任提供了“中国方案”。尽管如此，我们也应该看到，在国际格局深刻演变、全球力量对比发生历史性转换的背景下，中国的这一倡议在实施过程中难免会遇到困难和阻力。人文交流作为“一带一路”建设的一个重要支柱，其功能就是要增信释疑，其目的就是要构建互信，其根本追求就是要建立人类命运共同体。我们要进一步深入思考人文交流过程中面临的各种困难，切实找到行之有效的应对之道，从而服务好“一带一路”建设，使“一带一路”建设行稳致远。

Humanity Exchanges in the Construction of “Belt and Road”: Challenges and Responses

Xing Liju

Abstract The “Belt and Road” initiative is a significant theoretic and practical innovation made by China’s leadership in the new time. As one of the three columns, humanity exchanges enjoy a significant status in the process of constructing “Belt and Road”, because these exchanges may lay down a solid foundation for deepening bilateral and multilateral cooperation. Humanity exchanges along the “Belt and Road” helps to push forward understandings between common people and deepen cooperation in economy and trade. Currently, there are a series of challenges and difficulties in the countries along the “Belt and Road”, such as cultural and religious conflicts, instable politics, interventions by forces from outside these areas, and China’s limited capacity to conduct external communications and contacts. For the purpose of carrying forward humanity exchanges smoothly in the “Belt and Road” areas, China should advocate more frequent exchanges and mutual appreciations between different cultures on the basis of equality, enrich the present dialogue mechanism for humanity exchanges, encourage non-official organizations to play an even more outstanding role through a pattern of cooperation between official and non-official organizations. Furthermore, China should strengthen its capacity to take international communications and take an effort to develop cultural industries. The humanity exchanges along the “Belt and Road” is a long process that needs patience for slow transformations. There should be no hastiness or impatience in this process.

Key Words Humanity Exchanges; the “Belt and Road”; Cultural Industries; China’s Diplomacy

Authors Xing Liju, Professor of the Institute of International Studies and Researcher of the Center for China’s Relations with Neighboring Countries, Fudan University.

21世纪海上丝绸之路与中马文教合作

李一平

【内容提要】21世纪以来，马来西亚的地区战略是保持本地区的大国平衡和加强大国与东盟成员之间的合作，以维护马来西亚的国家利益和地区稳定。稳定的周边环境是中国和平发展的重要条件，为此，中马两国政府从维护和发展双边关系和平与稳定的大局出发，对两国各领域尤其是21世纪海上丝绸之路下的人文交流合作进行筹划，强调相互信任及开展双向交流是增进双方友好关系的重要基础。中马两国在经历社会经济转型的阶段，双方有很多可互惠的合作。过去的中马关系着重经济的交流，而未来的中马关系，期待能推动两国人文交流和政治合作，构建双方政治、经济、文化全方位的命运共同体。

【关键词】21世纪海上丝绸之路　中国　马来西亚　人文交流　中马关系

【基金项目】福建省委宣传部重大委托项目《"21世纪海上丝绸之路"与中国—印尼、马来西亚及菲律宾经贸关系的历史与现状（2016—2020）》和广东外语外贸大学"21世纪海上丝绸之路"协同创新中心项目《21世纪海上丝绸之路与人文交流研究（2016—2017）》的研究成果。

【作者简介】李一平，厦门大学南洋研究院/一带一路与东南亚研究院教授、院长。

中马双方全面战略合作伙伴关系正处在加速提升之中，从经济领域扩展到政治、安全、人文领域的合作，也标志着双方进入了全方位合作时代。其中，中马两国在人文领域的合作更加深化，这主要表现在两国的教育合作，特别是高等教育合作成果显著。

一 中马文教交流合作的深入发展

（一）两国教育合作密切

自1997年中马双边签订第一个《教育交流合作备忘录》伊始，两国间的教育合作不断增强，双边协议愈加完善，两国教育官员间的互访也更为密切。进入21世纪以来，中马两国相继完成《关于在外交和国际关系教育领域合作谅解备忘录》（2004）、《教育合作谅解备忘录（续签）》（2005）、《高等教育合作谅解备忘录》（2009）以及《关于高等教育学位学历互认协议》（2011）等协议的签署，为两国教育合作提供更为有利的政策平台。[①]

随着中马关系的不断密切，两国人民相互了解的不断加深，中马之间的留学热潮逐渐兴起。2000年7—10月，中马两国首次实现互派留学生，马方来华留学生仅有3人。据中国教育部数据显示，到2001年，马来西亚在华留学生已剧增至632人。2003—2006年期间，马来西亚赴华留学生人数分别为841人、1241人、1589人和1743人，短短6年时间，增加了1741人。

据《南洋商报》2015年4月14日报道，到2014年年底为止，马来西亚赴华留学生总数高达6751人，在赴华留学国家人数排名中位居前列。同时，越来越多的中国学生也选择马来西亚作为留学目的地。2000年，中方派往马来西亚的留学生仅有10人。2005年8月，在马来西亚政府或私立大学深造的中国留学生已达21452名。[②] 2012 年，在马来西亚接受教育的中国留学生与2011年同期相比增长了50.7%，2013 年1—9月与2012 年同期相比又增长了83.66%。此外，2011年双方《关于高等教育学位学历互认协议》的签署，进一步扫清了中马留学教育合作的重大障碍。双方一致为早日实现2020年中国—东盟“双十万”学生流动计划，以及马来西亚培养20万名国际留学生的目标而努力，确保两国更多人员从高等教育中受益。进入21世纪以来，无论是中国赴马留学人数，还是马赴华留学人数都增长迅速。这些留学生的相互往来和学习，进

① 参见“十邑文化”,《21世纪海上丝绸之路与中马人文交流》,《福州晚报・海外版》2016年2月8日，第A7版，http://mag.fznews.com.cn/shtml/fzwbhwb/20160208/57819.shtml。

② 《加强教育交流　教长明年访华》,（马来西亚）《南洋商报》2005年12月15日。

一步增强了中马两国的人文交流，为两国的友好交往提供了人才支持。

孔子学院是中国文化走出去、增进国际理解的重要窗口。推动马来西亚孔子学院的发展也是中马双方教育合作中的重要一环。2009年7月，中国国家汉语教学领导小组办公室与马来西亚马来亚大学签署建立马来亚大学孔子汉语学院的协议。2010年，由于马来亚大学孔子学院设立后广受好评，马来西亚高教部决定在北马、南马、东海岸、沙巴及沙捞越各设一所孔子学院，让更多的马来西亚学生接触中国文化。

在中马两国的教育合作中，马来西亚和中国高校间的交流和合作取得了尤为突出的成果，比如与清华大学在科学和工艺研究领域的合作，以及与北京外国语大学在马来语研究上的相关合作与交流等。在这些成果中，最富有代表性的当属厦门大学马来西亚分校的建立。2011年伊始，马来西亚首相对华特使丹斯里黄家定和高教部副部长拿督何国忠博士提出建议，鼓励厦门大学校方考虑在马来西亚设立厦大分校。2012年，厦门大学校长朱崇实两度亲自率团前往马来西亚考察及探讨设立分校计划。2013年1月21日，马来西亚高教部卡立诺丁部长向来访的朱崇实校长递交了邀请书，正式邀请厦门大学赴马来西亚开设分校。2013年10月3日至5日，中国国家主席习近平对马来西亚进行国事访问期间，厦门大学与马来西亚合作方签署在马来西亚设立海外分校的协议。中马双方还宣布，将依托厦大马来西亚分校，建设中国—东盟海洋学院。2014年7月3日，马来西亚总理纳吉布、中国教育部代表陈舜和厦门大学校长朱崇实等共同出席厦大马来西亚分校的奠基仪式。厦门大学马来西亚分校是中国第一所重点大学在海外设立并拥有独立校园的分校，具有十分重大的意义。它的成功设立，表明中国同马来西亚在教育领域的合作达到了一个新的高度，成为两国教育领域合作中新的里程碑。正如马来西亚产业机构副总裁潘荣德所说，“厦门大学海外办学不仅仅代表了马中两国的深厚情谊，也带动了两国在文化、教育等各个方面更深层次的交流”。[①] 从更深层次上的意义来说，厦门大学马来西亚分校的建立，表明中马两国将人文教育领域的合作落到实处，两国关系全面提升，合作领域不断拓展。这所分校承载中马合作培养东盟青年人才的梦想，它推动着中国与东盟之间的人文交流，也是中国面向东盟教育市场的试金石。

厦门大学马来西亚分校是第一所中国名校全资设立的、具有独立校园的

① 王然：《一带一路：让中马合作走向深入》，《鹭风报》2015年9月24—30日，第五版。

海外分校，占地150英亩，规划总建筑面积约47万平方米，总投资约13亿马币。分校第一期工程建筑面积26万平方米，共13栋大楼，投资约8亿马币，于2014年10月17日正式开工建设，目前一期工程已完成，二期工程正在建设。厦门大学马来西亚分校在马来西亚当地按私立大学注册、管理。厦门大学庄严承诺，分校将秉承陈嘉庚先生崇尚教育、无私奉献的精神，不以营利为目的，不带走一分钱，办学过程中若有结余，将全部用于分校的学术研究和学生奖学金。

2016年2月22日，厦大马来西亚分校首次举行开学仪式，迎来了首批203名新生，主要是来自马国华文独中的统考生。分校目前在校学生3300余人，预期2022年学生规模将达到5000人，最终学生规模将达1万人。分校生源将主要来自马来西亚、中国和其他国家（尤其是东盟各国），以营造多元的校园文化。分校毕业生将获颁厦门大学学位，受马来西亚政府和中国政府的双重认证，毕业生将拥有在两国就业或升学的机会。

2016年，厦门大学马来西亚分校首批设立信息科学与技术、海洋与环境、经济与管理、中国语言文化和医学五个学院，开设12个专业，包括医学（中医学），人文（汉语言文学、新闻），商科（会计、金融、国际商务），工科（新能源科学与工程、化学工程与工艺、海洋技术）和信息（电脑科学与技术、软件工程、数字媒体技术）。除中医学和汉语言文学专业采用中文教学外，其余专业均采用英语教学。学校的学制遵守当地惯例，汉语言文学、新闻、会计、金融、国际商务等五个专业学制为三年，中医为五年，其余为四年。除了中医学最后一年要回厦门医院实习，其余全部在马来西亚完成学习计划。

厦门大学马来西亚分校是中国高等教育“走出去”的一个新尝试，也是厦门大学国际化发展中的一个重要里程碑。厦门大学在与国外高校建立校际合作关系、国际化氛围营造等方面进行了积极有益的探索，而在国外建立分校更有力地从广度和深度上把厦门大学的国际化进程往前推进了一大步，既带来机遇，也充满挑战。厦门大学与东南亚各国在教育领域有着良好的合作关系，目前在校东盟国家学生531人，是厦门大学最活跃的留学生群体之一。厦大还于2013年、2016年分别举办“中国—马来西亚中学校长论坛”“中国—东盟中学校长论坛”。举办中学校长论坛为厦大与海内外重点中学的交流与合作搭建了宝贵的桥梁，对提高高校生源质量和人才培养质量，加强中国与马来西亚、中国与东盟之间的教育交流与合作具有重要的意义。

（二）两国文化交流更加频繁

21世纪以来，中马两国各类文化代表团、艺术表演团体经常互访演出，在文化艺术方面保持交流和合作。2011年，由中国国务院侨办派出的“文化中国·辛亥百年”艺术团在马来西亚多地进行演出，反响巨大。2013年2月，中马两国企业签署协议，合作创作《印象·马六甲》大型实景舞台剧，并将在马长期驻演。2014年，全新版大型原生态歌舞集《云南映象》在马来西亚吉隆坡国家大剧院举行访马首场演出，吸引众多马来西亚知名人士和民众前往观看。2014年10月6日，由中国—东盟中心组派的中国东方演艺集团访马首场演出在马来西亚吉隆坡国际会展中心演出大厅隆重举行。来自中国的演员们表演了既富于民族风格，又充满现代气息的歌舞、声乐及器乐节目，展示了博大精深的中国文化和艺术，引来观众阵阵掌声，取得了很好的效果。2015年10月8日，应马来西亚民族中兴基金会之邀举办的“文化丝路行——广东粤剧院访马交流”在吉隆坡八打灵再也市议会公民礼堂的首场演出，座无虚席，约800名观众观看了演出。

此外，中马两国经常举办主题多样的各类展览，为两国民众了解双方国情及友好关系发展历程提供了便利途径。2010年，中国国家汉办在吉隆坡举行汉语文化展，为马来西亚人民了解中国文化提供了直观的平台。2014年5月21日，马来西亚人民引颈盼望的中国的两只熊猫“凤仪”和“福娃”抵达马来西亚，履行10年租借期，另取名为“靓靓”和“兴兴”，受到马来西亚政府及广大民众的热烈欢迎，“熊猫效应”也在马来西亚造就游客人次和各种商机攀升。这是中国首次对马开展“熊猫外交”，大熊猫作为友好使者，进一步加深了中马两国人民友好感情。2014年7月3日，中国伊斯兰协会在马来西亚首都吉隆坡主办“中国—马来西亚伊斯兰文化交流会暨中国伊斯兰文化展”，① 首次向海外推介中国的伊斯兰文化。2014年12月7日，由中华鬼谷子文化发展委员会、马来西亚民族中兴基金会主办的“马中友谊，福泽万年”大型书画交流展会在马来西亚柔佛州新山市成功举办。2015年9月6日，由中国书画家协会、马来西亚穆斯林书画家协会和马来西亚水墨画协会联合举办的“一带一路民间文化交流‘父女情’书画联展”开幕式在吉隆坡香格里拉饭店举行。

---

① 此次活动的主题为“传承丝路情谊，共创美好未来”，在吉隆坡金马皇宫酒店举办了为期一周（7月3日至8日）的系列交流、讨论与展览活动。

两国在新闻媒体上的合作和交流也不断加深，为增强两国人民的相互了解，密切两国关系提供了广阔平台。2005年,《人民日报（海外版）》在马来西亚正式出版发行。[①] 2006年，马来西亚国家新闻社在北京设立分社，马来西亚《星报》在华设立办事处。2011年4月，中国新华通讯社与马来西亚银行在吉隆坡共同开通“新华08”网站马来西亚频道，为中国投资者了解马来西亚及东盟金融与市场信息提供了一个新平台。同年7月，中国中央电视台4套和9套节目在马来西亚落地。2012年8月，由新华社东盟编辑部和马来西亚世界华人媒体集团共同设立的新闻网站“新世华网”在马来西亚正式上线，这是中马两国媒体在新兴媒体领域合作的又一新尝试。

（三）两国民间团体展开进一步交往和合作

目前，在马来西亚活跃着大量的华人社团，主要包括马来西亚中华大会堂总会、马来西亚中华工商联合会、马来西亚华校董事联合会总会等。这些华人社团不仅已经在马来西亚社会中形成一股重要力量，更在推动中马各方面合作中起到重要作用。

在文教交流上，两国民间组织层次的合作成为官方文教合作的重要补充力量。2011 年11 月，由中国海外交流协会主办、马来西亚留华同学会承办的“走出去”华文师资培训班在吉隆坡、霹雳州、新山三个地方授课。同月，北京师范大学文学院派团赴马来西亚，对当地的独立中学、国民中学的200 多名华文教师进行培训，以提高华文教育的师资水平和增进华人对中华文化的认知。[②] 2014年5月，中马两国学者交流会在北京外国语大学举行。会议由曾荣获马政府颁发的“国际马来文斗士奖”的北京外国语大学马来文—中文研究中心主任吴宗玉教授主持，马来西亚首相拿督斯里纳吉也应邀赴会。这种民间学术交流切磋有助于促进马中友好关系，探讨如何深化国民和谐，是两国文化及教育界的重大盛事，意义深重。除了可创造更多在教育、文化甚至商业上合作的机会，也为两国情谊加分。[③]

---

① 《人民日报在马来西亚发行，马不担心中国思想渗透》，搜狐网，2005年1月21日，http://news.sohu.com/20050121/n224049094.shtml。

② 《中国海外交流协会邀北师大名师“送课”马来西亚》，2011年11月21日，http://www.gqb.gov.cn //news /2011 /1121/24841.shtml。

③ 《数百马来学者北京发表150篇论文，学术研会深化马中关系》,（马来西亚）南洋网，2014年5月20日，http://www.nanyang.com/node/622933。

二　中马文教交流中存在的问题

进入21世纪以来，中马关系发展迅速，双方在民间人文交流的多方面合作卓有成效。但不可否认的是，目前两国关系中还存在不和谐因素，影响着中马战略伙伴关系的进一步深入，需要在今后处理两国关系的过程中引起重视，使其得到妥善的解决。

（一）两国文化交流往来不平衡

21世纪以来，尽管中马两国在文化领域交往频繁，然而却依然面临着交往不平衡的情况。综合近几年来的各种报道和数据可以发现，中国前往马来西亚演出次数较多，比如由海外交流协会安排的“四海同春”文化团每年都会到马来西亚和世界各地区进行演出，广受好评。相比之下，马来西亚方面的演出团体甚少前往中国进行表演。马来西亚华总会长丹斯里方天兴在采访中表示，希望中国方面能邀请或安排引进马来西亚著名的文化艺术团体，如“世界狮王”或二十四节令鼓前来表演和交流，甚至授艺。文化与艺术的交流和推广应该是双向的，在中国文艺团体积极前往马来西亚展示中华民族灿烂文化的同时，马来西亚扬名海外的一些文化团体，也应该到海外，包括到中国进行交流演出，让它发扬光大。[①]

（二）马来西亚孔子学院的发展面临诸多问题

自2009年马来亚大学孔子学院建立以来，孔子学院在马来西亚发展起来，并取得了初步成效。但是，其发展并不如其他东南亚国家的孔子学院，特别是泰国孔子学院般如火如荼，甚至还存在着很多问题，例如内部管理结构简单、管理系统较混乱、宣传力度不够、师资流动性强、教材本土化程度低、学员多为在校学生、社会公众参与度不高、经费来源单一等。这些因素都制约着马来西亚孔子学院的发展，影响着中华文化在马来西亚的普及及两国民众的交流。

---

① 《方天兴盼中方邀请马狮王节令鼓赴华表演》，南洋网，2014年10月18日，http://www.nanyang.com/node/656475?tid=493。

三 “21世纪海上丝绸之路”与中马文教合作的发展趋势

2020年，中国将全面建成小康社会，实现第一个百年奋斗目标，又要乘势而上开启全面建设社会主义现代化国家新征程，向第二个百年目标进军；马来西亚也由第四任首相马哈迪提出了“2020年宏愿”，在经历了两次亚洲金融风暴后，马来西亚依然坚定迈向高收入国之路，双方国家继续发展合作是未来的方向。

（一）发展伊斯兰文化因素，促进中马人文交流

2014年，中国湖南卫视的歌唱节目《我是歌手》第二季邀请来自马来西亚的马来族女歌手茜拉（Shila Amzah）表演。茜拉黑色头巾、配猩红长袖长裙的穆斯林装扮，令不少中国观众眼前一亮，“茜拉为什么戴头巾？”更成为网民热议的话题，也体现海外穆斯林与中国穆斯林的社会差异。[①] 在中国国家主席习近平到访马来西亚期间，茜拉还被邀请佩戴她标志性的华丽头巾为习近平主席演出。流行音乐对转变马来西亚在中国的形象起到了重要作用。

2014年，由中国伊斯兰协会在吉隆坡主办的伊斯兰展览和交流，也促进了两国穆斯林的情谊，成为中国融入东南亚伊斯兰文明圈的窗口。东南亚地区有众多的穆斯林人口，而中国可通过与马来西亚共建两国伊斯兰经济带，对中国—东盟合作发挥积极的作用。当前实行“双园模式”的广西壮族自治区和马来西亚吉兰丹州皆有穆斯林人口。回族是广西的主要少数民族之一，而吉兰丹是奉行回教制的回教州，若联合开发清真产业的合作，可促进中马伊斯兰文化经济带建立。但是，因为吉兰丹地方政府为在野党执政，与中央缺乏配合以致政策推动力度低，其对华投资商涉足的兴趣有待提升。

（二）在“21世纪海上丝绸之路”愿景下的机遇与合作

中国与马来西亚都以2020年作为本国迈向发达国家行列的目标日期，这为两国开展双边合作带来了机遇。中马都意识到，需要区域的和平稳定来完成国家转型的目标。故此，中国的“21世纪海上丝绸之路”战略与马来西亚提出的“全球中庸运动”概念可协调促进区域在多元化环境下和平发展。

---

① 《茜拉的头巾与中国热议》,《亚洲周刊》2014年3月16日，第28卷第10期。

在合作建设“21世纪海上丝绸之路”的进程中，马来西亚有着至关重要的地位。中国驻马大使黄惠康表示，马来西亚地处东南亚中心位置，扼守马六甲海峡，连接海上东盟与陆上东盟，区位优势明显，是“21世纪海上丝绸之路”的重要沿线国家。同时，马来西亚作为新兴发展中国家以及东盟创始国与重要成员，其国内政局稳定、经济保持增势、社会生态平和，综合实力和竞争力在亚洲国家中位居前列，在东盟国家中具有重要影响力。[①] 马来西亚总理对华特使兼马中商务理事会主席黄家定也表示，马来西亚自古以来就是海上丝绸之路必经的战略要地。因此，中马在合作建设“21世纪海上丝绸之路”的空间巨大，马来西亚将成为中国推行“一带一路”战略中的重要合作伙伴。

既然中马两国人文交流给双方带来了实际的意义，且中马两国在未来继续保持友好双边关系是历史的必然趋势，那么接下来应该关注的，就是两国应该采取何种措施，推动中马双边关系的进一步发展。

在教育领域，首先应继续加强双边高校间的合作和交流，不断拓展合作的广度和深度，实现强强联合、优势互补和资源共享。在这个问题上，马来西亚可以借鉴中国和东盟他国高等教育合作中的经验，着力加强两国在学生的联合培养，共同开设国际化课程，实现教师队伍之间的跨校培训，共享科技资源，合作设立学术研究基地等项目上的合作。但也要注意区分中马两国在教育资源数量和质量上的区别，结合马来西亚自己的实际情况进行改进。另外，双方应继续通力合作，推动厦大马来西亚分校的顺利运营。其次，中马两国要协调配合，解决目前马来西亚孔子学院面临的诸多问题。具体来说，主要包括以下几点：重新组织孔子学院管理机构，细化具体部门，使各个部门在统筹下各司其职，协调一致；加大宣传力度，充分利用华人报刊和华人社团在马来西亚社会中的巨大影响力，加强与其合作，增加马来西亚孔子学院的知名度；在教学与师资上，尽量减少汉语教师的流动性，多利用马来西亚当地的汉语人才资源，并改进现有教材，使之更满足马来西亚人学习汉语的需求，并改变传统的课堂式授课模式，开发网络授课、软件授课等模式，吸引来自更多领域的马来西亚民众加入到学习汉语的队伍中。

中马两国的人文交流主要发生在华人社会与中国民间，马来社会与中国民间的交往相对很少，原因之一是马来民族主义成为绊脚石，之二是语言的限制

---

① 《欢迎马来西亚共建海上丝绸之路——访中国驻马来西亚大使黄惠康》，新华网，2015年1月28日，http://news.xinhuanet.com/world/2015-01/28/c_1114169216.htm。

使人民间交流的意愿低。同时，马来西亚穆斯林社会对中国的印象低落，作为压力集团的马来种族主义对中马外交仍有一定的影响力。尽管如此，在中央威权体制下，马来西亚国内政治集团以现实国家利益为主，全权主导外交决策，故而对中马关系还不至于有大的波澜。但未来，两国应该多注重中国民间与马来社会的交流，自此发展华裔连结的中马关系之外，还应发展民间交流连结的中马关系。

China-Malaysia cultural exchange and education cooperation in the context of 21st Century Maritime Silk Road

Li Yiping

Abstract Since the beginning of the 21st century, in order to safeguard its own national interest and regional stability, Malaysia's regional strategy is to maintain the balance among great powers and to strengthen the cooperation between great powers and the ASEAN members. Meanwhile, China believes that a stable neighborhood is an important condition for peaceful development. Therefore, in order to maintain and develop the overall interests of bilateral relations and peaceful development, The governments of China and Malaysia plan to strengthen their cultural exchanges in the context of 21st Century Maritime Silk Road, with an emphasis on mutual trust and communication as the important foundation for strengthening bilateral friendship. China and Malaysia are currently at the stage of economic and social transformation, which leave considerable room for both to promote mutually beneficial cooperation. While China and Malaysia used to focus on economic and trade relations, it is expected that in the future, the two countries will promote cultural exchanges and political cooperation, thereby shaping a shared future of cooperation at all levels including in politics, economics and culture.

Key words 21st Century Maritime Silk Road; China; Malaysia; Cultural Exchange; China-Malaysia Relations

Author Li Yiping, Professor and Dean of Center for Southeast Asian Studies of Xiamen University.

周边经济合作

从投资视角看中国—东盟经济一体化

［马来西亚］张　森　黄子坚

【内容提要】在国内和区域市场以及贸易协定的相互推动下，东盟与中国的经济一体化正不断加强。尽管区域贸易协定已极大推进了中国跨国企业在东盟地区的参与，但一个重要问题是，东南亚国家的中小企业是否愿意参与并从这一区域经济一体化中受益。本文主要考察了中国跨国企业在东盟与当地中小企业的互动。通过对奇瑞汽车的案例研究，本文发现，虽然中国跨国企业的业务受国家“走出去”战略与优惠的区域贸易协定的影响较大，但东道国的国家政策对外国企业的进入也有重要影响。奇瑞在马来西亚的经验显示，中国跨国企业在当地的联系与溢出效应有限，因为大多数企业都极大依赖于其当地伙伴企业的贸易网络。本文认为，奇瑞需调整其区域战略，使其在国际价值链中占据更重要的地位，以促进企业的发展和国际竞争力

【关键词】跨国企业　中小企业　地区经济一体化　中国—东盟关系

【作者简介】张森，马来亚大学中国研究所博士；黄子坚（Danny Wong Tze Ken），马来亚大学中国研究所主任、教授。

引　言

中国经济的崛起已经对世界造成了根本性的影响。随着市场化改革，中国的经济影响力已经非常深远。中国企业最初是以生产者的身份被纳入全球产业

网络的，而在2000年以后，中国的跨国企业（MNC）[①] 开始逐步主导区域及全球产业网络的建立。[②] 在很大程度上，中国经济增长的奇迹是由其1978年开始的经济改革和2001年加入世界贸易组织所激发的。但在由美国经济动荡所诱发的全球金融危机后中国经济的放缓，促使中国政府不再仅仅依赖对国内基础设施的投资，而是更加鼓励国内企业向海外投资。在21世纪之初提出“走出去”战略后，中国的跨国企业开始在海外市场寻求机遇。在2007—2008年金融危机前，中国企业已经收购了美国IBM公司的电脑分部；经济危机后中国企业的并购进一步激增，原属瑞典的沃尔沃公司也在经济危机期间被中国企业收购。同时，中国的对外投资路径也在发生变化，其重心从原先集中于资本及资源密集型产业（包括资源采集与基础设施），逐步向市场拓展及技术密集型产业（尤其是交通和通信设备制造业）转移。

尽管中国企业也在非洲及中亚市场拓展业务，但中国的对外直接投资主要集中在东盟地区。2015年，东盟的总人口达到6亿人，是世界经济增长的重要引擎。东盟经济总量达到24600亿美元，其基础设施良好，政治稳定，经济环境友好，从而吸引了全球跨国企业的入驻。在2015年中国—东盟自由贸易协定签订及东盟经济共同体建立后，中国与东盟的跨境投资流动得到了进一步的发展。

在中国—东盟经济关系逐渐密切的背景下，许多学者及政策制定者聚焦于理解中国在马来西亚的投资动机以及这些投资对东道国经济的影响。许多文献详细研究了双边贸易协定与投资行为（包括跨国公司作为跨境经济交换及活动机制的重要性），但对中国对外投资的动机及其影响的研究较为有限。其中的大部分研究关注如何对外溢效应进行估算，但所使用的量化方式并不准确，也缺乏对其实际外部影响的重视。部分研究关注了对外投资、海外并购等行为，但仅立足于宏观经济层面。[③] 一些中国跨国公司的境外投资为理解新兴经济体

① 跨国企业（multinational corporation）在本文中被定义为在两个以上国家开展商业行动的的商业组织。

② Zhang M., R. Rasiah, “Globalization, industrialization and labour markets in China,” *Journal of the Asia Pacific Economy*, 2015, 20(1): 14-41; R. Rasiah, Zhang M. & Kong X.X., “Can China’s Miraculous Growth Continue?” *Journal of Contemporary Asia*, 2013, 43(2): 295-313.

③ S. Athreye, Sandeep Kapur, *The internationalization of Chinese and Indian Firms: Trends, Motivations and Strategy*, Working Paper, Birkbeck College, University of London, London, UK, 2009; Gu L., Reed W. R., “Chinese Overseas M &A Performance and the Go Global Policy,” *Economics of Transition*, 2012, 21(1):157-192.

的投资动机提供了详细的案例，[①] 但要建立合理与连贯的解释仍需要更多的案例。随着中国企业在2000年后扩展了其在东盟国家的业务，这类以中国在东盟国家投资为对象的研究将带来新的视角。

有鉴于此，本文旨在展开一个关于中国汽车制造商奇瑞公司的案例研究。本文的目标是总结吸引奇瑞进入马来西亚的主要因素及该公司至今对东道国带来的经济影响。借此，本文希望丰富对中国企业境外活动动机与影响的案例研究。为了实现这两项研究目标，本文的分析框架关注机制层面的因素，包括：1.鼓励中国对区域内国家进行直接投资的国内立法；2.区域贸易协定的影响。通过对奇瑞详细的案例研究，希望进一步理解中国跨国公司如何利用东盟地区兴起的机遇，以及如何应对相关挑战。具体的研究框架方面，本文首先在第二和第三部分讨论研究所使用的理论与方法，第四部分评估中国—东盟贸易与投资发展的机制因素，第五部分分析在奇瑞迁往马来西亚过程中这两大因素的影响，第六部分为结论。

一　理论研究

本节试图详细阐明关键概念，总结主要理论，并建立分析路径，以对在东盟的中国跨国企业进行实证研究。为此，我们聚焦于制造行业的中国跨国企业。Rasiah，Gemmeltoft 和 Yang（2010）已经证明，资源采集类商业活动的动机往往不能以传统理论解释。在印度尼西亚签约的澳大利亚金矿公司（Irian Jaya）、在刚果获得铜矿合同的美国公司（Katanga）以及在苏丹和安哥拉进行石油开采的中国石油公司等，通过对东道国政府的特殊承诺进入政治高危、基建落后的国家。与这些资本高度密集型矿业企业可在不造成与当地居民问题的情况下开展业务不同，在小国开展业务的制造业企业则需要东道国具有稳定的政治、熟练劳动力及成熟的基础设施建设。

由于东盟地区的工业集中与广阔地区市场机遇密切相关，两类理论被直接或间接用于解释企业融入地区生产网络对其加入全球价值链的作用。关于工业企业为何迁往海外的最重要解释来自 Hymer（1975）在当时看来较为激进的理论，他背离主流经济学观点，指出公司成为跨国企业以利用规模优势、市场优

① Rasiah R., Gammeltoft P. & Jiang Y., "Home Government Policies and Outward Foreign Direct Investment from Emerging Economies: Lessons from Asia," *International Journal of Emerging Markets*, 2010, 5(3).

势及东道国补助。这一观点被Dunning（1975）所扩展，他详细地分析了生产内部化决定对所有权、区位、内部化等要素的所有可能影响。[①] 他将这些概念归结为著名的跨国企业选择理论，论述了所有权优势、区位优势及内部化优势等。其中内部化优势是指企业试图保持在内部的稀缺或秘密要素，如知识产权或管理技能等。尽管此后部分文献对这些问题的讨论涉及了跨国企业对东道国的影响，但仅有少数研究从东道国视角解释了企业的迁移过程，指出一些东道国策略性地吸引跨国公司的进入。[②]

"新马克思主义"理论认为，对外投资的目的是维持资产价值，即通过扩展，剥削网络分配劳动力的绝对剩余价值。[③] 这类资本流动所导致的往往是东道国（边缘国家）的发展不足或有限发展。非洲的最不发达国家常常被认为是对外直接投资导致国家无法发展的有力证据。[④] Lall（2001）采取与马克思主义不同的分析方法，但得出了同样的结论。他认为，东道国可以通过发展国内能力，分配外资进入带来的收益。[⑤]

国际生产碎片化被认为是生产与公平市场交易的分离，或是借助跨国劳动实现这种分离的主要渠道。[⑥] 实证证据显示，外包及跨国业务为发展中国家加入全球生产共享提供了良好机遇。[⑦] Rasaih（1993）进一步论证了这一观点，指出加入全球价值链使发展中国家企业提高了技术能力和国际竞争力。[⑧]

尽管生产网络升级与分工的状况决定了技术升级的空间，东道国及母国的市场或非市场机制对国际生产网络的产生与扩展也至关重要。成熟及协调的机制通过促进知识共享及交流，可以促进跨境产业组织的共同发展。市场、政府政策、财政优惠、贸易措施等共同刺激了企业的发展。融入全球市场与价值网

---

① J.H. Dunning, *Economic Analysis and the Multinational Enterprise*, New York: Praeger, 1975.

② 例如R. Rasiah, "Technological Capabilities in East and Southeast Asian Electronics Firms: Does Network Strength Matter?" *Oxford Development Studies*, 2004, 32(3): 433-454.

③ I. Wallerstein, "Dependence in an Interdependent World: The Limited Possibilities of Transformation within the Capitalist World Economy," *African Studies Review*, 1974, 17(1): 1-26.

④ W. Rodney, *How Europe Underdeveloped Africa*, Howard University Press, 1981.

⑤ 参照S. Lall, *Competitiveness, Technology and Skills*, Cheltenham: Edward Elgar, 2001.

⑥ G. Gereffi, "The Transformation of the North American Apparel Industry: Is NAFTA a Curse or a Blessing?" *Integration and Trade*, 2000, 4(11): 47-95.

⑦ M. Ando, F. Kimura, "The Formation of International Production and Distribution Networks in East Asia, in International Trade in East Asia," NBER-East Asia Seminar on Economics, 2005, 14:177-216, National Bureau of Economic Research, Inc.

⑧ 详见R. Rasiah, "Competition and Governance: Work in Malaysia's Textile and Garment Industries," *Journal of Contemporary Asia*, 1993, 23(1):3-23.

络为企业提供了学习、改变与创新所需的规模、空间和竞争环境，使技术与生产力发展在整个经济体系中扩散。[①] 现已证明，投资与竞争条款是优惠贸易协定中促进零配件贸易及国际增值在总体出口中增长的关键要素。[②]

图1展示了本研究所运用的分析框架。影响跨国公司向海外迁移的经济环境由母国及东道国的机制所决定，其中政府是关键行为体。本文中，母国机制的支持被定义为基本联系与高科技基础设施，以及为贸易和境外投资提供持续连贯的政策，以促进企业加入国际生产网络。东道国政策环境需要确保不仅帮助本土企业发展，同时最终促进本国整体经济竞争力的提升。[③] 因此，不同国家和地区经济机构的顺利合作，需要对它们进行持续的评估与调整。清晰的调整与不对称权力对双方机构的有效兼容同样重要。管理机构对经济行为的协调机制，对企业与其生产伙伴的关系有直接的影响。在本文中，我们将着重研究跨国企业与中小企业在以下方面的互动：1.市场准入与关系共享；2.技术外溢；3.人力资源开发。由于奇瑞在2008年刚刚进入马来西亚，分析其对东道国的意义与影响为时尚早。本研究因此着重评估影响奇瑞将关联业务迁入马来西亚的因素。

图1：分析框架

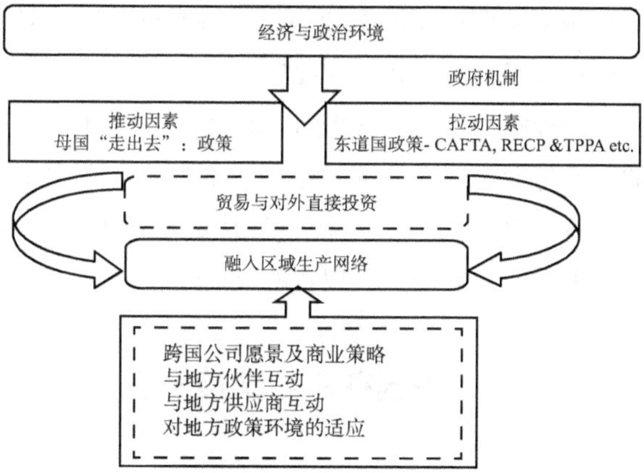

① R. Rasiah, “Electronics in Malaysia: Export Expansion but Slow Technical Change,” Vandana Chandra, eds., *The How and the Why of Technology Development in Developing Economies*, Washington D.C.: World Bank, 2006, pp.127-162.

② A. Osnago, N. Rocha & M. Ruta, “Deep Agreements and Global Value Chains,” in Global Value Chain Development Report 2016 Background Paper, Beijing, 17-18 March 2016.

③ M.C. Casson, *The Organization of International Business*, Cheltenham: Edward Elgar, 1995.

二　研究方法

本文采用综合研究方法，在描述及定量分析之外，通过访谈、政府档案以及企业计划等二手资料获取定性分析证据。通过结合定量与定性的方法，分析两者的优势，可以实现较采用单一方法更具深度的分析和结果，以加强研究的可信度。

案例研究是本文主要的定性研究方法，这一方法详细分析了企业参与区域生产网络所面临的机遇与困难。现实的机遇与挑战需要具体情况具体分析，难以通过定量数据的分析进行概括和反映。通过对具体政策环境典型案例的详细分析，有助于区分企业选择与特定社会现象之间的关系。只有通过具体机制框架对机制内行为体的行为进行分析，这一机制分析才是有效和可信的。

在通过访谈、观察与官方文件获取定量信息的同时，政府报告及现有数据库可以提供可靠的定量数据。具体而言，贸易数据来自双边贸易数据库、东盟国家及中国的年度统计报告。投资数据分析基于“中国全球投资追踪”（China’s Global Investment Tracker）。在中国2005—2014年的598项大宗国际投资项目[①]中，66项有关东盟国家的项目被列入了分析。虽然也包括一些地方伙伴，但所有项目都由中国的跨国企业控股（持有50%以上股权），因此，这一数据可以作为反映跨国企业在区域内投资的指标。

在对中国—东盟投资进行一般分析后，本文针对中国的汽车制造商奇瑞公司在马来西亚的情况进行了深入分析。除去其在地区内扩展的国际影响外，随着沿海城市工资水平的迅速提升，中国经济从劳动密集型向高附加值产品转型，也使奇瑞在马来西亚的业务具有现实的重要性。

三　中国在东盟直接投资

（一）地区情况

中国在东南亚地区的利益不仅限于贸易。近年来，中国在区域内的直接投资激增，这既可以利用其庞大的外汇储备，又能够缓解国内的产能过剩。由于

① 大宗国际投资项目是指投资超过1亿美元的项目。

大多数中国跨国公司具有国有企业背景，这些公司的海外投资可以获得来自国家银行的低息贷款。此外，中国的企业储蓄率居世界榜首，也促进了中国企业的境外投资。[①] 尽管中国对东盟的投资规模有限，[②] 但在过去的几年中仍稳定增长。中国对东盟直接投资从2005年的1.57亿美元增至2013年的72.67亿美元，以61%的年均增速增长（表1）；资本流入的增加使直接投资存量从2005年的12亿美元增长为2013年的350亿美元，达到年均51%的增长率。

表1：2005—2013年中国对外直接投资（单位：百万美元）

国家 / 地区	2005	2006	2007	2008	2009	2010	2011	2012	2013	年均增长率
文莱	0.02	—	1.18	1.82	5.81	16.53	20.11	0.99	8.52	113.15%
柬埔寨	5.15	9.81	64.45	204.64	215.83	466.51	566.02	559.66	499.33	77.14%
印度尼西亚	11.84	56.94	99.09	173.98	226.09	201.31	592.19	1361.29	1563.38	84.11%
老挝	20.58	48.04	154.35	87	203.24	313.55	458.52	808.82	781.48	57.56%
马来西亚	56.72	7.51	-32.82	34.43	53.78	163.54	95.13	199.04	616.38	34.75%
缅甸	11.54	12.64	92.31	232.53	376.7	875.61	217.82	748.96	475.33	59.17%
菲律宾	4.51	9.3	4.5	33.69	40.24	244.09	267.19	74.9	54.4	36.51%
新加坡	20.33	132.15	397.73	1550.95	1414.25	1118.50	3268.96	1518.75	2032.67	77.82%
泰国	4.77	15.84	76.41	45.47	49.77	699.87	230.11	478.6	755.19	88.34%
越南	20.77	43.52	110.88	119.84	112.39	305.13	189.19	349.43	480.5	48.09%
东盟	157.71	335.75	968.08	2484.35	2698.10	4404.64	5905.24	6100.44	7267.18	61.41%

数据来源：中国对外直接投资统计公报（2013年）

在所有东盟成员国中，新加坡是中国境外投资最热门的目的地。2005—2008年，新加坡吸收中国投资占东盟吸收中国投资的比重从25%增长至51%。尽管在2013年这一比率跌至41%，但仍大幅领先于域内其他国家，成为2005—2013年间吸收中国投资最多的东盟国家（图2）。印尼吸收中国投资所占比重保持稳定，在这一时期内平均占比11%。马来西亚对中国投资者的吸引力下跌，从2005年的15%跌至2013年的4%。而缅甸在2005年最低的2%后，

① 例如R. Morck, B. Yeung & Zhao M.Y., “Perspectives on China’s Outward Foreign Direct Investment,” *Journal of International Business Studies*, 2008, 39(3):337-350.

② 与其他主要投资者相比，中国在东盟的投资仍相当落后。2014年，中国在东盟投资总额为886.9亿美元，与其他领跑的域内投资者仍有很大差距。例如，对东盟投资总额欧盟为2926.8亿美元，日本为1338.1亿美元，美国为1304.2亿美元。

逐渐增长为2013年的13%，其年增长率达到可观的10%。

图2：2005—2013年中国对东盟各国直接投资存量（单位：百万美元）

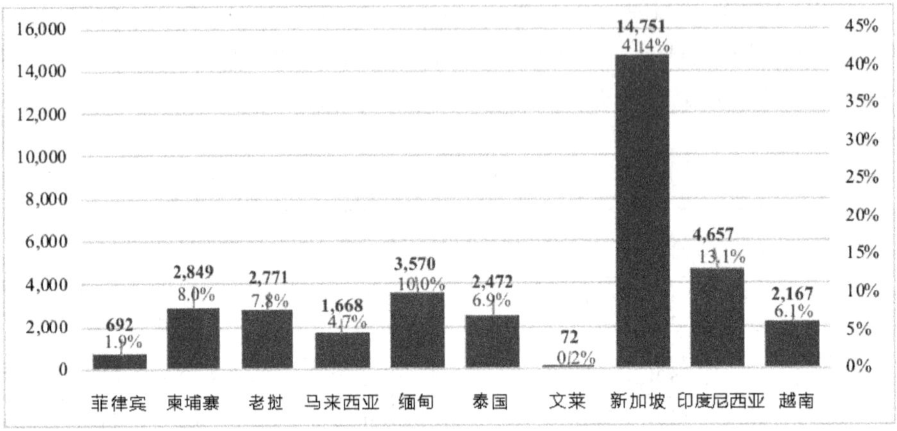

数据来源：中国对外直接投资统计公报（2013年）

各国间的巨大差异意味着对地区巨头与其他国家要有所区分地进行分析。新加坡与印尼仍是中国投资最主要的目的地，在2013年吸引了中国在东盟投资总额的49%。文莱经济规模较小，尽管在此期间接受的中国投资获得了113%的增长率，但在2013年总量仍仅有850万美元。总体而言，中国向东盟直接投资迅速增长，所有成员国在2005—2013年间都达到了两位数的年增长率。

与吸收外资相比，中国对外投资的增长才刚刚开始。中国国内的欠发达省市吸收了部分的资本。“西部大开发”“中部崛起”等国家战略使投资中国中西部相较于投资东盟地区更具吸引力。尽管中国的跨国企业已经开始进入东盟市场，中国也正从外资接收者转变为投资者，但要成为像美国、日本那样的国际资本提供者仍有待时日。同时，中国各省之间对外投资的分布也存在巨大差异。东部富裕的沿海省市相较中西部地区的投资总量更大。国内经济的不均衡使中国与东盟的经济合作充满挑战，地方政策在境外投资方面的差异也趋于明显。中国东部与中西部及东盟国家之间在经济结构、经济社会发展水平等方面存在差异，这需要在政策制定上给予重视，通过谨慎的政策设计，尊重地区特点以应对不同需求。

（二）产业分布

本节基于对中国在东盟的70个大宗项目进行研究。70个项目的总投资额达405.7亿美元，占中国在东南亚直接投资总额（448.69亿美元，截至2014年）的90.4%。70个项目投资都来自中国的跨国企业，也证明跨国企业投资对东盟的重要性。在对70项投资按照产业部门进行分类后可以看出，中国的跨国企业投资主要集中于能源与矿业相关产业，这两个部门的投资占2005—2014年间投资总额的2/3。在东盟的情况与对其他经济体的研究文献情况基本相符。① 东盟的铁矿与石油等自然资源储备充分。一般认为，对自然资源与能源的投资有助于对冲商品价格的增长，但大规模的资源投资也可能造成部分发达国家的焦虑。在能源（占32.3%）和金属（31.8%）产业之后（表2），房地产业对中国投资者的吸引力较为突出，成为2014年中国企业在东盟的第三大投资产业（83.7亿）。排在第四位的是交通装备制造业，这一行业获得31.3亿美元投资，占2014年总投资额的7.7%。总体而言，除房地产业外，中国跨国企业在东盟的投资显然倾向于重工业。

表2：中国在东盟投资的产业分布情况*（截至2014年，单位：百万美元）

产业部门	价值	占比
能源	13120	32.34%
基础金属生产	12910	31.82%
房地产	8370	20.63%
交通部门 **	3130	7.72%
科技产品与服务	990	2.44%
金融	530	1.31%
其他	1520	3.75%
总额	40570	100%

数据来源："中国全球投资跟踪"（2014年）
注：*仅包括价值超过1亿美元的项目
**包括飞机与船运

截至2014年，中国对制造业的投资总额达144.6亿美元，占东盟投资总额的35.6%（表3）。制造业投资主要集中于中国拥有比较优势的产业，如金属、

① I. Kolstad, A.Wiig, "What determines Chinese outward FDI?" CMI Working Paper, WP, Chr. Michelsen Institute, 2009.

交通装备制造等。在所有生产活动中，金属加工业占据了中国对东盟制造业投资总额的绝对多数（88%）。排在金属加工业之后的交通工具制造业投资约占整个制造业投资的5.7%。总的来看，中国在东盟的制造业投资以钢、铜等重工业产品为主，截至2014年，轻工业产品仅占投资总额的5%。

表3：2005—2014年中国对东盟制造业累计投资（单位：百万美元）

产业部门	价值	占百分比
金属	12910	89.28%
交通工具 *	820	5.67%
服装	420	3%
纸制品	200	1.38%
化学与化工产品	110	0.76%
总额	14460	100%

数据来源：中国全球投资跟踪（2014年）
注：* 包括飞机与船运

值得注意的是，对服装与纸制品行业的投资数额较低，可能是由于目前数据库并未统计小规模投资。由于轻工业不是金属及能源等行业那样的资本密集型产业，样本对轻工业产品生产的反映是有限的。尽管存在这样的问题，对70项大额投资项目的分析为研究中国跨国企业在东盟的投资提供了重要的参考，因为大多数跨国企业的巨大资本实力使其投资规模往往较大。

在中国投资东盟的跨国企业中，超过半数（53%）的企业有当地合作伙伴。由于中国的跨国企业在开拓市场时需要面对理解不同政策、消费习惯与社会文化背景等挑战，这些企业倾向于同当地伙伴合作，以克服当地文化及市场情况等方面的困难。虽然合资仍是重要的方式之一，也有一些企业选择在海外建立独资实体，中国的跨国企业开始更多地通过并购发展当地业务，以利于更快地获得供应网络与本地市场。寻求当地伙伴的战略有助于跨国企业迅速适应当地环境，不仅可以建立同当地政府及媒体的良好关系，也能迅速进入当地社区。其中，与东道国中小企业的合作为联系本地购买者与供应商提供了可行的路径。由于宏观经济数据的分析难以体现中国跨国企业与东盟国家地方中小企业的关系，本文将在下一部分通过案例研究说明这种合作的情况。

四　中国—东盟经济一体化的政策支持

尽管获取自然资源（尤其是石油和天然气）极大地推动了中国鼓励国内公司向海外投资的行为，但寻找市场方面的动机也变得越来越重要。中国企业产能提升，不仅需要在国内市场销售产品，也需要寻求能够向他国市场出口的优惠贸易协定。尽管对外投资主要是由跨国公司推动的，但政策机制的变化对国有和私营企业的资金流动起到了加速的作用。中国自1978年以来一直持续的改革逐渐将政府的职能从中央控制指挥转变为社会调整以及对市场经济下私有企业的发展提供管理。因此，中国政府的政策重点是建立鼓励性机制，包括提供优惠政策、中层机构，以促进市场工具的发展并平衡其负面影响。本节探讨的政策环境包括影响中国跨国企业参与东盟生产网络的国家政策倡议和区域贸易协定，还将探讨中层机构在促进中国跨国企业与东盟国家企业合作方面所发挥的作用。

（一）中国的全球倡议："走出去"战略

在1978年成为国外直接投资的接收国后，中国政府选择通过鼓励国内企业全球发展与海外投资来平衡外资的进入与流出。由于进行海外投资的跨国企业基本全都是国有企业，这些企业成为扩展国际业务的先锋。随着政府的政策导向不再依赖巨大贸易顺差与资金流入，中国正逐渐积极采取"投资外交"以促进"走向全球"。前中国国家主席江泽民在2001年的中共十六大上提出，"走出去"战略的目标是让一批具有竞争力的中国跨国企业和品牌进入国际舞台。这一政策在随后的"十一五计划（2006—2010）"中被确立为国家战略。除去国内价格的动因外，"走出去"战略也旨在引导剩余资本从房地产及股市等投资中流出，并减轻不断提高的人民币升值压力。

目前，"走出去"战略正处于重要升级之中。这一战略从最初的简单概念，扩展为复杂的政策体系，其由一系列优惠措施构成，以鼓励中国企业走出去。"走出去"政策体系的目的是：1.简化程序；2.放松外汇管控；3.提供税收与金融支持；4.提高政府公共服务能力（表4）。"走出去"战略已经采取了一系列措施对直接投资管理进行简政放权并提高执行能力，而政策重点正逐渐从纯粹提供激励措施向降低风险转变。

表4：中国“走出去”战略的政策支持框架

目标		时间	政府部门	法律法规	鼓励与措施
简化程序		2004 年 7 月	国家发改委、商务部与地方政府	《关于投资体制改革的决定》	将旧的海外投资审批系统彻底变更为注册系统
		2009 年 3 月	商务部	《境外投资管理办法》	降低境外新投资项目的行政门槛，简化注册程序
		2002 年 3 月	公安部、外交部与商务部	《办理劳务人员出国手续的办法》	进一步标准化并简化劳务人员出国审批程序
放松资本管制		2004—2006 年	国家外汇管理局	《关于跨国公司非贸易售付汇管理有关问题的通知》	允许国内企业自留外汇及以商业贷款形式按揭给境外跨国企业，废止（1）对外汇来源的审查；（2）购买外国货币的数额限制
税收及金融政策支持	特殊政府拨款	2007 年	商务部、财政部、中国人民银行	《关于鼓励支持和引导非公有制企业对外投资合作的若干意见》	为具有海外生产贸易业务的非公有制企业及中小企业的海外商业发展提供（1）特殊折扣利率；（2）特殊拨款
	产业投资拨款	1998 年起	国家开发银行	参与发展通过私营实体募集的中国—东盟中小企业投资基金	
	信贷支持	2004 年 10 月及 2005 年	国家发改委、中国进出口银行	《关于对国家鼓励的境外投资重点项目给予信贷支持的通知》等三条	建立年度境外投资特殊贷款，对贷款者提供折扣利率
	信贷支持	2005 年 8 月	国家发改委、中国进出口银行	《关于对国家鼓励的境外投资重点项目给予信贷支持的通知》等三条	放宽海资本募集金融保证的政策管控
	保险支持	2001 年	国务院	建立中国出口信用保险公司	
		2016 年	商务部	《关于通过出口信用保险的特殊优惠措施支持中小外贸企业提升国际化经营能力的通知》	
改善公共服务	市场信息提供		商务部	定期发布为企业提供参考的投资报告，如《国别贸易与投资环境报告》等	
	人才培养与培训		商务部	组织中小企业领导的在职培训（主要通过科研单位及大学进行）	
	保护海外安全与利益		商务部	建立双边贸易委员会规划中国海外投资，通过签署自贸协定及政府间协定促进贸易与投资，建立突发事件应急方案	

数据来源：作者整理

“走出去”战略以出口中国设备及高附加值商品和服务为导向。出口高速铁路和汽车这样的高附加值产品，有助于提升中国的海外形象，展示最新竞争力。为实现这些目标，中国需要其跨国公司提升策略性、竞争力和效率。无论如何，中国的投资与产品都正在获得越来越大的国际影响力，这使得把握与利用这一机遇变得至关重要。

（二）区域贸易协定

1. 区域贸易协定的演进——法律保护

随着中国—东盟全面经济合作框架协议（ACFTA）于2002年12月4日在金边签订，中国与东盟的经济联系得到了进一步的发展。中国—东盟双边贸易所面临的政策环境的特点是各方签订了一系列优惠性协定。中国—东盟自由贸易区的人口规模是世界上最大的，其名义GDP总量居世界第三位，各成员国可享受由相较WTO更为优惠的贸易与投资待遇所带来的贸易利益。与“走出去”战略从简单概念发展而来相似，ACFTA也是通过整合多个区域贸易协定发展而来的，这一复合政策框架包括（1）逐步消除关税与非关税壁垒；（2）逐步开放服务与投资贸易；（3）加强贸易促进措施；（4）在共同利益领域开展经济合作。管理ACFTA的法律体系的建立可以被概括为三个阶段：

第一阶段（2002—2010年）：初步实现关税减让。这一阶段自2002年11月签订框架协议开始，至2010年1月，93%的中国产品进入东盟市场享受零关税。

第二阶段（2011—2015年）：全面实现ACFTA，以中国与柬、老、缅、越各国间绝大多数的贸易产品实现零关税为标志，并进一步开放区域内的服务与投资贸易市场。

第三阶段（2016年以后）：深化ACFTA，促进综合合作，全面实施承诺的优惠政策。

作为中国的首个自由贸易协定，ACFTA框架从五大法律支柱（表5）持续发展至今。值得注意的是，除五项支柱文件外，ACFTA法律体系的完整建立是通过在特定领域的法律文件实现的，例如《农业合作谅解备忘录》。中国—东盟双方同意加强在包括通信、人力资源、泛湄公河三角洲跨境开发等更宽领域内的合作。由于ACFTA的政策体系是一个包括区域协定及双边协定在内的复杂政策网络，我们对政策的详细讨论必须聚焦对主要政策框架的考察。

表 5：ACFTA 法律框架（2002—2009 年）

编号	时间	文件	功能与内容
1	2002 年 11 月	中国—东盟全面经济合作框架协议	正式启动 ACFTA； 定义合作范围，包括货物与服务贸易，投资与经济合作
2	2004 年 11 月	中国—东盟自由贸易区货物贸易协议	对一般产品与敏感产品的不同关税减让政策； 加强 700 种产品的关税减让额度，至 2010 年，除敏感产品外所有产品实现零关税； 原产地规则：根据附加价值原则计算（如果原产地附加价值 ≤40%）；原产地证书格式（表 E）与 WTO 格式不同
3	2004 年 11 月	中国—东盟争端解决机制协议	基于 WTO 原则及 ACFTA 特殊性设计； 通过谈判、调停、调解及仲裁解决争端
4	2007 年 1 月	中国—东盟自贸区服务贸易协议	中国允许东盟国家独营企业进入五大领域：建设、环境保护、交通、体育广告服务； 东盟国家各自采取了不同的优惠政策，但都相较于 WTO 政策进一步降低了中国的市场准入门槛，鼓励中国开展与东盟合作
5	2009 年 8 月	中国—东盟自贸区投资协定	ACFTA 法律体系完善； 定义包括国民待遇和最惠国待遇在内的 27 条重要条款； 强调了建立新的投资平台的制度保障； 确保 ACFTA 按时完成，并促进危机后的经济复苏

资料来源：作者整理

东盟囊括了马来西亚、新加坡、菲律宾和泰国等“亚洲四小虎”，以及文莱、柬埔寨、老挝、缅甸等更小的区域行为体。中国与东盟的自贸协定改变了双方制造业发展的格局。许多中国分析者关注中国劳动力成本的提高，并注意到了工资增长带给中国企业的困难。与东盟的协定提供了一个替代方案，允许中国企业将制造业迁移到亚洲其他地区，以享受更低的成本，同时仍能通过自贸协定允许的免税进口参与国内市场上的竞争。

在 ACFTA 的条款中，减税对中国意义重大，因为这一协定包括了正逐渐替代中国成为低端制造业目的地的越南。目前，越南的工资被普遍认为是中国南方的三分之一，许多最终销售到中国市场的产品生产正转到越南。对许多生产者而言，了解何种产品可以在中国以外以更低成本生产，并最终免税地进入中国，是关乎战略与经济的大事。

ACFTA 的法律体系是多边的。除了主要的区域性协定之外，双边协定也为满足特定国家在特定领域的需求提供了空间。例如，中国与越南的农业合作通过2013年4月22日达成的《农业合作谅解备忘录》得到了提升。此外，在ACFTA原则的框定下，中国与新加坡在2008年签订自由贸易协定，对包括贸易救济、原产地规则、争端解决与海关程序等在内的不同贸易问题提出了优惠性政策。随着中国—新加坡自贸协定的生效，新加坡在2009年1月取消了对中国产品的关税，中国则承诺降低新加坡97.1%产品的关税。

与此相似，中国在经济改革后的财政分权使地方政府在与东盟及其成员国积极达成协议方面拥有了裁量权和动力。这对包括云南、广西和贵州在内的西南省份来说尤为重要，这些省份都非常积极地与东盟建立贸易与文化关系。一些西南省份与湄公河流域的东盟国家接壤，它们具有强烈的愿望发展地方与中层组织以深化与东盟的关系。一些大学和学术机构如中国—东盟中心、广西大学中国—东盟研究院，以及包括中国—东盟博览会在内的商业合作机制在这三个省份兴办，以帮助加强中国与东南亚国家的联系。

随着进一步向那些"新东盟"成员国开放，ACFTA的法律文件也在进行调整。国际法律环境及经济环境的复杂性意味着企业需要仔细研究法律规定修正的最新进展，以利用最优惠的政策拓展东盟市场。因此，中国政府应当继续努力加强机制建设，以促进中国企业更好地了解市场信息。

2. 通过ACFTA联通世界

随着东盟加入区域全面经济伙伴关系（RCEP，即东盟+6），中国的贸易能力与投资环境进一步升级。RCEP在2012年11月于柬埔寨举行的东盟峰会上被正式提出，旨在进一步促进东盟与中国、日本、韩国、印度、澳大利亚与新西兰等重要区域行为体相融合。中国加入RCEP不仅帮助中国企业显著扩大了在东盟国家的潜在市场，也使它们通过优惠性政策与关税减让与更广阔的全球市场相连。更重要的是，新加坡、文莱、马来西亚和越南可能加入跨太平洋伙伴关系协定（TPP），这将为中国在区域内的跨国企业提供对接加拿大、墨西哥等国家的潜在机遇，并使东盟的投资环境更具吸引力（图3）。事实上，中国企业一般认为，ACFTA在中国目前所签署的6个自贸协定中是最为重要的。[①]

---

① Zhang Y.L., Shen M.H. & Liu D.W., "Impact of FTA on Business Activities: a Survey on Firms in the People's Republic of China," *Journal of Contemporary Asia-Pacific Studies*, 2010, 1:6-27.

图3：东盟自贸协定网络

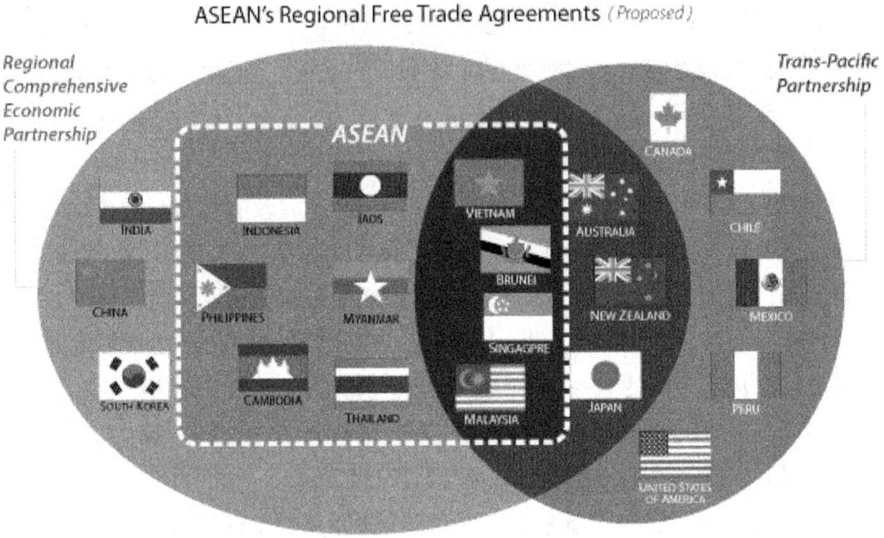

3. 对汽车制造业的影响

作为一种极具附加值和科技含量的产业，汽车产品要想进入东盟市场，就需要面对高关税的问题。汽车被东盟列为敏感产品，一定程度上这限制了ACFTA对在国际市场上促进资源流动的正面影响。因此，中国的跨国企业需要面对东盟对汽车进口的严格限制。截至2010年，东盟整车进口的关税仍高达28%，汽车部件与底盘的关税达15%。由于敏感产品的关税难以在可预见的未来进一步降低，在这方面ACFTA对双边贸易与投资的促进作用是有限的。

但是，东盟各国在产业政策与市场环境上的区别为中国跨国汽车企业和配套产业制订发展计划提供了空间。一些国家将汽车产品排除在敏感产品清单之外，为中国汽车制造商应对在细分市场中的特殊需求提供了市场。例如，中国与马来西亚的汽车贸易额在2005年达1.52亿美元，其中主要为汽车部件及配件。特殊用途车辆（如雪地车与高尔夫球车）及大多数汽车部件（如底盘、引擎、刹车与齿轮箱）不在马来西亚的敏感产品清单上，低关税帮助中国企业显著降低了生产成本，使中国进入这些市场部门变得更为容易。

整车进口的关税高于部件进口的关税，这意味着东道国相较于进口整车，更鼓励企业在当地投资建立汽车装配工厂。此外，东盟内部贸易税率低于5%，由此，在东盟内装配汽车的中国跨国企业可以显著降低进入其他东盟成员国市场的成本。根据原产地规则，在东盟内获得的产品附加值不低于40%的产品即可享受优惠性贸易政策。这使中国的跨国企业有充分理由在东盟建立生产基地，以进入其他东盟成员国及RCEP成员国。在下一部分，本文将通过案例研究讨论中国跨国企业在东盟的参与，并聚焦于其在生产与投资行为中与东道国中小企业的互动。

五　案例研究

中国鼓励跨国企业进入东盟，奇瑞汽车公司是这些进展的受益者。为理解奇瑞在马来西亚的业务，需要对其商业策略、对本地政策的适应及其与马来西亚政府和地方伙伴、供应商之间的关系等进行详细深入的研究。

奇瑞是总部位于安徽芜湖的中国汽车制造企业，在1997年作为国营企业由中国政府建立。截至2012年，奇瑞已经生产了超过30种车型的56万辆客车，位列中国前十大汽车制造商。自公司成立以来，奇瑞已经显著提升了其技术水平，除了拥有独立的生产链（如汽车装配、引擎与变速箱制造厂），还有独立的研发机构（如奇瑞汽车发动机研究所、汽车计划与设计研究所等）。尽管奇瑞通过加强与供应链、地方政府、中介单位以及研究机构的合作，已经建立了一定的跨地区创新网络，[①] 但奇瑞对不同品牌及车型的管理能力仍然有限。因此，奇瑞的各款车型销售额难以支撑其在产品研发、工厂建设及制造工具等方面的投资。[②]

在中国“走出去”战略的鼓励下，奇瑞成为中国首个向外国出口成品车及引擎、底盘等部件的汽车生产商。叙利亚在2001年成为了奇瑞的首个出口对象国。2003年，奇瑞成为首个在伊朗建立汽车生产设施的外国企业。[③] 2005年，

---

① Qi B.H., Chen L.S., “Research on Cluster Core Enterprise of Multi-level and Dynamic Evolution of Innovation Networks: The Case of Chery Automobile,” Conference Paper: International Conference on Strategic Management (ICSM 2016), Chengdu, March 2016.

② Yang Y.L., Chen H. & Chen L.H., “Strategy Analysis of Self-band Automobile: Chery Auto,” Proceeding of International Conference on Information Technology and Industrial Engineering, Wuhan, June 2010.

③ 参见Chen H. M., *A Study of Market Strategy of Chery Automobile in Brazil*, Master Thesis, Liaoning University, Arpil 2014.

奇瑞汽车销往包括巴西、俄罗斯、埃及、印尼和马来西亚在内的多个国家。[①]

（一）奇瑞的愿景

奇瑞进入马来西亚经营的最初动力来自于中国的“走出去”战略。奇瑞之所以选择马来西亚，就是要把马来西亚作为进入东盟市场的门户，并享受马来西亚作为RCEP成员国所提供的其他优惠性政策。除了ACFTA提供的汽车零部件低关税之外，东盟自由贸易区使得奇瑞拼装车在销往其他东盟成员国时可以享受零关税，这为奇瑞带来了巨大的潜在市场。

在最初投资1200万美元后，奇瑞—阿拉多（Chery-Alado，奇瑞与马来西亚企业Alado成立的合资公司）计划把在当地生产的汽车销往其他东盟国家市场。奇瑞在马来西亚设立的组装工厂，体现了奇瑞以马来西亚为重要生产基地进而打入印尼等其他市场的全球愿景。奇瑞的决策基于两个主要因素。首先，根据东盟货物贸易协议（ATIGA），马来西亚作为东盟成员国，在将本地组装汽车出口到其他东盟国家时享受零关税。其次，马来西亚本地汽车市场较大，预计在2020年将增长到135万辆（马来西亚汽车工业联合会，2013年）。这些都推动了奇瑞在马来西亚建立地区基地的行动。奇瑞公司董事长尹同跃表示：“马来西亚是东盟最大的客车市场。它也是奇瑞向其他东盟国家出口汽车的重要节点。”

奇瑞的地区执行主席Paul Ng在谈及公司战略时也称：“奇瑞2008年进入马来西亚时，有一个清晰的愿景，就是通过建立我们自己的工厂来获取东盟市场。我们希望对碳排放额的限制政策可以进一步得到放宽。奇瑞计划在未来五年投资3亿人民币建立年产量20万辆的组装车厂。事实上，我们已经选定了工厂厂址，正在等待政府批准。为进一步打开东盟市场，我们还计划在越南、印尼等东盟国家增加40—50家授权经销商。”

（二）与当地伙伴合资

奇瑞在东盟的旅程始于2008年与阿拉多有限公司的合资，这是一个由马来西亚华人企业家苏锦鸿所有的私人公司。苏锦鸿1962年出生于吉隆坡，是

---

① 参见Xu J., Feng D.L., “Research in the Evaluation on the Internationalization Process and Internationalization Degree of Chery Automobile,” *Journal of West Anhui University* 27(4) , August 2011； 以 及Xu J., *A Study on Chery's Market Entry Model in Russian Market*, Master Thesis, Fudan University, April 2009.

第三代马来西亚人。作为马来西亚铝合金轮圈生产及出口商的领导者，苏锦鸿致力于领导公司发展，提高产能，通过在中国建立附属制造厂满足国际范围内增长的需求。

奇瑞在中国销售自主设计的汽车的成功及其在伊朗、俄罗斯等国成功的海外经历，吸引苏锦鸿将其引入东南亚并在马来西亚取得成功。作为一名华裔，苏锦鸿相信海外中国人将会喜爱和支持中国自主的汽车品牌。因此，他在马来西亚看到了潜在的市场。此外，随着苏锦鸿在2005年开始推动奇瑞进入马来西亚，他发现中国的国内汽车市场正逐渐饱和，竞争日趋激烈，这也推动苏锦鸿选择与奇瑞开始合作。

苏锦鸿对汽车产品市场及用户需求的理解，以及其优秀的个人能力，使他得以在2005年后将奇瑞引入东南亚市场的过程中发挥重要作用。作为奇瑞汽车的一家子公司，奇瑞—阿拉多于2008年5月以双方的对半股权正式成立，开展整车和配件的出口、组装与销售业务。通过阿拉多的销售网络，奇瑞成为马来西亚最大的中国汽车销售商，在2009年共有50家直营和授权经销商。奇瑞—阿拉多的业务最初只涉及组装的奇瑞QQ汽车，此后，其业务拓展为利用奇瑞技术与零部件组装生产QQ汽车和B14小型货车。

奇瑞与阿拉多的合作是由奇瑞提供技术支持与核心部件，而阿拉多负责分销成品车。为进行制造与装配，奇瑞—阿拉多与马来西亚当地的汽车生产装配商东方装配公司开展了商业合作。东方组装有限公司利用ACFTA在汽车部件与零件上的低关税，进口零部件在当地组装奇瑞汽车。该公司生产的奇瑞汽车从2008年的716辆增长为2009年的2526辆。

奇瑞选择马来西亚作为进入东盟市场的决定与苏锦鸿在引入奇瑞时的积极作用密不可分。作为一种非正式机制，私人关系对联系关键行为体至关重要。这种关系有助于连结不同行为体的身份、理念、战略与利益，并在社会发展中形成具有相互依赖的商业网络。在合作最终实现前，阿拉多数次与奇瑞接触（对奇瑞国际总部人士进行的访谈，吉隆坡，2016年2月29日）。华裔企业家在马来西亚的务实作风，以及苏锦鸿对汽车经销商和政府关系网络的了解，使奇瑞相信与阿拉多的合资将促进其在东盟地区的业务。

尽管马来西亚采取了限制政策以保护国产汽车品牌，奇瑞仍选择以马来西亚作为进入整个东南亚地区的门户。奇瑞认识到，阿拉多是一个在当地很有经验的合作伙伴，对当地的文化机制、消费习惯和政府政策都有深入的关系，可以给奇瑞提供进入马来西亚国内市场及整个东盟地区的有效途径。奇瑞与阿拉多的合作证明，中国的跨国企业试图通过与东道国国内具有影响力与关系网络的当地企业进行合资，以获得所需的当地知识和国内及区域市场的关系网络。[①]

为加强马来西亚的国内支持，奇瑞—阿拉多改变了最初50：50的股权结构，引入了具有政府背景的Lembaga Tabung Angkatan Tentera（LTAT）公司作为消极投资者（passive investor）。2009年，奇瑞—阿拉多将其股权的20%卖给了LTAT，并使其负责国内组装车的分销。LTAT的进入使公司最终符合了马来西亚产业调控法案的标准，即促进马来人实体获得更多的国内市场准入。事实上，马来西亚华裔商人擅于通过与马来人伙伴结成同盟的方式与政府建立联系。[②] 早在2005年，苏锦鸿就通过与Datuk Ayob Saad的合作帮助阿拉多史无前例地获得了多达2496件进口外国汽车的配额。苏锦鸿是少数获得进口配额的非马来人商人之一。进口配额机制是马来西亚国际贸易与产业部于20世纪70年代推出的以帮助马来人企业家在汽车行业发展的机制，作为华人的苏锦鸿却是获得了最多外国车进口许可的企业家之一。华裔企业家苏锦鸿帮助他的中国商业伙伴调整策略，以适应马来西亚当地的政治经济环境。最终，奇瑞成功与马华公会中有影响力的商人及有政府背景的马来人企业结成联盟，这体现了马来西亚复杂的社会经济环境下政商关系的变动和扩展（Jesudason, 1997）。通过与马来人公司及对政府友好组织的商业关系，奇瑞在马来西亚市场站稳了脚跟。尽管这种不同族群间的商业合作关系有寻租嫌疑，但这一做法通过与具有影响力的马来人公司（与政府有关联）形成联系，成功应对了马来西亚的国内政策管制，降低了交易成本，最终促进了商业发展。

然而，随着马来西亚政府逐渐意识到中国投资的重要性，并采取多种优惠政策吸引中国投资，马来西亚华裔的重要性正在逐步降低。对中国而言，中国国有企业的最高利益仍然是“保护国有资产安全”，因此，它们会最终选择与具有政府背景的企业（例如有政府背景的LTAT）而非华裔商人的私营企业进行合作。因此，马来西亚华裔商人的角色越来越多地转变为政府相关企业与中国投资者商业合作的中间人，而非中国企业独立的合伙人。

奇瑞股权的变化印证了Lim（2015）的研究。中国的跨国公司使具有政府

① G. Lim, “China’s Investments in Malaysia: Choosing the ‘Right’ Partners,” *International Journal of China Studies*, 2015, 6(1): 1-30.

② 详见Jomo K.S., C.H. Wee, “Malaysia@50: Economic Development, Distribution, Disparities,” SIRD, Kuala Lumpur, 2014.

联系的LTAT和华裔商人苏锦鸿成为主要股东，借此来适应马来西亚的政治经济环境。[①] 有趣的是，通过对奇瑞管理人员的访谈我们发现，奇瑞在处理中国国内复杂的国家社会关系时获得的经验，也帮助了该企业迅速适应马来西亚的政治经济环境，并与东道国政府建立了有力的关系。这一发现印证了Kolstad和Wiig的观点，他们认为中国跨国企业与其他国家的跨国企业不同，对进入那些制度不健全、管理不完善的发展中国家的准备更为充分。

（三）与当地经营者和供应商的关系

对奇瑞管理人员的访谈获得的重要发现之一，是奇瑞与马来西亚本地供应商的关系非常有限。当地组装汽车的零部件很大程度上依赖从中国的进口。2015年，进口自中国的零部件日均交易量达600万马币。奇瑞—阿拉多与马来西亚当地供应商之间的生产关系相当有限。值得注意的是，供应商网络以双向互动、定制化、及时的相互技术升级和质量控制为特点。与当地供应商的有限关系意味着，奇瑞—阿拉多针对当地企业的技术转移是非常有限的。从国际经验看，20世纪80年代，日本的汽车制造商在东南亚发展商业时将大量部件的生产转移到了当地。[②] 相比之下，奇瑞—阿拉多的汽车装配仍主要依赖进口部件。当然，由于其他国外品牌在发展中国家初步开展业务时与当地的联系都会比较有限，奇瑞在外国与当地供应商网络建立关系的过程也会需要较长的时间。[③]

基于同样的理由，奇瑞进入马来西亚仍处于初期，这一因素可以解释为何奇瑞对马来西亚当地生产商提供的工程技术支持依然有限。这一情况与在东南亚长期运营的欧洲、日本生产商不同，[④] 这些发达国家通过对新兴工业化经济体与欠发达国家进行技术转让而对生产进行引导。[⑤] 后者在低工资等方面具有相对优势使日本企业的本土化更为当地供应商接受，因为发达经济体与新兴工

---

① S. Michel, M. Beuret, *China Safari: On the Trail of Beijing's Expansion in Africa*, New York: Nation Books, 2009.

② 参见R. Belderbos, "Overseas Innovations by Japanese Firms: An Analysis of Patent and Subsidiary Data," *Research Policy*, 2001, 30:313-332.

③ G. Bloomfield, *The World Automotive Industry*, North Pomfret: David & Charles, 1978.

④ E. Hawit, "Chinese and Japanese Investment in Southeast and South Asia: Case Studies of the Electronics and Automobile Industries," *Pacific Review*, 2013, 26(4):361-383.

⑤ K. Akamatsu, "A Historical Pattern of Economic Growth in Developing Countries," *Journal of Developing Economies*, 1962, 1(1):3-25.

业化国家的作用可以形成互补。在奇瑞这一案例中，由于该企业进入马来西亚较晚，技术能力也有限，其在马来西亚本土化的过程中进行的生产合作较少，与当地企业的竞争关系较多。奇瑞并没有大规模派遣技术人员对马来西亚供应商进行培训，以应对大量的生产需求与质量控制程序。在2016年，只有3名工程师被从奇瑞芜湖总部派来马来西亚，协助在组装和质量方面进行管理。此外，奇瑞与创新企业及实验室、大学等公共研究机构的合作关系也非常有限。与阿拉多正式的技术与技能转让合作主要通过合约在总部的层面进行。奇瑞与当地供应商、科研组织之间较少的双向交流，致使它在马来西亚的工厂与供应商之间的合作也极为有限。

实际上，奇瑞与在当地市场发展稳固的汽车制造商东方组装有限公司之间的合作战略，正是为了降低马来西亚业务对总部技术支持的依赖性。由于东方组装有限公司对当地环境的熟悉及其在汽车装配上的经验，奇瑞将这一生产活动完全交给了这一装配伙伴。由于ACFTA的影响，在中国生产零部件的成本更低，因此奇瑞选择从中国进口零部件而非在当地生产零部件。当然，如果需求量上升而带来的规模经济导致零部件生产成本的降低，公司也会考虑在当地进行生产。尹同跃董事长道出了中国企业极为依赖伙伴公司的另一原因，他说，“那些关键伙伴之所以重要，是因为它们可以提供资源和经验以改善奇瑞产品的质量”。[①]

奇瑞—阿拉多在马来西亚的经历显示，中国汽车制造商并未寻求与当地生产网络的全方位整合。奇瑞—阿拉多在本地区与当地生产厂商合作的缺失并不是因为供应商网络的不足。自20世纪70年代以来，印尼、马来西亚、泰国和菲律宾等国政府长期采取本地化政策，发展了强大的生产网络。中国跨国企业在海外发展业务时面临的普遍挑战是如何对价值链进行管理。要想使企业在该地区的生产活动协调有序，就需要与当地企业围绕零部件供给和长期大规模生产来签订合同，以对东道国做出贡献。

（四）在极受限制的市场中探路

尽管ACFTA协定为中国与马来西亚之间贸易和投资流动的加强建立了宽广的平台，但奇瑞—阿拉多在马来西亚扩展生产的计划仍然受到旨在保护国内

① 详见《中国驻马来西亚大使程永华出席奇瑞汽车和马来西亚ALADO公司合资建厂签约仪式》，2008年4月19日，中国外交部网站，http://www.mfa.gov.cn/chn//pds/gjhdq/gjhdqzz/lhg_14/zwbd/t438341.htm。

生产商的限制政策的制约。为确保在汽车、钢铁、水泥等国家主导的进口替代型重工业领域的成功，自1981年马来西亚重工业集团（HICOM）建立以来，马来西亚政府实施了进口限额、高额消费及进口税，以在国际竞争中保护国内市场。

由于可在马来西亚销售的汽车面临保护政策限制，奇瑞—阿拉多在马来西亚的销量难以与其在其他国家的业绩相提并论。与在中国销售的上百万辆汽车相比，奇瑞—阿拉多2011年在马来西亚的销量为2251辆，2012年上升为3000辆。2008—2015年的累计销量超过了14000辆，但与其在马来西亚的竞争对手如丰田与本田相比，仍相去甚远。奇瑞—阿拉多减少了组装小轿车，以避免与东道国保护普腾汽车和Perudua等国产汽车的政策出现正面冲突。在这一政策下，东道国仅允许外资厂商在本国市场销售40%的产品，剩下的60%必须用于出口。据奇瑞—阿拉多公司CEO黄景平（Paul Ng）介绍，尽管目前每款车型的年产量可达2万辆，但由于在马来西亚只能销售4000辆，公司不得不调整其地区政策以适应政府的规定。由于在其他东盟国家的销售网络还未完全开发，奇瑞未能利用AFTA带来的优惠地区关税环境向其他东盟成员国出口。

奇瑞—阿拉多面临的另一个问题是马来西亚政府授予的生产许可证（ML）仅允许生产排量超过1800cc的汽车，以避免与本土汽车制造商形成直接竞争。尽管当地汽车业研究者认为政府会提出新的政策以鼓励国外投资进入节能车（EEV）行业，但“除非放松限制，奇瑞—阿拉多才能为马来西亚消费者提供更多的选择，目前奇瑞所能提供的选择是有限的”（黄景平接受访谈时表示）。由于上述种种限制，奇瑞正积极行动，调整公司的战略，通过与当地汽车制造商普腾汽车建立伙伴关系寻求未来在东盟发展的空间。

仅仅依靠从中国国内商业关系中所获的经验，或是靠与阿拉多、LTAT等本土伙伴的协调，不足以使奇瑞—阿拉多摆脱在马来西亚的困境。但是，与普腾汽车合作的计划或许能最终帮助奇瑞消除在当地市场面对的销售限额等壁垒。如果能实现这一目标，这将成为奇瑞—阿拉多在理解和成功应对马来西亚国内政治经济条件方面取得的巨大成就。在奇瑞—阿拉多努力扩展其在东盟的销售额的同时，它也需要努力与阿拉多、LTAT及未来的普腾汽车等东道国国内伙伴分享利益，以突破东道国政府设置的限制。

六 结论

马来西亚与中国的经济正随着贸易和投资的联系而逐渐一体化。本文试图研究中国跨国企业国际化的动因，及其与东道国政府、当地华裔伙伴及马来西亚供应商的关系。通过推拉因素分析（a push and pull factor analysis）可以发现，中国跨国企业将业务迁往东南亚的行为受政府“走出去”政策（推动因素）以及及ACFTA等优惠性贸易协定（拉动因素）的影响。当地华裔商人利用其对中国及当地市场两方面的了解，扮演了将中国投资引入马来西亚的中间人角色，并最终促使其与有影响力的马来人主导的政府背景企业结成联盟，在与中国的互动中获得了一定的利益。但是，没有证据显示马来西亚华裔商人的商业网络所面临的商业环境得到了显著的改善，事实上，其与中国跨国企业的合作最终仍需要通过与占据政治主导地位的族裔进行合作来克服一些政策限制。中国资本的持续流入给当地华裔商人带来了一定的业务，但并未彻底改善他们与东道国中有政治优势的族裔之间的紧张关系。

此外，案例研究显示，当地供应商很少从奇瑞在马来西亚的业务中获益，奇瑞从中国大量进口零部件，而缺乏在马来西亚发展供应商的战略。由于奇瑞与当地供应商和国家科研机构直接联系的缺失，奇瑞在马来西亚的业务并未促成大规模的集体学习进程与生产合作的出现。然而，仍不能断言奇瑞在马来西亚的业务不会在该国国内产生外溢性影响。在东盟经营业务的先行者，如美国和日本的汽车制造商，在20世纪60—70年代经过了较长的时间，并在东道国政府强大的本土化政策之下才最终出现了外溢性影响。[①]

奇瑞—阿拉多目前产量较少，很大程度上这是因为马来西亚为保护国内制造商而实施的国家政策限制，也是奇瑞—阿拉多在其他东盟国家拓展销路努力不足的结果。因此，奇瑞或许需要推动扩大在马来西亚和其他东盟成员国的销售，并与东道国政府建立更具建设性的关系。奇瑞与马来西亚汽车制造商普腾汽车合作的努力或许是朝着这一方向迈进的重要一步，使其获得了排量低于1800cc的汽车的销售权。

目前，奇瑞在马来西亚的经历更多反映了20世纪70年代以前跨国企业在

① R.F. Doner, *Driving a Bargain: Automobile Industrialization and Japanese Firms in Southeast Asia*, University of California Press, 1991.

发展中经济体发展缓慢的那种状况。日本与欧洲的企业在70年代后对东道国的本地企业提供了大规模的技术支持，通过与当地伙伴建立大量生产合作关系以应对设计和工程精度的要求。但是，断定奇瑞—阿拉多不会在未来采取这些行动为时尚早。不过，丰田、现代等汽车产业领军品牌的经验似乎意味着，在马来西亚建立稳固的生产网络与深入的供应—消费关系网络仍需要很长的时间。①

奇瑞没有选择20世纪90年代以来众多汽车跨国企业巨头云集的泰国，而是选择马来西亚，这是市场、信用等一系列机制影响之下的结果，奇瑞试图规避迁往外国所带来的不确定性。奇瑞克服马来西亚一系列复杂的国家—社会关系的经验与Kolstad和Wiig的研究相一致。奇瑞不仅与华裔伙伴，还与有政府背景的LTAT合作，并正在与另一家有政府背景的企业——普腾汽车就合作进行协商。这意味着该公司开发了有效应对当地的国家—社会政治经济形态的商业战略，它通过与本土伙伴建立联盟来支撑其在马来西亚的商业利益。这一合作网络的建立是为了应对在东道国不利的商业与制度方面的限制。

① R. F. Doner, P. Wad, "Financial Crises and Automotive Industry Development in Southeast Asia," *Journal of Contemporary Asia*, 2014, 44(4):664-687.

A View on the China-ASEAN Economic Integration from the Perspective of Investment

Zhang Miao and Danny Wong Tze Ken

Abstract Propelled by domestic market, regional market, and trade agreements, the China-ASEAN economic integration is being strengthened continuously. Although Chinese transnational corporations have become involved in ASEAN region more actively than before due to the driving force brought by the regional trade agreements, it is still uncertain whether those small and medium enterprises in Southeast Asian countries are more involved into and obtain benefits from this process of regional economic integration. This paper conducts a research on the interactions between Chinese transnational corporations stationed in ASEAN countries and domestic small and medium enterprises. Based on a case study of the Chery Automobile Company, this paper finds out that, notwithstanding the influence brought by China's state strategy of "going abroad" and the favorable regional trade agreements, Chinese transnational corporations are also heavily influenced by the state policy of host countries in Southeast Asia. Chery Company's experience in Malaysia indicates that the spillover effect brought by Chinese transnational corporations in Southeast Asia is rather limited, and so are their connections to domestic business. This is because most enterprises entering this region highly rely on the trade network of their local partner enterprises for expanding their own business. This paper argues that Chery Company needs to adjust its regional strategy and takes an effort to push itself onto a more important position in the international value chains. In this way, it may push forward the development of its own business and further uplift its international competitiveness.

Key Words Transnational Corporations; Small and Medium Enterprises; Regional Economic Integration; China-ASEAN Relations

Author Zhang Miao, Ph.D. Candidate of the Institute of Chinese Studies, Malaysia University; Danny Wong Tze Ken, Professor and Dean of the Institute of Chinese Studies, Malaysia University.

中国东北与俄罗斯远东区域合作：进程、挑战与对策

谢晓光　王　莉

【内容提要】中国推进振兴东北老工业基地战略与俄罗斯大力推动远东地区开发建设的同步性，为促进中俄双边关系在“一带一路”背景下进一步发展提供了机遇。两地区的合作取得了一定的阶段性成果，也存在一些挑战，如政策的落实、移民的困扰、能源合作的变数、区域内的国际竞争、国家间的认知等。因此，应采取完善东北地区和远东地区的互动合作机制、通过政策引导及加大资金支持区域内企业合作、拓展北极领域合作、强化“友好城市”定点合作、加强区域内人文交流机制建设等举措来应对。中国东北地区和俄罗斯远东地区位于东北亚地区的中心地带，双方区域合作互利共赢的局面，对于中俄全面战略协作伙伴的发展具有十分重要的意义，对东北亚地区的繁荣和稳定有着不可替代的重要作用。

【关键词】中国东北　俄罗斯远东区域　合作进程　挑战与对策

【基金项目】辽宁省教育厅2017年度人文社科类基本科研项目《“一带一路”倡议背景下中国东北振兴与俄罗斯远东开发互动研究》。

【作者简介】谢晓光，辽宁大学转型国家经济政治研究中心研究员、辽宁大学国际关系学院教授；王莉，辽宁大学国际关系学院2017届硕士研究生。

进入21世纪以来，俄罗斯开始积极推动远东地区的开发建设，中国也陆续提出振兴东北老工业基地及“一带一路”的发展战略，这两个毗邻地区同步

推进发展的耦合，[①] 为中俄两国全面战略协作伙伴关系的深化发展提供了新的机遇。

一　中俄区域合作的新契合点

第一，中国的东北地区与俄罗斯远东地区的地缘环境契合度较高。东北地区和远东地区的地理位置直接接壤，两国边界线长达4300多公里，拥有得天独厚的天然地理优势。这种地理位置上的便利性，为促进双方开展产业合作、贸易互动、跨境旅游以及文化交流等奠定了重要基础。远东地区和东北地区的很多居民原本就有着相似的文化传统和生活习惯，在历史文化上具有一定的亲和性。不管是从地理位置，还是人文历史的角度来看，两个区域合作都有很多共通性。尤其是两地区边境相对和平，不存在恐怖主义威胁，也没有发展心态不统一的障碍，相比较其他地区而言，东北地区和远东地区的合作更具优势。

第二，乌克兰事件为中俄两国深化区域合作提供了新空间。2013年11月21日，乌克兰危机爆发，美欧国家接连对俄罗斯出台一揽子制裁措施。制裁内容涵盖个人和组织、能源行业、金融机构、军工企业、国有公司等广泛领域。受到美欧制裁的影响，俄罗斯陷入了内政外交的双重困境。为了尽早摆脱卢布贬值、外交官员出逃、投资环境恶化及国际融资支付及贸易危机，俄罗斯加强了与亚洲其他国家的深入合作，扩展经济发展空间，加快了战略“向东看”的步伐。远东是俄罗斯拓展与中国合作的重要地区，在双方能源、军工、金融、投资、农业、地区等领域合作中的重要性日益凸显。[②] 在2016年的国情咨文中，俄罗斯总统普京表示，“中俄关系是世界秩序关系的典范”；2016年的《俄罗斯联邦对外政策构想》也明确表示，中俄对于国际重要问题的立场一致是全球稳定的基本要素，俄将继续致力于与中国的各领域合作，共同应对全新威胁与挑战。可以看到，基于俄罗斯“向东看”的外交战略新转向，中俄之间的合作不断走向全面化，双方不仅建立起全面战略协作伙伴关系，而且良好的政治氛围也转化为各种务实的经贸合作，合作领域和范围正在不断扩大。在俄罗斯与西方紧张对抗关系的参照下，中俄关系正处于历史上最好的发展阶段。[③]

---

① 王兵银：《东北老工业基地振兴与俄远东地区开发的耦合和互动》，《东北亚学刊》2016年第3期，第25页。

② 王宪举：《乌克兰危机对俄罗斯内外政策的影响》，《俄罗斯学刊》2014年第5期，第48页。

③ 刘莹：《俄罗斯外交转型及其对中俄关系的影响》，《太平洋学报》2015年第9期，第24页。

第三，中国东北地区和俄罗斯远东地区的再开发具有十分重要的意义。一方面，远东地区和东北地区的对接合作，十分有助于中俄两国边境的睦邻友好，从而对中俄伙伴关系的长期稳定发展奠定良好基础。另一方面，一个国家要想积极融入到全球化，开展区域合作就是最好的方式之一。中国的东北地区和俄罗斯的远东地区处于东北亚中心地带的重要位置，两个地区加强合作，促进区域经济的发展，将弥补多年来东北亚地区经济合作一直不温不火的短板，对东北亚地区未来的区域发展产生极其重要的战略影响。

二　中俄区域合作的主要进展

乌克兰危机后，随之而来的美欧对俄制裁，导致俄罗斯西南部形势急剧恶化。为了促进经济恢复与发展，俄罗斯决定大力开发远东地区，实现东部地区的跨越式发展。2014年4月15日，俄罗斯提出将在符拉迪沃斯托克设立一个工业生产型经济特区，并确保其生产基础设施建设活动的经费支持。此外，俄罗斯还提出了吸引外资的政策。俄罗斯这种对远东地区既开发又开放的发展模式，给中国东北地区提供了一个参与远东地区合作的良机。中俄双方非常重视远东地区和东北毗邻地区的合作。为了加速双方政策对接，共同建立并且不断完善地区合作机制，2015年5月，普京总统和习近平主席共同商定成立一个中国东北地区和俄罗斯远东地区地方合作理事会，并于9月5日召开了第一次理事会主席会议，就投资合作、农业合作、旅游合作、基础设施建设合作等问题进行探讨。2015年9月3日，中俄签订了《关于加强中俄地区与边境合作的谅解备忘录》，建立了关于地区合作的工作机制，并将协商建立地区合作重大项目遴选、评估、实施工作组，尽快筹备中俄地区合作发展基金，务实推动一批合作项目。2015年12月27日，中俄签署了《关于加强中俄远东区域、产业及投资合作的谅解备忘录》，几乎涵盖了各个领域的合作。除此之外，双方还铺就了东方经济论坛、中俄博览会等沟通机制。在中俄两国的积极努力推动下，双方在具体务实领域都取得了巨大进展。

第一，中俄区域合作的优先领域是石油、天然气合作。2011年1月，中俄原油管道一线投入运营，设计年输油量为1500万吨。2016年8月，中俄原油管道二线在黑龙江加格达奇开工建设。2014年5月21日，中俄签署了《中俄东线管道天然气合作项目备忘录》和《中俄东线管道供气购销合同》。根据合同内容，从2018年起，俄罗斯将开始通过中俄天然气管道东线向中国供气，输气量逐年增长，最终达到每年380亿立方米，累计合同期为30年。2014年11月9日，中俄签署《关于通过中俄西线管道自俄罗斯联邦向中华人民共和国供应天然气领域合作的备忘录》和《中国石油天然气集团公司与俄罗斯天然气工业公司关于经中俄西线自俄罗斯向中国供应天然气的框架协议》，即300亿方的西线天然气供气协议，如此一来，中国将会超过德国成为俄罗斯最大的天然气客户。2015年12月17日，中俄签署《中俄东线天然气管道项目跨境段设计和建设协议》和《中国石油和俄气石油合作谅解备忘录》，预计东线管道将于2018年底建成通气。2016年6月25日，中俄签署《在中华人民共和国境内开展地下储气库、天然气发电项目合作谅解备忘录》。双方在能源领域进一步深化合作，提高合作互信，拓宽合作领域，进一步加强电力、煤炭、可再生能源、能源技术装备和工程服务领域合作。这些都促使中俄在能源合作方面越走越远，脚步越来越扎实。

第二，中俄区域合作中的农业合作步伐愈加坚实。俄罗斯远东地区的粮食生产资源丰富，中俄在远东地区展开合作，开发大量土地，共同建立了70多个种植业、养殖业、农产品加工基地。2014年，双方签署了《中俄农业合作备忘录》。2015年，中俄成立“俄罗斯远东农工产业发展基金”，不断加强双方在远东地区的农业领域务实合作，为两国农产品生产企业提供资金支持，并且在境外农业种植、农产品销售、大型农机具通关、粮食返销、农业品贸易合作、农业技术交流等方面放宽政策限制，创造宽松有益的合作环境。

第三，中俄两区域的基础设施建设持续加强。远东地区的基础设施相当落后，一直困扰着远东地区的发展。中俄两国正在不断加强推进区域间基础设施建设，比如正在开发建设中的中俄同江铁路大桥、黑龙江公路大桥及跨江索道项目、高速铁路建设以及“滨海一号”“滨海二号”两条交通走廊。这些基础设施的建立，使得双方货物和人员的往来更加便捷，对促进双方贸易往来有强大的推动作用。

第四，双方金融合作也在逐步扩大。双方在银行间合作以及两国金融机构在贸易和项目融资、保险等领域展开了积极的务实合作，采取了措施来扩大本币结算业务宣传，鼓励双边贸易和投资参与者更多地使用本币进行结算。

三　中俄深化区域合作面临的挑战

中国东北地区和俄罗斯远东地区的合作取得了良好的开局，同时也应该看到中俄之间的区域合作仍面临着不少挑战：

第一，中俄双方的区域开发合作政策尚需全面落实到具体举措。中国东北地区作为老工业基地，自身的产业结构亟需调整升级，经济发展活力不足，导致人才流失严重，经济环境下滑。加之在改革开放后，国家政策的重点偏向东南沿海，对东北地区的政策关注力度大打折扣。即便多次提出振兴“东北老工业基地”的口号，但仍没有引起足够重视，政策落实情况差强人意。对于东北地区而言，如何借用国家政策的再次提出，切实进行深化改革，改善经济环境，是关系东北地区与远东地区区域合作能否提升到新层次的关键。俄罗斯远东地区同样面临这种政策落实问题，远东地区人员稀少，基础设施严重落后，导致其经济发展缺乏动力支持。开发俄罗斯远东地区，就目前而言，仅仅依靠俄罗斯本国难度很大，因此，实施开放是最优选择，但是俄罗斯是否对远东地区具有坚定不移的开放态度以及能否具有强劲有力的法律支持，无疑成为远东地区发展的关键，也是关乎到中俄区域合作能否更上一层楼的重点所在。

第二，远东地区的中国移民问题给俄罗斯带来一定困扰。早在沙俄时期，就曾有不少中国人去往远东地区采矿、狩猎等；苏联时期由于远东地区劳动力匮乏，这里也曾出现大量中国劳工；尤其是20世纪90年代以来，大量中国移民涌入远东地区，进行贸易往来和商业开发。基于对领土完整的忧虑以及中国移民扩张的担忧，俄罗斯政府担心过多外来人口将会冲击到俄罗斯民族，继而影响其国家安全。2012年，普京签署了限制外来民族移民的相关法案，并且对移民的管理更加严格，增大对非法移民的处罚力度，禁止俄罗斯境内的外国人从事零售业，并且规定外来务工人员必须通过俄语水平考试，导致当地的中国商人不得不低价抛售商品后回国。2015年，俄罗斯新移民法开始生效，更是明确规定所有移民必须要用俄语通过俄罗斯法律和历史基础知识考试。① 这表明俄罗斯政府对中俄双方在远东地区实力对比差异的不安全感。

第三，中俄两区域能源合作尤其是天然气合作的谈判过程几经波折，并仍可能有调整。从20世纪90年代双方开始提出能源合作意图，历时近20年，于2014年最终签署天然气东西线合作的备忘录。俄罗斯政府、学者以及民众对中国越来越多涉足远东地区石油、天然气的意图判断，导致“中国威胁论”甚嚣尘上，致使中俄能源合作进展缓慢。在天然气管道铺设、价格问题、合作方

① 《俄罗斯新移民法生效：中国劳动移民的新礼物》，中国新闻网，2017年2月6日，http://www.chinanews.com/hr/2015/01-08/6948110.shtml。

式上，双方在很长一段时间未能达成共识。中俄尽管在能源合作方面有很强的互补性，但是双方合作的意愿强弱取决于双方能否在合作过程中就具体事项获得实实在在的利益优势。因此，在包括日本和韩国等东北亚各国的利益博弈下，能源管线的更改或延伸仍然存在变数。

第四，中俄双方区域合作还面临着来自国际的压力与竞争。首先，俄罗斯在远东地区的合作对象远非中国一家。俄罗斯方面积极呼吁并与日、韩在西伯利亚和远东地区加强经济合作，韩国和日本在远东的发展也是步步为营，非常扎实：韩国对远东地区的开发是协会组织，国家资金进行支持，实力非常强大，日本则在精细农业上优势明显。[①] 日、韩与俄罗斯之间展开了投资、能源、机械设备进口、共建物流基地等有效合作，俄罗斯甚至将中国人承租的土地进行整顿后，租给他们认为拥有较高农耕水平和生产水平的日本和韩国人。其次，中俄双方的合作，并不是完全只针对双方的单向合作，而是同时向周边国家开放，这也会对双方的合作项目造成一定的竞争压力。从更深层次上来看，中国东北地区和俄罗斯远东地区位于东北亚地区的核心地带，而东北亚地区不论是在亚太地区还是在世界格局中都占据极其重要的地位，中国东北和俄罗斯远东的区域合作，无疑也必然会受到这一地区周边国家如日、韩以及美国的压力。

第五，中俄国家关系及认知也会影响两个区域的合作。俄罗斯新的市场经济体制并没有健全，还处于不断完善的过程中，政策执行力度难以落实。期间，中俄经贸合作的不断增加，也就意味着未来双方的贸易摩擦和分歧会不断增多。随着俄对西方农产品实施反制裁，俄罗斯转而进口中国的产品，中俄的双边贸易额会大量增加，俄罗斯对中国的依赖也会增加。[②] 然而，俄罗斯不少人士反对经济上对中国过度依赖。中国经济发展迅猛，俄罗斯经济实力却不断下降，这种落差极其容易引发民族对立情绪，进而演变成俄民众对中国的厌恶与不满。尤其是开发远东地区所需要的资金、技术都需要很大的开放程度，不排除会因为俄罗斯持续高涨的对中国的担忧而对其开放政策造成阻碍，从而影响双方合作的深度和广度。另外，两个区域的合作也面临着中俄两国战略合作的压力，俄罗斯的“欧亚联盟”战略构想和中国提倡的“一带一路”以及上海

---

① 《俄学者称土地多得将把中国人吓趴下　忧俄成输家》，环球网，2017年2月9日，http://mil.huanqiu.com/observation/2015-01/5527098.html。

② Alexander Lukin, “Russia and China after the Ukrainian Crisis: The Future of the Relationship,” Center in Global Interests, 2015(10).

合作组织很明显有不少利益重合点，中国的“丝绸之路经济带”倡议已经超越并且涵盖了俄罗斯之前欲将中亚整合入其巨大的“欧亚联盟”的构想。[①] 2015年5月8日，中俄共同签署了《中华人民共和国与俄罗斯联邦关于丝绸之路经济带建设和欧亚经济联盟建设对接合作的联合声明》，但两国在欧亚地区处于竞争的局面仍然存在。

四　中俄加强区域互动以应对挑战的策略

第一，完善中国东北地区和俄罗斯远东地区的互动合作机制。在政策对接、项目遴选以及中长期规划上加大重视程度，促使双方合作更加全面、务实。在金融合作方面，要加快资金融通。双方的合作项目需要大量的资金支持且周期相当长，需要双方加快金融合作，提供多形式的融资渠道，并且扩大人民币和卢布的本币结算规模。在具体实施方面，应该继续大力推进中俄跨境基础设施建设，包括道路设施建设和服务设施建设，早日实现地区现代化，建成大运量的立体式跨境口岸交通网以及大型服务设施；并且充分利用区域地理位置毗邻的优势，大力加强双方的产业集群建设；充分利用各种合作机制，发挥双方在资源、地理、资金、技术以及人才方面的种种优势互补，共同扩大产业合作，构建产业集群，将双方的优势积聚在一起，以更集中的方式加强强强合作，打造一个拥有极强竞争力的标志性的产业集群合作区，进一步扩大规模，建立中俄边境自由贸易区；由点及面，以中国东北地区和俄罗斯远东地区的区域合作为中心点，将互动合作辐射到中俄所有地区乃至整个东北亚区域。

第二，加强政府的政策引导作用，加大资金支持，促进两大区域企业之间的合作。双方政府应该出台金融、财税、免签等具体优惠政策，加大开放创新力度，为具有互补或者是优势的大企业之间的合作对接，提供一个便利、良好、广阔、有效的信息对接以及发展平台，既能促进双方务实的技术合作和深度交流，也可以充分调动中俄大小企业合作的积极性。通过先期政府的引导以及扶持、推动，后期达到由自发的市场推动的效果，这样的合作才能健康持久，也更有利于双方全面伙伴关系的深化发展。除此之外，政府还应该建立并完善双方的企业信用认证体系，以实现优质高效的合作，促进双方企业合作的

① Stephen Blank, “Beneath the Surface of the Sino-Russian Partnership,” Center in Global Interests, 2015(10).

有序性。

第三，通过拓展北极领域合作，促进两个区域合作。目前，全球气候逐渐变暖，北极地区冰层消融速度不断加快，使得北极地区的潜在交通运行价值正在日益凸显。北极地区的未开采能源资源极其丰富，不仅有富足的石油、天然气等能源资源，还有大量的渔业资源。同时，北极地区具有重要的地缘战略地位，北极航道的日益畅通，将促使北极地区国家积极推出新的北极战略，以谋求在此地区的巨大利益。俄罗斯作为北极地区的最大国家，一直将自己视为北极强国。中国虽然在北极圈内没有领土，但作为“近北极国家”和北极事务的“利益攸关方”，北极局势的变化发展都与中国息息相关。[①] 中俄在北极地区在生态保护、航道开发、军事合作、能源开发等方面有共同的利益。俄罗斯外交部长拉夫罗夫曾表示，中国是俄罗斯在北极开发领域的优先合作伙伴。从2015年开始，俄罗斯开始接纳中国参与北极地区事务。目前，中俄已经就共同建设远东地区的扎鲁比诺港达成一致，它将会是东北亚地区的最大港口，也将是东北航道的“东方基地”。中俄就打造北极航道也已经初步达成共识，但是，北极航道的开拓也面临诸多困难，包括北极生态环境脆弱、建设成本比较高、俄罗斯在北极军事存在等。同时，目前不利的国际环境和国际协调机制也成为了双方合作的直接阻碍。加强中俄在北极地区的合作，还有很长且艰难的路要走。双方应该加大北极合作的力度，建立相应的合作机构，做到合理开发，并且积极应对并妥善解决国际上质疑的声音。中俄双方只有在互信、互利、互惠的理念下，不断加强双边合作，促进北极航道建设以及北极地区资源开发利用，并且将双方在北极地区的合作与中俄两区域合作相契合，才能实现互利共赢和持久发展。

第四，强化一对一的“友好城市”定点合作。中俄双方应该充分考虑俄罗斯远东和中国东北区域城市的地理位置、文化传统、产业发展方向、群众基础以及发展前景，加强政策指导，将区域城市结对子，将合作意愿落实到实处。通过区域内“友好城市”的产业衔接，不断扩大并加强双方的经济互动，推动一对一的“友好城市”的实现，并最终促进双方良好的合作发展。

第五，加强中俄区域人文交流机制建设。例如，双方可开通旅游免签绿色通道，便捷边境人民往来，并深化旅游贸易，带动旅游经济发展；加大双方的

① 孙凯、王晨光:《国家利益视角下的中俄北极合作》,《东北亚论坛》2014年第6期，第28页。

高校文化交流合作，增多赴俄留学生和访问学者的名额，同时也出台相应举措扩大俄赴中留学生和高素质人才的规模，甚至中俄可以联手在边境地区合办高质量大学，共同促进双方高等教育的发展；进一步促进双方民间文化交流，鼓励边境地区人民学习汉语和俄语。并且可以通过举办大量的边境传统文化的互动交流活动，加强双方媒体的广泛交流与合作，增强双方民众的认同感，进一步巩固双方的传统友谊情结和社会民意基础；以举办“中俄旅游年”“中俄媒体交流年”“中俄青年友好交流节”等活动，促进中俄区域合作取得更大成果。

中国东北地区和俄罗斯远东地区在能源、农业、基础设施建设、金融、经贸等多领域都已经展开了务实合作，区域合作的不断完善和发展，为中俄两国深化全面战略协作伙伴关系奠定了坚实的基础。中俄在未来应该继续切实深化区域内经贸合作，增强政治和军事互信，并且要加强双方民间交往和文化交流，为中俄战略协作伙伴关系的全面发展创造一个良好的经济、政治和人文基础。

Regional cooperation between Northeast China and Far east area of Russia: Process, Challenge and Responsive Policy

Xie Xiaoguang & Wang Li

Abstract China's strategy to revitalize the old industrial bases in Northeast China has become synchronized with Russia's ambitious plan of developing its Far East region. This synchronization gives both countries a great opportunity to enhance their bilateral cooperation. Some achievements have already been made in the cooperation between Northeast China and Russia's Far East region, but there are also some challenges, such as difficulties of implementing policies and plans, disturbances to immigration, uncertainties in energy cooperation, and perceptions of these two countries towards each other. To address these challenges, a better cooperation mechanism should be built soon, both countries should invest more money and deploy suitable policies to promote business-to-business cooperation, enhance Arctic collaborations, establish more connections of sister cities and strengthen people and cultural exchanges. Northeast China and Far East of Russia located in the center of Northeast Asia, the win-win cooperation between these two areas hold a great importance for each side, it will make great significance for the comprehensive strategic partnership of two countries and will contribute tremendously to the stability and proprietary of Northeast area.

Key words Regional cooperation between Northeast China and Far East area of Russia; Challenge; Countermeasure

Authors Xie Xiaoguang, Research Center for the Economics and Politics of Transitional Countries, Liaoning University, Shenyang 110136, Liaoning, China.

周边国情研究

政治生存与安倍的对华靖国神社外交[1]

张望

【内容提要】日本首相是否参拜供奉有二战甲级战犯的靖国神社，一直是困扰战后中日关系的重要问题。2012年12月，安倍晋三再次当选日本首相。翌年12月，安倍突然参拜靖国神社，引起中、韩乃至美国的谴责和抗议。然而，在接下来的两年里，安倍再也没有参拜靖国神社。为什么安倍在2013年参拜靖国神社，但在2014年和2015年却停止参拜了呢？导致安倍这一对华政策变化的关键因素是什么？本文通过追溯2012年至2015年期间中日两国在靖国神社问题上的外交互动，试图从"政治生存"的理论分析途径来解读日本在靖国问题上应对中国压力的不同反应。本文认为，日本首相的国内政治正当性，是影响安倍在靖国问题上面对中国外压时决定让步与否的较为重要的因素。

【关键词】政治生存　安倍内阁　靖国神社　对华外交

【作者简介】张望，日本早稻田大学国际教养学部副教授。

2012年12月，安倍晋三在国会大选中以压倒性优势再次当选日本首相。与他的第一届任期（2006—2007年）相比，由于2010年爆发的中日撞船事件以及2012年日本民主党政府单方面国有化钓鱼岛，中日双边关系急剧恶化。

---

① 本文是在作者的英文著作*Political Survival and Yasukuni in Japan's Relations with China* (London: Routledge, 2017) 第6章部分内容的基础上修改而成。中文版的发表获得Routledge Taylor & Francis公司的许可，在此表示衷心感谢。

与此同时，2013年至2015年间安倍在参拜靖国神社问题上所展现出的不同对华政策回应，也为长期关注中日关系走向的学者提供了一个有趣的案例对比。和第一次执政期间的选择不同，2013年12月26日，即重返政坛一年之后，安倍突然参拜了供奉有二战甲级战犯的靖国神社。此举不仅引起了中国和韩国的强烈抗议，还罕见遭到了来自美国的谴责。美国驻日本大使馆史无前例地发表公开声明，表明华府对安倍挑衅周边国家情绪的行为感到失望。在接下来的两年里，安倍再也没有参拜靖国神社。为什么安倍会在2013年参拜靖国神社，而在之后两年有又停止了参拜呢？是什么关键因素造成了这一反常的政策变化呢？

在以下部分，本文将尝试提供一个统一的理论分析框架来解释安倍以不同方式回应中国压力的原因。本文认为，"政治生存"（political survival）的分析视角将有助于我们理解日本对华外交在微观层面的政策变化。

一 理论框架："政治生存"的分析路径

从国际关系理论的角度来看，我们可以从微观的国内政治视角来较好地理解2012年至2015年安倍在靖国神社问题上对中国的不同政策反应。本文将把焦点集中在国家领袖在国内政治中的"政治生存"问题对外交决策的影响这一问题上。

"政治生存"，一直是政治学的一个重要的研究领域。早在16世纪，马基雅维利在其经典著作《君主论》中就论及维持权力是统治者最为重要的课题。[①] 在国际关系学的领域中，有大量文献涉及外交政策和国内领导人"政治生存"之间互动关系的理论研究。例如，彼得·古勒维奇（Peter Gourevitch）在其"颠倒的第二意象理论"（second image reversed theory）中强调国际政治亦为国内政治之因，在分析时应将两者视为一体。该理论认为，领袖往往会为了巩固个人在国内政治中的"认受性"[②] 而动用国家的外交资源。领袖在外交上的成功往往有助于加强其国内地位。[③] 国际政治学者罗伯特·普特曼（Robert

① Niccolo Machiavelli, *The Prince*, Indianapolis: Hackett, 1995, p.48.

② 所谓认受性（legitimacy），根据盖斯（Raymond Geuss）的定义，指的是一个声称代表某个组织的特定政府，政权或个人。参见Raymond Geuss, *History and Illusion in Politics*, Cambridge: Cambridge University Press, 2001, p.31.

③ Peter Gourevitch, "The Second-Image Reversed: The International Sources of Domestic Politics," *International Organization*, 1978, 32, No. 4, p.905.

Putnam）亦指出，在国际谈判的过程中，国家领袖会首先计算外交谈判对国内政治的影响，并刻意增加外交资源及减少相对损失，以图加强领袖个人在国内政治中的地位。[①] 海伦·米尔纳（Helen Milner）也指出，政治行为体是理性的（rational）。国家间的合作行为更多受因合作而带来的国内政治后果的影响，而非害怕被别国欺骗的恐惧。如果国际合作损害政治领袖的国内支持势力的利益，国家会趋向拒绝合作。[②] 在由布鲁斯·麦斯奇塔（Bruce Bueno de Mesquita）等四位政治学者共同撰写的《政治生存的逻辑》一书中，"政治生存"和政策选项之间的因果关系亦被详细论述。该书作者认为，无论是在民主国家还是在非民主国家，执政者的政治生存均有赖于维持本身"胜利联盟"（wining coalition）的支持。在民主国家，由于"胜利联盟"规模较大，因此相对较容易转入挑战者的阵营。因此，民主国家的领导人往往会为了保持本身的"胜利联盟"而推出一些有利巩固本身支持者阵营的政策，但这些政策并不一定符合国家长远利益。[③]

在现存有关中日关系和日本外交的研究文献中，以"政治生存"的分析框架来探讨日本对华政策的研究不多。以中日靖国神社问题为例，虽然不少文章亦有提及日本国内政治的因素，但大部分研究把焦点集中在政治思潮，无意识地强调日本领袖对华强硬是为了争取右翼团体的支持和日本社会右倾化的结果，未能深度剖析日本首相国内政治认受性的内在制度机制及其与对华外交之间的互动关系。[④] 承袭这一思路，本文的分析架构从"政治生存"的国内政治理论视角出发，强调领导人的国内政治认受性是日本对华政策决策中较为重要的因素。本文认为，维护国内政治认受性，是领导人的核心政治利益。本文将这一利益简化为在选举中争取当选或连任。由于日本施行议会民主制，笔者假设争取为自身党派在国家选举中获得胜利以及确保党内多数派的支持，是日本首相最为核心的政治利益。日本对华政策的取向，取决于特定政策是否有利于

---

① Robert D. Putnam, "Diplomacy and Domestic Politics: The Logic of Two-Level Games," *International Organization*, 1988, 42, No.3, pp.456-459.

② Helen Milner, *Interests, Institutions and Information: Domestic Politics and International Relations*, Princeton University, 1997, p.46.

③ Bruce Bueno de Mesquita et al., *The Logic of Political Survival*, Cambridge, MA: MIT Press, 2003, pp.7-15.

④ 例如，步平：《日本靖国神社问题的历史考察》，《抗日战争研究》2001年第4期，第180页。翟新认为，参拜靖国神社是自民党执政以来一贯的政治立场。参见翟新：《日本自民党执意参拜靖国的国内政治背景分析》，《社会科学》2004年第10期，第36页。

其国内政治的支持度。如果政策选项损害首相的国内政治支持，日本会趋向强硬；如果政策选项无害，甚至有益于首相加强国内的政治支持，日本会趋向合作。

理解日本首相的政治生存问题的同时，亦有必要了解日本的选举制度。1994年，日本选举制度改为在强势的众议院实施小选区（300席）和比例代表并行制（180席）。小选举区制，即一个选区只容许一人当选。这一变化，决定性地改变了党总裁、派阀和党员之间的权力游戏规则。首先是提名权的问题。在过去，党总裁虽然掌握提名权，但由于实施中选举区制，派阀推荐的候选人即使得不到党中央提名也能当选。然而，在只容许一人当选的小选举区制下，没有总裁提名，个人以无党派名义当选的机会甚微。其次，是资金问题。1994年政治献金法案改革出炉，限制个人或派阀筹集政治资金，同时加强以政党为单位的资金援助，令手上握有提名大权的总裁的地位进一步提升。出于争取当选或连任的利益，这一制度上的改变令党员转向偏重党总裁的意向。同时，党总裁和一般党员利益关系直接挂钩，逐步摆脱传统的派阀政治。在这一制度背景下，内阁支持率成为首相政治生存的关键。首相的支持率越高，直接有利于国政选举，党内的支持就越多。反之，如果支持率下滑，党内议员倾向判断首相无力带领政党在选举中胜出，首相的执政基盘势必堪忧。[①] 所以，对日本首相来说，内阁支持率攸关其自身的政治生命。

二　党内政治：安倍参拜靖国神社的执政党背景

为了探究2013年以后安倍对华政策变化背后的原因，我们必须首先了解安倍第二任期国内政治议程的本质。

2013年，日本放送协会（NHK）播放了一部纪录片，呈现了安倍如何从第一届任期的政治失败中重新崛起，并逐渐成为自民党总裁候选人的历程。根据这部纪录片，安倍在静养期间逐渐意识到：向日本选民提出复苏经济的愿景，不仅是他重掌政权的关键，更是他实现安保改革和修改宪法的重要途

---

① 有关因日本选举制度改变对自民党党内政治及首相权限带来的影响，参见Tomohito Shinoda, *Leading Japan: The Role of the Prime Minister*, Westport, Conn.: Praeger, 2000；竹中治坚：《首相支配》，东京：中央公论新社，2006年；Ellis S. Krauss, Robert Pekkanen, “Reforming the Liberal Democratic Party,” In Sherry L. Martin and Gill Steel, eds., *Democratic Reform in Japan: Assessing the Impact*, Boulder: Lynne Rienner, 2008, pp. 11-39.

径。[①] 因此，促进日本经济增长和改善就业，成为安倍第二任期国内政治支持的主要民意基础。根据2012年的一项民意调查，经济增长和就业，占安倍国内政治支持的49%; 外交和安全政策只占10%。[②] 安倍明白，向日本选民展示一个改善经济的宏伟愿景，将是维持其支持率和他作为首相和自民党领导人的国内合法性的关键。所谓"安倍经济学"(Abenomics)，就是这一国内政治策略的反映。从长远来看，通过改善日本经济而获得国内支持，才可以迂回实现安倍的核心战略蓝图，即安保改革和对宪法第九条的修订。"安倍经济学"主要是基于"三支箭"：财政刺激、货币宽松和增长战略。根据英国《经济学人》杂志的报道，安倍经济学是"通货膨胀、政府支出和经济增长战略的混合体，旨在刺激日本经济走出20多年的停滞状态"。[③] 安倍政府的经济政策，特别是股票市场的表现，一直被认为是与他的支持率直接相关的指标。日本知名记者田原总一郎在出席东京一个电视节目时介绍，首相办公室摆放了一个大屏幕，让首相官邸能够及时掌握日本股市的最新情况。[④] 根据时事通讯社资深记者田崎史郎的报道，政府的政策制定机制实际上由首相办公室内的六名主要成员掌握。这些成员通常每天早上聚集在首相官邸讨论各类政策的细节。除了安倍，核心决策团队成员还包括：内阁官房长官菅义伟，副官房长官加藤胜信、世耕弘成、杉田和博，以及安倍的首席秘书官今井尚哉。[⑤]

正如前文所述，内阁支持率是影响日本首相政治生存的重要指标。2013年年底，安倍的支持率上升到一个相对较高的水平，这是他参拜靖国神社的国内政治基础。有分析认为，安倍参拜靖国神社的意图，是为了寻求右派日本选民的支持。然而，我们可以看到，安倍政府在2013年年底已经获得了相对较高的内阁支持率，无需通过参拜靖国神社煽动国内民族主义情绪提高支持。根据日本共同社2013年12月中旬的调查，安倍政府的支持率为54.2%，不支持

① 有关日本NHK电视台在2013年12月22日播出的纪录片的详细资料，参见NHK的官方主页: www6.nhk.or.jp/special/detail/index.html?aid=20131222。

② Chong-pin Lin, "Behind Rising East Asian Maritime Tensions with China: Struggle without Breaking," *Asian Survey*, 55, 3 (May/June 2015), p. 481.

③ "Abe's Master Plan," *The Economist*, May 18, 2013, www.economist.com/ news/leaders/21578044-shinzo-abe-has-vision-prosperous-and-patriotic-japan- economics-looks-better，访问日期：2015年6月23日。

④ 2014年8月23日，日本东京电视台对田原总一郎的采访。田原总一郎在采访中证实了日本股市的表现与安倍的支持率之间的联动关系。

⑤ 田崎史郎:《安倍官邸の正体》，东京：讲谈社，2014年，第29页。

率为33%。[①] 实际上，安倍的支持率在2013年12月参拜靖国神社后仅增加了1%。[②] 由于自民党赢得了参议院和众议院的多数席位，安倍在2013年年底已经享有较稳定的政治环境。在这一先决条件下，安倍能够按照自己的政治意志和国内政治计算来考虑是否参拜靖国神社，而不必担心自民党内外的任何反对。那么，到底是什么原因促使安倍在2013年12月参拜靖国神社的呢？根据田崎史郎的采访纪录，2013年参拜靖国神社的决定与安倍的党内政治计算有关。根据田崎透露，当时官邸内部决策团队的多数核心成员都认为，在2013年年末这个时间点参拜靖国神社并不是一个明智选择。据称，日本内阁官房长官营义伟曾建议安倍，在任期即将结束的时候参拜靖国神社或许较佳，但幕僚们的意见最终都无法阻止安倍在当年12月参拜靖国神社。[③] 那么，安倍究竟想取悦什么样的国内利益集团呢？田崎指出，自民党党内的鹰派保守派需要安倍来安抚。这些成员是帮助安倍在2012年重夺自民党总裁的核心集团。在那次选举中，安倍的票数在第二轮投票时超过了前防卫大臣石破茂，正是这群强烈支持首相参拜靖国神社的鹰派保守派，在其中起了关键作用。据说，安倍在参拜靖国神社后对菅义伟透露，现在总算可以放下心来继续工作了。[④]

三　支持率与安倍参拜靖国神社之间的关系

2014年7月13日，日本《每日新闻》发表了一篇关于自民党副总裁高村正彦和前防卫大学校长五百旗头真之间的谈话。在文章中高村透露，在2014年5月访问北京期间，他已向中国领导人表达了相信安倍不会再参拜靖国神社的想法。[⑤] 为什么安倍政府在2014年开始调整对华政策？造成这一政策改变的主要原因是什么？

要回答这些问题，我们需要回到2014年春天来考察安倍所面临的国内政治环境。正如先前提到，以“安倍经济学”为代表的经济政策，一直是安倍第二任期获得高支持率和国内执政保障的重要基础。然而，2014年4月，“安倍经济学”在消费税从5% 提升至8% 后开始显露疲态。2014年夏天，日本政府

① 《日本经济新闻》2013年12月30日，第2版。

② 同上。

③ 田崎史郎:《安倍官邸の正体》，第152页。

④ 同上，第154页。.

⑤ 有关高村采访细节，请参考2014年7月13日的《每日新闻》网络版，http://mainichi.jp/shimen/news/20140713ddm001010153000c.html，访问日期：2015年6月30日。

公布的官方数据显示，日本第二季度国内生产总值（GDP）萎缩了7.1%。[①] 此外，安倍对日本集体自卫权的重新解释也导致其支持率开始下降，从4月的约50%下降到7月的44%。

支持率的下降对日本首相的政治生存毫无疑问会产生深远影响。低下的支持率可能会逐渐削弱执政党内的党员支持。按照“抑制损失”（loss reduction）的逻辑，一个政治领导人可能表现出以外交成就来挽救国内低下的支持。同样，安倍经济学——作为安倍国内支持基础的主要政策领域——在2014年4月开始显露疲态，令安倍政府打算通过对外关系来改善其国内支持。在参拜靖国神社问题上妥协，将令安倍在短期达到两个国内目标：1.利用中日外交关系改善，挽救其支持率的下降；2.战略性地利用中日外交回暖，为他在2014年12月计划举行的国会解散总选举做准备。

2014年4月，安倍开始逐步启动了对中国的外交接近。首先，日本外务省邀请中国前改革派领导人胡耀邦的儿子胡德平在4月6日至13日访问东京。据报道，首相安倍、内阁官房长官菅义伟和外相岸田文雄4月8日在首相办公室会见了胡德平，双方就如何改善中日关系交换了意见。[②] 2014年5月5日，在胡德平访日之后，由日本自民党副总裁高村正彦领导的日中友好议员联盟的自民党成员访问了北京。中方安排高村与张德江委员长举行了长达一个小时的会谈。双方就参拜靖国神社问题和钓鱼岛领土争端交换了意见，但分歧仍大。一名当时在现场参与座谈的中国日本问题专家回忆，高村发出的信息基本上表明日方从一开始就不打算在参拜靖国神社或领土问题上妥协。相反，东京一直强调“无条件对话论”和“回到战略互惠关系原点论”。[③] 高村的这次访问，实际上是在为安倍在2014年11月出访北京探路。

与2006年的情况不同，中国一直敦促日本妥善处理参拜靖国神社问题，并承认钓鱼岛及其附属岛屿存在领土争端。2014年7月7日，在纪念全民族抗战爆发七十七周年仪式上，中国国家主席习近平发表了有关历史问题的讲话。

---

① “Japan second-quarter GDP shrinks 7.1 percent, adds to doubt over inflation goal,” *Reuters*, September 8, 2014, www.reuters.com/article/2014/09/08/ us-japan-economy-gdp-idUSKBN0H300320140908，访问日期：2015年10月30日。

② “High hopes for princeling Hu Deping’s Tokyo visit,” *South China Morning Post*, April 10, 2014, www.scmp.com/news/asia/article/1474609/high-hopes- princeling-hu-depings-tokyo-visit，访问日期：2015年6月3日。

③ 吴怀中：《2014年中日关系动向综述——围绕关系解冻前后的解读》，李薇主编：《日本蓝皮书：日本研究报告（2015年）》，北京：社会科学文献出版社，2015年，第159页。

习近平指出，“任何人想要否定、歪曲甚至美化侵略历史，中国人民和各国人民绝不答应。”习近平进一步谴责“少数人”一再否认甚至美化侵略历史，破坏国际互信，制造地区紧张。[①]

考虑到中国的强硬立场，安倍在2014年夏天开始考虑对中方做出有限让步，并开始寻求实现中日首脑会谈的可能性。日本前首相福田康夫是自民党的资深政治家，与中国方面一直保持着良好关系。福田康夫本人早在2014年5月访问北京后不久就与中国高层官员接触。据报道，福田康夫通过个人渠道得知，中方已计划改善与包括日本在内的周边国家的外交关系。在感受到中国外交政策出现变化的气氛后，福田回到东京，并向安倍通报了他的北京之行，暗示北京的新外交调整可能是日本改善与中国关系的一个契机。[②] 在这一新的背景下，7月28日，福田康夫在国家安全保障局局长谷内正太郎的陪同下访问北京。福田向中方直接转达了安倍的口信，并与中国国家主席习近平会晤了约一个小时。福田介绍了安倍提出的想法，即中日两国首先举行首脑会议，就钓鱼岛领土争端问题建立危机管理机制。习近平对福田的建议给予积极回应，表示了一定程度的理解。据报道，中国国务委员杨洁篪和外交部长王毅也出席了福田和习近平的会晤。2014年11月亚太经合组织（APEC）峰会前，杨洁篪被任命为中方处理中日关系改善的首席谈判代表。[③] 在日本方面，曾参与2006年中日外交关系回暖，在安倍内阁担任国家安全保障局局长的谷内正太郎自然成为了日方代表。从2014年7月开始，“杨—谷内”外交渠道就此成立。

2014年10月初，由于两名女性内阁成员经济产业大臣小渊优子和法务大臣松岛绿的政治丑闻，安倍政府面临又一轮国内政治危机。安倍最终说服了两位女阁员辞职，以避免丑闻对政府威信造成进一步伤害。然而，安倍的支持率因此也开始进一步下滑。在外交方面，日本与中国的关系继续改善，中日之间的外交沟通频繁举行。2014年8月，中国外交部长王毅在缅甸与日本外相岸田文雄会面。2014年9月，双方又在纽约会面。10月，安倍在意大利会见中国新任总理李克强。同时，在国内，安倍首相回避了在10月秋季大典参拜靖国神社。

10月底，福田再次访问北京并与习近平会面，但谈判进展并不顺利。由

---

① “Xi criticizes anti-Japan war denial,” 新华网，http://news.xinhuanet.com/english/china/2014-07/07/c_133465725.htm，访问日期：2015年6月30日。

② 《日本经济新闻》2014年11月18日，第2版。

③ 同上。

于2012年发生钓鱼岛事件，北京方面要求东京在同意两项议题的前提下，重新启动最高领导人会晤。这两项议题包括：1.承认钓鱼岛存在领土争端，2.承诺首相安倍晋三不会再参拜靖国神社。11月6日，在中日两国领导人会晤召开前4天，谷内正太郎再次访问北京。并会见了中国国务委员杨洁篪。[①] 在经过几轮谈判后，有关处理和改善中日关系的"四点原则共识"最终在11月7日凌晨达成。[②] 双方一致认为，这四点原则共识是于11月10日举行的安倍与习近平会晤的外交基础。

2014年11月18日，中日首脑会谈举行后一个星期，安倍宣布推迟原定的消费税上调，并于12月14日解散众议院、提前举行大选。据《读卖新闻》报道，安倍将提前选举与11月初的中日最高领导人会晤联系在一起考虑。从安倍的角度来看，2013年参拜靖国神社引发的中日关系恶化，可能成为中日首脑会晤无法实现的障碍。因此，中日最高领导人会晤亦可被视为安倍国内选举的前期准备，安倍显然已经预料到中日领导人会晤有利于执政自民党在选举中的表现。[③] 在这一点上，与2006年采取的做法非常相似，安倍又一次策略性地利用靖国神社问题为他的国内政治服务。安倍自2014年5月以后再也没有参拜靖国神社的原因，可以从以上的日本国内政治脉络中找到合理的答案。

图1：2014年安倍的内阁支持率

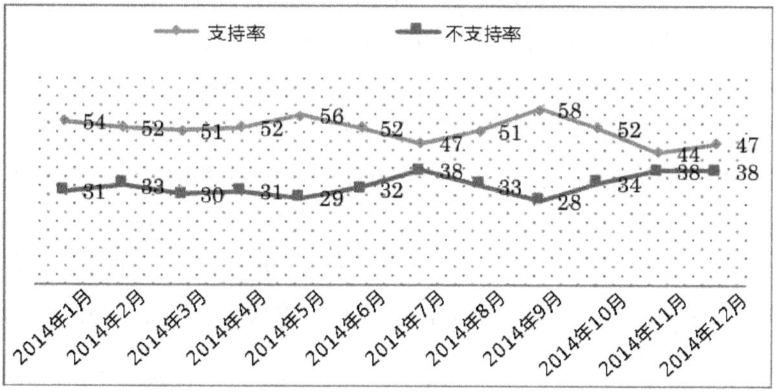

来源：NHK文化研究所提供的调查，2014年，https://www.nhk.or.jp/bunken/yoron/political/2014.html，访问日期：2015年12月6日

① 参见"Yang Jie chi Meets National Security Advisor of Japan ShotaroYachi, China and Japan Reach Four-Point Principled Agreement on Handling and Improving Bilateral Relations," 中国外交部网站，www.fmprc.gov.cn/mfa_eng/zxxx_662805/t1208360.shtml, 访问日期：2015年10月25日。

② 《读卖新闻》2014年12月27日，第4版。

③ 有关中日之间的谈判细节，参见《读卖新闻》2014年12月27日，第4版。

2014年的中日最高领导人会晤为两国关系的改善带来了良好的氛围。那么，为什么安倍在2015年再次选择不参拜靖国神社呢？要回答这个问题，我们仍需回顾2015年的日本国内政治形势。安倍对参拜靖国神社的温和政策，与他在2015年夏天新安保法案通过后的支持率下降存有直接关系。2015年4月，安倍在访美期间向美国国会承诺，他将积极推动在日本国会通过新安保法案，并在2015年夏季结束前通过该法案。① 新的安保法案更加强调日本自卫队角色的扩张，让日本自卫队有能力在全球范围内支持美国军队。然而，这一承诺激发了日本国内强烈的反对。不仅日本国会的反对党谴责安倍在一个外国立法机构做出有关日本国内问题的承诺，连知识界，尤其是宪法学者，对安倍的新安保法案也进行了严厉的批评，因为他们认为新法案会让日本卷入美国在世界各地的战争。随着国内反对声音日益壮大，安倍政府的支持率开始出现大幅下降。根据NHK的调查，安倍的支持率从5月份的51%下降到8月份的37%。不支持率从5月份的32% 上升到8月份的46%。② 其他媒体机构的调查也显示出类似趋势，尤其是在7月份安倍的安保法案在众议院通过之后。

为了避免支持率下降的负面影响，安倍再次考虑通过外交成就改善国内政治。在7月16日至18日期间，谷内正太郎再次被派遣到北京，和中方讨论9月中国抗战胜利70周年阅兵仪式期间中日最高领导人会晤的可能性。据报道，谷内正太郎向中国领导人提前告知了有关安倍纪念二战结束七十周年的谈话内容，寻求中方理解。中方对谷内的到访表示欢迎，并给他安排了不寻常的高级接待。在北京期间，谷内不仅会见了中国国务委员杨洁篪，还与中国国防部长常万全和中国国务院总理李克强会面。据《每日新闻》报道，中国国务委员杨洁篪在北京钓鱼台国宾馆会见了谷内近五小时，并同意继续开展中日双边对话。中方表示，安倍如果要在9月访问北京，须满足三项条件：1. 日本遵守中日已达成的“四点原则共识”；2. 日本需遵循1995年“村山谈话”的精神；3. 日本需表明安倍晋三不会再参拜靖国神社。③ 值得注意的是，谷内正太郎在

---

① “Abe’s visit highlights strong ties with U.S. rifts with neighbors,” *Japan Times*; May 4, 2015; www.japantimes.co.jp/news/2015/05/04/national/politics- diplomacy/abes-visit-highlights-strong-ties-with-u-s-rifts-with-neighbors/#.Vg4p5maCZEI, 访问日期：2015年10月25日。

② 参见NHK的调查：broadcasting cultural research institute, www.nhk.or.jp/ bunken/yoron/political/index.html,访问日期：2015年10月5日。

③ 《每日新闻》2015年7月23日，http://mainichi.jp/shimen/news/20150723 ddm001030217000c.html, 访问日期：2015年10月2日。

访问北京后前往了蒙古。[①] 安倍试图寻求通过蒙古的调解与朝鲜领导人进行沟通，以解决日本人质问题，这也可能有助于他改善国内支持率。

此后，安倍在他关于二战结束七十周年的“安倍谈话”中，避免使用了在“村山谈话”中出现的关键词语，包括“懊悔”和“道歉”，而是以间接的方式引用这些词，在某种程度上满足北京的要求。另外，安倍没有在8月15日参拜靖国神社，而是通过他的秘书向靖国神社供奉祭品，表明了他对中国要求的某种程度的正面回应。

然而，安倍在最后一刻拒绝了中方邀请他参加9月3日在北京举行的阅兵式。据日本媒体报道，在安倍访华日期方面，中日两国未能达成共识。此外，东京方面认为这次访问仪式并不是和解，并要求中方做出一些调整。[②] 然而，北京方面拒绝了东京的要求。值得注意的是，安倍的支持率在9月上升到43%，与前一个月相比提升了6%。[③] 这也可能构成了安倍不愿向中国做出太多让步的国内政治背景。

图2: 2015年安倍的内阁支持率

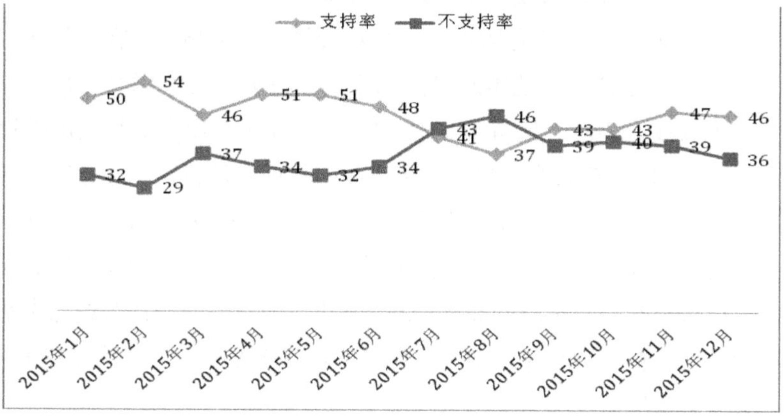

来源：NHK文化研究所提供的调查，2015年，https://www.nhk.or.jp/bunken/yoron/political/index.html，访问日期：2015年12月20日

① 《日本经济新闻》2015年7月19日，www.nikkei.com/article/DGXLASFS 19H1P_Z10C15A7000000/，访问日期：2015年10月2日。

② 参见《每日新闻》2015年8月25日，http://mainichi.jp/shimen/news/20150825ddm002010102000c.html，访问日期：2015年10月2日。

③ 参见NHK文化研究所提供的调查资料：www.nhk. or.jp/bunken/yoron/political/，访问日期：2015年10月5日。

四　竞争假说：美国的角色与作用

解读有关安倍调整参拜靖国神社的政策，不少论者会从美国因素的角度来分析。美国到底在影响安倍决定是否参拜靖国神社方面发挥了多少作用？华盛顿方面基于美国在亚太地区的战略，在这一轮中日靖国神社争端中无疑扮演着重要角色，尤其是在安倍于2013年12月参拜靖国神社之后。自2010年以来，由于中国国力的迅速崛起，美国开始在靖国神社问题上对日本施加影响力，希望日本在这一问题上持克制态度，促进美国在东亚建立美日韩安全合作框架。

在这一情况下，美国在中日靖国神社争端中的作用当然不应被忽视。但是，过分强调美国因素也是有局限的，因为这很难解释为什么美国对日本的压力在2013年失败但在2014年却成功了。在安倍于2012年重掌政权后不久，美国也曾多次表达了对安倍可能参拜靖国神社的深切担忧。2012年4月，在安倍参拜靖国神社前8个月，也就是在日本副首相麻生太郎和其他内阁成员参拜靖国神社后，美国方面就敦促日本对这一问题采取谨慎态度。尽管受到美方压力，安倍还是在2013年12月依据个人判断参拜了靖国神社。在安倍身边的几位助手和顾问甚至公开表达了对美国的不满。例如，日本国会议员、首相特别辅佐官卫藤晟一表示，他对美国批评安倍于2013年12月参拜靖国神社感到“失望”。[①] 在自民党年轻成员的一次聚会上，曾任安倍晋三首相特别顾问的萩生田光一也表达了对奥巴马政府的不满。萩生田光一表示，过去的共和党政府从不会以这种方式指责日本。他还将靖国神社与美国弗吉尼亚州的阿灵顿国家公墓（Arlington National Cemetery）相提并论，而后者是美国为纪念南北战争阵亡将士而设。萩生田质疑，如果日本领导人批评美国领导人拜访阿灵顿国家公墓，美国会做出何种反应。[②]

当然，笔者亦同意，美国在日本对华政策中的作用将日益重要。自小泉执政以来，华盛顿开始将中日之间的靖国神社争端问题与美国的东亚战略规划联系起来。对美国而言，对日本首相参拜靖国神社的容忍，不仅会给质疑远东军

---

① “Abe adviser’s remarks stir controversy,” *Wall Street Journal*, February19, 2014, www.wsj.com/articles/SB10001424052702303775504579392381356264774, 访问日期：2015年6月5日。

② “Abe aide takes aim at U.S. over response to Yasukuni,” *The Japan Times*, January 18, 2014, www.japantimes.co.jp/news/2014/01/18/national/politics- diplomacy/abe-aide-takes-aim-at-u-s-over-response-to-yasukuni-visit/ , 访问日期：2015年6月15日。

事法庭合法性的日本历史修正主义者传递一个错误信息，还会危及美国把韩国和日本结为盟友的构想，令其防范中国崛起的东亚安全战略出现漏洞。[①]

结 语

在2013年至2015年的第二任期内，安倍在参拜靖国神社问题上对中国的不同反应证明了“政治生存”作为一种理论分析途径的有效性，尤其是用于解释微观层面日本对华外交的政策变化。在本文的比较研究中，我们发现，是否参拜靖国神社的决定与日本首相安倍晋三的国内政治考量有关。2013年，安倍不顾联合政府内部（如新公明党，甚至是首相官邸内部的政治顾问们）的反对，依据自己的政治判断来参拜有争议的靖国神社，是因为对安倍来说，参拜靖国神社的国内政治成本相对较低。2014年和2015年，由于“安倍经济学”的疲软表现，以及新安保法案立法引发的国内支持率的下滑，安倍采取了务实的策略，通过不参拜靖国神社改善了与中国的关系。这不仅有助于他在2014年12月国会解散后的选举中表现出色，也为他在日本的长期执政奠定了基础。

安倍参拜靖国神社问题的研究案例也为我们理解冷战后日本对华政策的规律带来一点启示。本研究显示，日本的对华政策并不一定遵循一套经过精心设计的长期外交战略。过往不少分析预设日本是理性的单一行为体，如个人般计算国家利益得失，并在长期对外战略的指引下执行对中国的政策。但案例研究显示，至少在首相参拜靖国神社问题上，日本并不是一个理性的单一行为体，其决策更多地受国内政治这一分析层面的影响。面对中国的压力，日本首相会优先把这一问题放在国内政治的脉络中来考量。无论是参拜，还是不参拜，都必须有利于首相在国内政治中的执政地位。日本未来在某些政策议题上如果对中国采取强硬外交，究竟是出于精心策划的长期对外战略，还是出于国内政治斗争需要；是出于非理性的情绪，认知上的误解、误判，还是内部决策协调混乱等偶发因素，是值得日本问题学者和从事对日关系的外交人员深入研究的课题。

---

① 有关分析安倍执政理念和美日同盟之间的内在矛盾，参见：Christopher W. Hughes, *Japan's Foreign and Security Policy under the Abe Doctrine: New Dynamism or Dead End?* New York: Palgrave Macmillan, 2015.

Political Survival and Abe's China Policy on Yasukuni Shrine

Mong Cheung

Abstract The "Yasukuni problem" occupies a prominent position in the relations between People's Republic of China (PRC) and Japan. In December 2012, Abe was re-elected as Japan's prime minister after a landslide victory in the general election. One year after returning to office, Abe made a surprise visit to the Yasukuni Shrine on December 26, 2013. The visit was highly controversial outside of Japan, inviting furious protests not only from China and South Korea but also the United States. In the following two years, however, Abe decided not to visit the Yasukuni Shrine. Why did Abe visit the Yasukuni Shrine in 2013 but cease to visit it in 2014 and 2015? What is the vital factor that caused this policy variation? This article examines Japan's different responses toward China's pressure over the Yasukuni issue during the second Abe administration. With the examination of cases during the second Abe administrations since 2012, this paper offers an alternative interpretation by highlighting the rationality of prime minister and the primacy of domestic political survival of individual leader. The article suggests domestic political legitimacy of individual leaders is a vital factor that affects Japan's China policy on Yasukuni.

Key words Political Survival; Abe administration; Yasukuni Shrine; China Policy

Author Mong Cheung, currently an associate professor in the School of International Liberal Studies (SILS), Waseda University, Japan.

日本对中亚的铀资源研究情况及对中国的借鉴

王　栋

【内容提要】中亚的哈萨克斯坦和乌兹别克斯坦是世界上重要的铀矿出口国。日本作为核电大国，为了保证铀资源供给，推进能源进口多元化，从20世纪90年代起就开始对中亚铀资源进行多角度的研究，且成果丰富。更为重要的是，日本搭建的“海外矿物资源确保体制”不仅为中亚的铀资源研究提供了制度性保障，而且保障了日本矿产资源供应的长期性和稳定性，在维护能源安全中发挥了重要的支撑作用。中国应该借鉴日本经验，在加强对中亚国家铀矿资源信息搜集研究的同时整合国内各机构功能，推出稳定海外铀矿进口渠道的“顶层设计”，从制度上确保对海外铀资源的研究和稳定进口。

【关键词】日本　中亚　铀资源研究

【作者简介】王栋，中国现代国际关系研究院博士生。

稳定的能源供给是现代国家保持经济发展与维护国家安全的重要基础。日本油气资源贫乏，核电在其国家能源结构中占据着重要地位，维持稳定的铀矿进口因此成为日本能源战略的重点。中亚铀矿资源主要分布在哈萨克斯坦和乌兹别克斯坦两国。哈萨克斯坦已探明铀矿储量占世界总量19%，总储量约150万吨，2015年产量约23800吨，且计划进一步增加。而日本的铀来源国中，澳大利亚与加拿大就占了六成。由此，从铀矿供给来源多元化角度来说，开拓中亚的稳定供给通道对日本极有必要。日本政府早在20世纪90年代就意识到了这一点，并开始了对中亚铀资源的研究。

一 日本对中亚铀资源研究的背景与原因

（一）日本的能源现状与能源结构

受能源资源禀赋限制，日本长时期内基本依靠进口来满足本国能源需求，尤其到了二战之后，随着日本经济的复苏，对能源的需求逐渐增大。20世纪60年代，日本迎来经济高速增长期，对能源的需求出现爆发性增长。在此之前，日本国产的煤炭充当了日本能源供给的主角，随着70年代中日邦交正常化，日本开始从中国进口质优价廉的煤炭，本国煤炭的价格竞争力逐渐丧失，加之为了满足高速经济增长期的能源供给需求，日本开始从中东大量进口石油。由此，日本的能源消费与进口结构都发生了巨大变化。进入70年代，国际油价处于低位，日本加速石油进口，到1973年，日本一次能源供给的75.5%都依赖进口石油。直到1973年第四次中东战争爆发并导致第一次石油危机，国际原油价格暴涨且面临断供风险，日本能源供给的脆弱性完全暴露出来。日本政府为了实现能源供给的稳定和安全，决心以此为契机，将确保能源安全作为国策，并开始降低石油依存度。由此，核能作为代替能源之一，与液化天然气、火力发电等其他能源供应方式一道得以加速发展。1979年第二次石油危机后，核能以及其他能源的开发进程更得到大力推动，国际能源结构不断优化，日本对进口石油的依赖程度也得以下降。

经过三十多年的转换与发展，到2010年，石油占日本国内一次能源供给的比例已经下降到39.8%，与1973年时的75.5%相比有大幅改善。作为石油的替代能源，煤炭占比22.5%、天然气占比19.2%、核能占比11.1%，日本的能源结构实现多样化，核能的重要地位得到确立。

（二）日本的核能战略与铀战略

从1966年日本第一座核电站——茨城县东海核电站建成，到1980年核电机组达到20座，1990年达到40座，2011年东日本大地震之前达到了55座。日本的核能发电从无到有，从少到多，实现了历史性飞跃，成为日本能源的重要组成部分（见图1），核电占总发电量的近三成（2010年占比28.6%），核能发电设备使用率一直维持高位。但是，2011年东日本大地震以及福岛核电站核泄漏事故之后，日本能源结构又一次迎来巨大转折。震后日本开始逐渐关停国内核电站，到2014年国内核电站全部停止工作（见图2）。为了弥补核电缺口，化石燃料进口占比增加，其中，本来逐年减少的石油占比在2012年又上升到了44.1%。

图1：日本一次能源的国内供给及电力化率的推移

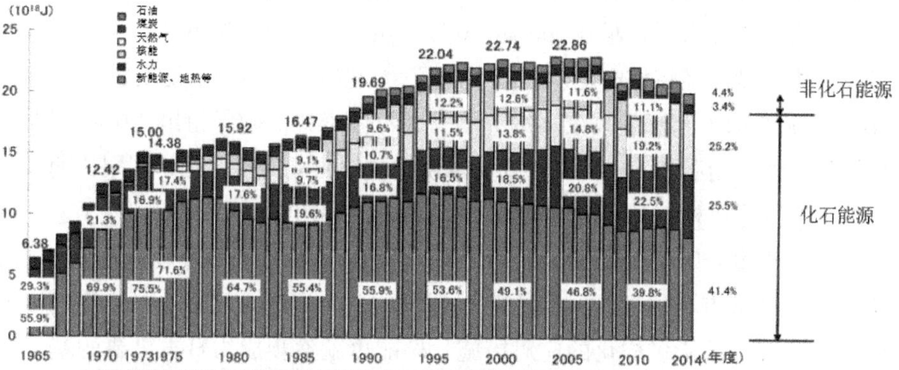

年度	1965	1970	1975	1980	1985	1990	1995	2000	2005	2010	2014
电力化率	13.0%	12.7%	14.4%	16.6%	18.8%	20.7%	21.3%	22.5%	23.2%	25.2%	25.3%

来源：2016年日本能源白皮书

图2：日本核能发电设备利用率的推移

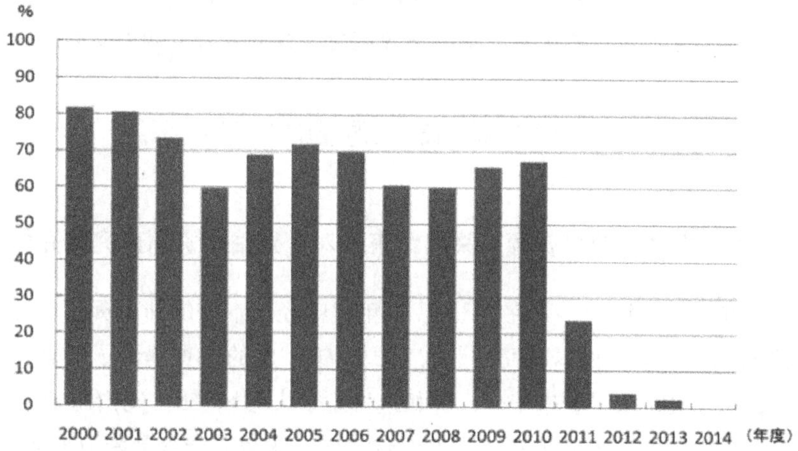

来源：2016年日本能源白皮书

面对进口压力和国内用电需求，安倍政府在2014年版的《能源基本计划》中再次明确了核电的定位。基于此，2015年8月11日，日本九州电力公司重启了川内核电站1号机组（位于鹿儿岛县萨摩川内市）核反应堆。这是自2011

年3月福岛核电站事故后，日本首个通过新标准审查的核电站实现重启，标志着日本就此告别国内所有核电机组停运的“零核电”时代，核电重新回到经济运行与人们的生活中。中国社科院日本研究所副所长张季风认为，日本今后的能源战略的基本方向仍将核电置于基干电源的位置，彻底强化核电站的能源对策，继续实行节能和节电对策，实现能源种类的分散化与结构的合理化。①

其实从历史来看，早在2003年10月，在日本内阁会议出台的《能源基本计划》中，就已经将核电定位为基干电源；② 此后，日本原子能委员会在2005年10月颁布的《原子能政策大纲》中，针对铀资源的确保指出“国际范围内的资源竞争日趋激烈，电力行业要力求确保供给来源的多样化，利用长期买入合约、开发进口相结合等措施确保天然铀的安定供给”。③

综上所述，日本贫瘠的能源禀赋决定了其高度依赖外部进口，能源安全时刻面临着外部市场的供应风险的能源现状。由此，日本只有采取分散进口来源、促进能源结构多样化的应对措施，核能也就逐步成为日本重要的基干能源。但同时因为日本自身铀矿产量极少，所以只能依靠进口。东日本大地震之后，随着日本经济形势的疲软与赤字压力的增大，核能的回归已成必然，因此也可以判断，日本今后将继续维护并强化铀矿进口渠道，不断提高铀矿资源保障能力。而中亚作为世界上重要的铀矿产地，早已成为日本进口铀矿资源的主要目标之一，这也是日本对中亚铀矿资源进行研究的大背景和主要原因。

二　日本对中亚铀矿资源的研究情况综述

（一）日本本国铀矿资源开采的结束及对中亚铀矿资源研究的开始

日本本身是产铀国，其在20世纪50年代曾经对本国的铀矿资源进行过勘探与挖掘。1954年，日本通商产业省对国内铀矿床的调查提供了资金，日本地质调查所开展了大量普查工作，并相继发现了人形峠矿山、东浓矿床、丰田矿床等。其中，前两处是最有代表性的铀矿床（东浓矿床含量最为丰富），占

① 张季风:《日本能源形势与能源战略转型》，北京：中国社会科学出版社，2016年，第2页。

② 日本经济产业省:《エネルギー基本計画》，2003年10月，第14页，http://www.meti.go.jp/report/downloadfiles/g31225f10j.pdf#search=%272003+%E3%82%A8%E3%83%8D%E3%83%AB%E3%82%AE%E3%83%BC%E5%9F%BA%E6%9C%AC%27。

③ 日本原子能委员会:《原子能政策大纲》，2005年10月，第11页，http://www.aec.go.jp/jicst/NC/tyoki/tyoki.htm。

当时日本国内探明铀矿储量的90%以上。[①] 截至1988年日本结束本土的铀矿勘查，日本国内共探明铀矿储量7700吨，其中仅人形峠矿山进行过生产，[②] 在此之后因为可采掘量减少、品位过低等原因，转为全部依靠从国外进口。在结束本国铀矿开采之前，日本为满足国内能源需求，布局能源资源进口途径，早已开始了对世界其他国家和地区铀资源的勘探与研究，其主体是2005年改编为日本原子能研究开发机构的日本动力炉・核燃料开发事业团。

以动力炉・核燃料开发事业团为代表的日本科研机构早在20世纪60年代就开始在世界范围内勘探铀矿资源，对中亚及西伯利亚等地区铀矿资源的实地情报收集与调查也在90年代初期就已开始。

（二）日本主要的涉中亚铀矿资源研究机构与海外铀资源探矿支援事业

日本主要的涉中亚铀矿资源研究的机构与组织有独立行政法人石油天然气・金属矿物资源机构、动力炉・核燃料开发事业团（现日本原子能研究开发机构）等。各机构职能不尽相同、各有侧重。

1. 独立行政法人石油天然气・金属矿物资源机构

2002年，日本颁布《独立行政法人石油天然气・金属矿物资源机构法》，2004年2月，独立行政法人石油天然气・金属矿物资源机构（JOGMEC）根据此法成立，成立后继承其前身——石油工团与金属矿业事业团的职能，即保障石油、天然气以及非铁金属矿物资源的稳定供给。JOGMEC通过与产铀国或他国企业进行联合调查，利用卫星成像解析、物理探查、地质调查以及钻探调查等方式来掌握资源国的禀赋情况，在此基础上将有前景的项目移交给本国企业。机构下设的金属资源开发本部是负责海外铀矿勘探投融资（对民间企业的资金支持）、勘探与冶炼技术开发与支援、情报信息收集与处理的主要部门。JOGMEC是联系日本政府与日本矿业企业的纽带，是政府政策的具体实施者和推进者，在日本矿产资源供应模式的各个环节中都发挥着至关重要的作用。[③]

---

① 神山、冈田、岛崎：《日本第三纪砾岩和砂岩中的铀矿床勘查》，《世界核地质科学》1974年第6期，第21页。

② 吴景勤：《日本铀矿勘查及放射性废物处置》，《华东铀矿地质》1998年第2期，第36页。

③ 姜雅：《日本石油天然气金属矿产资源机构的运作模式及其对我国的启示》，《国土资源情报》2009年第4期，第24页。

2. 日本原子能研究开发机构与动力炉·核燃料开发事业团

日本原子能研究开发机构（JAEA）的前身是1956年成立的日本原子能研究所（JAERI）与1998年成立的核燃料循环开发机构（JNC），两机构于2005年合并为现今的日本原子能研究开发机构。其中，尤其值得一提的是核燃料循环开发机构的前身，即1967年成立的动力炉·核燃料开发事业团。动力炉·核燃料开发事业团自成立之后至1998年，一直承担日本在海外的铀矿勘探任务，累计为日本勘探了4万吨铀（tU）的铀矿埋藏量，之后原子能委员会决定设置过渡期，过渡期内将海外铀矿勘探功能转移给民间企业，逐渐废止其探矿行动。由此至2002年过渡期结束，日本主要的海外铀矿勘探权益实现了由国家向民间企业（包括国内企业和国外企业）的转移，动力炉·核燃料开发事业团持续35年的海外探矿活动正式结束。[①] 因此可以说，在2002年之前，日本海外铀矿勘探主要是国家行为，主要行为体便是动力炉·核燃料开发事业团，2002年之后，海外铀矿勘探行为体转变为日本民间企业与国外企业。

3. 日本的海外铀资源探矿支援事业

如果说JOGMEC是推动日本在海外进行铀资源研究、勘探与开发的“主推手”，动力炉·核燃料开发事业团是“退伍老兵”，那么日本各大能源企业则可以被称作当前打入海外铀矿第一线的“排头兵”。这些“排头兵”主要包括5家海外专门开发公司（日本海外铀资源开发公司、日澳铀资源开发公司、日加铀资源开发公司、日本东京电力资源公司、出光铀勘探加拿大公司）、各大商社（三菱商事、三井物产、住友商事、丸红、伊藤忠商事、出光兴产）、各大电力公司（东京电力、关西电力、中部电力、东北电力、九州电力）、海外铀资源开发株式会社（业务主要涉及加拿大与尼日尔）、东芝·西屋[②] 等核电企业。而将“主推手”与“排头兵”的战斗力有机结合起来的，便是日本的海外铀探矿支援事业。

2006年8月，日本综合资源能源调查会核能部会的报告书《核能立国计划》写道，“应该由我国的民间企业通过参加铀矿山开发来实现更加高效的调

① 日本核燃料循环开发机构:《核燃料循环开发机构史》，2005年9月，序章第1页，https://www.jaea.go.jp/jnc/siryou/skikoushi/。

② 2017年3月29日，日本东芝公司旗下的西屋公司依据美国《破产法》第11章，向纽约破产法院提交破产重组申请。

配方式，实现更稳定供给”，[①] 具体的一种方法是“为了促进我国企业开发铀矿山，有必要将石油天然气·金属矿物资源机构作为实施机构，向民间企业提供风险资金来支援它们进行矿产勘探，并获得探矿权益”。以此为基础，从2007年开始，为了支援日本企业进行海外铀资源的探矿活动，日本政府专门设立了“海外铀资源探矿支援事业”作为辅助。支援事业由经产省资源能源厅提供海外铀资源探矿支援事业补助金，具体的审核与交付由石油天然气·金属矿物资源机构负责。支援事业主要包括以下三方面业务：

（1）交付海外铀矿资源支援补助金

对于在海外与外国法人共同进行地质构造等探矿调查的日本本国法人，JOGMEC将提供调查所需的必要资金，以减轻探矿风险，支援日本企业的海外铀资源探矿活动（见图3）。

图3：日本海外铀勘探支援补助金交付说明

海外铀探矿支援补助金交付事业概要	
相关规定	海外铀探矿支援补助金交付事业的实施细则、款项交付要领、审查标准
交付对象	地质调查、物理探查、钻探调查、坑道调查、选矿实验、项目评价等相关费用、项目的间接经费等的支出、以上述活动为目的的融资和出资
补助比例	本国法人等负担金额的（第一到第三事业年度）二分之一以内、（第四到第五事业年度）三分之一以内
补助时限	最长到第五年度（单年度的补助对象截止到2月20日）
公开征集	本机构官方网站公布（如果提前完成预算额度则有可能提前截止）
申请流程	公开征集→补助金交付申请→审查→资源能源厅进行研究→选定→决定交付（从受理申请日开始的六周内完成，但是要扣除资源能源厅研究所需的时间）
金额确定	3月中旬到下旬
交付日期	确定金额后，年底之前交付
缴纳款项	在开展支援业务进行钻探的过程当中如果发现铀矿矿床，因此获利的情况下；或由于开展支援业务进行融、投资，并且获利的情况下，应根据所获收益将等同于补助金的金额全部作为缴纳款项上缴。

来源：《海外铀探矿支援事业概要》[②]

---

① 日本经济产业省资源能源厅：《核能立国计划》，2006年8月，第11页，http://www.meti.go.jp/report/downloadfiles/g60823a04j.pdf#search=%272006%E5%8E%9F%E5%AD%90%E5%8A%9B%E7%AB%8B%E5%9B%BD%27。

② 石油天然气·金属矿物资源机构：《海外铀探矿支援事业概要》，2007年7月，第22页，http://mric.jogmec.go.jp/public/kogyojoho/2007-07/MRv37n2-02.pdf。

（2）事业审查与指导监督

相关机构在申请时要接受JOGMEC审查，JOGMEC在补助金交付后还要进行项目现场指导监督，在项目申请和实施阶段，还会对日本本国企业进行技术支援。

（3）必要的调查与情报支持

JOGMEC负责搜集海外铀资源相关信息，并展开实地调研，为日本企业提供必要的情报支持。

图4：日本海外铀资源探矿支援事业体系图

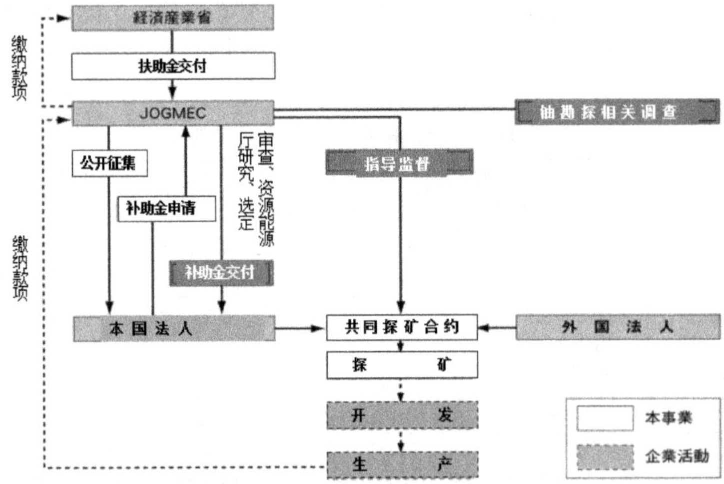

注：涉及出融资合同时，还款与分红等的收益也要作为缴纳款缴纳。

来源：《海外铀探矿支援事业概要》[①]

（三）日本对中亚铀资源研究的分类与主要成果

1. 日本对中亚铀资源研究的分类

从已搜集的公开资料来看，日本对中亚铀资源的研究主要集中在以下几个方面：

（1）铀矿开采技术调查与研究

90年代中后期，日本将中亚地区的铀资源调查研究提上日程，动力

---

① 石油天然气金属矿物资源机构：《海外铀探矿支援事业概要》，2007年7月，第22页，http://mric.jogmec.go.jp/public/kogyojoho/2007-07/MRv37n2-02.pdf。

炉·核燃料开发事业团作为当时的主力军参与了大量的实地调查与研究，主要研究对象是中亚铀矿的原地浸出法（ISL），产出了丰富、翔实的第一手资料。原地浸出法是指在采矿现场原地萃取的开采方案，是在矿床原地直接溶解矿物的一种工艺，与传统的提取技术相比，原地浸出法是一种更具可持续性和环境友好性的采矿方法。① 哈萨克斯坦铀矿埋藏总量中适用于此法的埋藏量占世界总量的56%，乌兹别克斯坦占11%（见图5），这也正是日本倾注资金支持相关研究的原因所在。代表成果有：武内寿久祢的《哈萨克斯坦的原地浸出法铀矿资源开发情况及吉尔吉斯斯坦的铀精炼调查报告书》《哈萨克斯坦的砂岩型铀矿床——ISL法相关》《乌兹别克斯坦及西西伯利亚的砂岩型铀矿床——ISL法相关》、山内睦文的《ISL采矿技术开发》等。

图5：各国适用于ISL采矿法的铀矿潜在资源所占世界总量比例

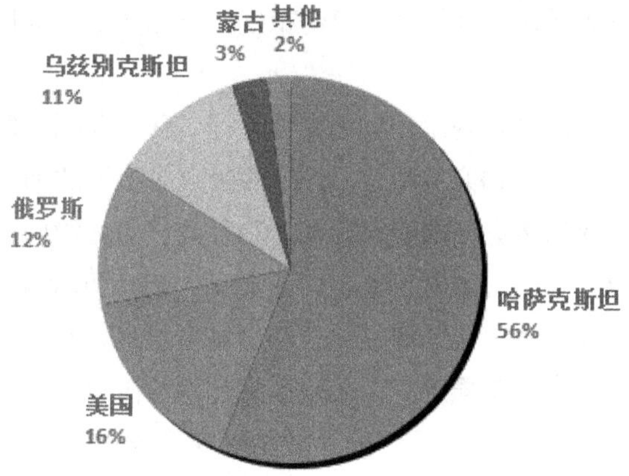

来源：山内睦文:《ISL采矿技术开发》

（2）禀赋研究与矿产区地质条件、环境调查

动力炉·核燃料开发事业团等机构对中亚各国铀矿产区的实地调查与研究，还集中在基础性的铀矿禀赋调查、地质条件与地质环境研究方面，对各矿区、矿山的开发历史与开发现状也有完整梳理。代表成果有：下属东浓地质科学中心的《哈萨克斯坦的铀资源概要》、武内寿久祢的《哈萨克斯坦的砂岩型铀矿床——ISL法相关》、富田纯平等的《中亚·哈萨克斯坦东北地区内陆水

① 王艳:《原地浸出技术的优缺点分析和实践》,《有色金属》2012年第7期，第23页。

的化学特性与U同位体》等。

（3）日苏、日哈核能研究合作

日本与哈萨克斯坦等前苏联地区国家的核能合作由来已久。1973年日本与苏联便签署了科学技术合作协定，以推进两国核能领域交流与合作。在此基础上，1991年4月，日苏缔结和平利用核能的合作协定，提出在“放射性同位元素”与核能安全性等方面进行共同研究。①2010年3月，日哈签署核能协定，将在铀资源勘探、轻水炉运转与放射性同位元素研究方面进行全方位合作。

哈萨克斯坦虽是富铀国，但其核电技术相对落后，需要从其他国家引进，日本作为贫铀国可以利用技术合作确保从哈方的铀资源进口，双方各取所需。日官方在提及签订背景时亦毫不避讳地提出：哈萨克斯坦铀资源储量居全球第二位（全世界的五分之一），今后日哈两国间的核物质等相关技术的转移将逐渐增加，② 对此，两国协定的第二条第一点即包括了“铀资源的探矿与采掘”③的合作内容。不难看出，确保铀资源的稳定供给仍然是日本推进双边核能研究合作的主要目的。

此外，核物质的循环利用、核废弃物处理、环境监测、健康防护等课题也被纳入合作研究范畴。1991年4月，日苏两国政府签署的和平利用核能的合作协定，内容就包含以下方面的合作研究：辐射防护与环境监测；放射性废弃物的管理和处置等。随后，双方还签署了一项关于减轻切尔诺贝利核事故对居民健康影响方面合作的备忘录，涉及的合作领域主要是：对甲状腺和人体辐射计量的估计和再现；甲状腺异常、白血病前期症状与流行病学的研究、预防和医疗等。2008年，日本关西电子、日本核能研究开发机构与哈萨克斯坦国立核

---

① 日本外务省:《原子力の平和的利用の分野における協力に関する日本政府とソヴィエト社会主義共和国連邦政府との間の協定》，1991年4月，第2535页，http://www.mofa.go.jp/mofaj/gaiko/treaty/pdfs/A-H3-2533.pdf#search=%27%E5%8E%9F%E5%AD%90%E5%8A%9B%E3%81%AE%E5%B9%B3%E5%92%8C%E7%9A%84%E5%88%A9%E7%94%A8%E3%81%AE%E5%88%86%E9%87%8E%E3%81%AB%E3%81%8A%E3%81%91%E3%82%8B%E5%8D%94%E5%8A%9B%E3%81%AB%E9%96%A2%E3%81%99%E3%82%8B%E6%97%A5%E6%9C%AC%E6%94%BF%E5%BA%9C%E3%81%A8%E3%82%BD%E3%83%B4%E3%82%A3%E3%82%A8%E3%83%88%E7%A4%BE%E4%BC%9A%E4%B8%BB%E7%BE%A9%E5%85%B1%E5%92%8C%E5%9B%BD%E9%80%A3%E9%82%A6%E6%94%BF%E5%BA%9C%E3%81%A8%E3%81%AE%E9%96%93%E3%81%AE%E5%8D%94%E5%AE%9A%27。

② 日本外务省:《原子力の平和的利用における協力のための日本国政府とカザフスタン共和国政府との間の協定》，2010年3月，http://www.mofa.go.jp/mofaj/gaiko/treaty/shomei_55gai.html。

③ 同上。

能中心签署协议，共同推进金属铍[①]的高效循环再利用研究。

（4）投资环境与法律法规的调查研究

2009年，JOGMEC发布《战略资源确保事业报告（44）——哈萨克斯坦投资环境调查》。该报告对哈在2010年7月通过的《地下资源及其利用的新法案》进行了系统分析，尤其对于其中的地下资源利用法、投资法与相关税制的变更做了详细解读。[②] 2015年，JOGMEC又发布《哈萨克斯坦共和国的投资环境调查（2014年）》。与之前相比，2014年版更为全面地梳理了涉及哈国地下资源开发的相关团体与法律法规，包括（铀矿在内的）矿业行政机关、各大国营公司、矿业生产现状与问题点、主要企业的发展动向、勘探与开发阶段的权利义务、矿业税制及关联规则、环境法案及关联规则、关闭矿山法及关联规则等一系列第一手信息。

（5）中亚铀矿产量与铀浓缩业务量长期变化趋势的研究

设立于1966年的日本能源经济研究所是日本对各类能源问题进行客观分析，为政策立案提供基础数据、情报信息与研究报告的专门研究机构。该所下设战略研究组负责核能领域战略研究，对于能源需求与供给的分析和预测是其核心业务之一。2012年，日本能源经济研究所研究员发表《福岛第一核电站事故后的世界天然铀·铀浓缩业务贸易流通量的长期预测》[③]报告，对哈萨克斯坦及世界的铀资源做出不同条件下的供给预测，对哈萨克斯坦等前苏联地区国家核能发电需求的增加对铀供给造成的影响进行了分析。

三　中国对中亚铀资源的研究

中国对铀矿地质研究的起步和发展深受国际局势，尤其是与苏联关系的影响。苏联在二战后曾向站在同一战线的中国提供了铀矿勘查方面的技术支持，但这种交流受1959年两国关系恶化的影响而中断。[④] 当然，两国关系的转变也同样影响了中国对中亚地区铀资源的研究。此后，从公开资料来看，从20世纪60年代起中国对中亚铀资源研究的主要方式就局限于翻译国外研究成果，

① 铍是热中子反应堆良好的慢化剂，使裂变反应得以有效地进行。

② 萩原崇弘:《カザフスタンの投資環境調査》,《金属資源レポート》2010年第9期，第81页。

③ 松尾雄司、村上朋子:《福島第一原子力発電所事故後の世界の天然ウランウラン濃縮役務貿易フローの長期見通し》,《日本原子力学会和文論文誌》2012年第11期，第281—303页。

④ 赵凤民:《不能遗忘的一次铀矿地质考察》,《铀矿地质》2017年第3期，第189—192页。

且集中于对中亚地区铀资源地质条件的研究。创刊于1962年的《铀矿地质》是当时国内学者了解中亚铀矿资源的主要途径。例如，公开网络中最早可以追溯到的对中亚铀资源的研究是发布于《铀矿地质》1962年第4期的《克兹尔套侵入体（哈萨克斯坦中部）花岗岩中铀和钍的地球化学——放射性元素在花岗岩中的存在形式》。此外，当时翻译的对象主要来源于苏联科研机构的研究成果，且大多以中亚铀矿的地质条件、地球化学研究为主，对中亚铀矿的开采技术、供给能力等的研究较少。

20世纪80年代末，苏联核能工业发展开始走下坡路，因而开始转变政策，中国研究机构被批准进入相关产业部门进行参观、交流。受此影响，国内对中亚铀资源的研究形势也发生了转折。1989年11月，应苏联原子能工业部邀请，中国核工业地质局铀矿地质代表团到苏联（乌兹别克斯坦）进行考察，目的是了解苏联主要铀矿类型和普查、勘探方法及技术交流。此次对乌兹别克斯坦的考察不仅对苏联铀矿地质现状与原地浸出采铀技术进行了深入了解，更重要的是标志着“开始了中国与苏联新一轮的铀矿地质技术交流”。[①]

在20世纪90年代苏联解体之后，受地缘政治变化与国内经济发展形势影响，中国国内学界开始逐渐关注中亚地区国家的投资环境与投资风险，例如乔木森的《哈萨克斯坦的投资环境与程序》[②]，但是针对铀矿领域投资的研究仍然鲜见。

21世纪的头十年，国内对中亚铀资源的研究视角逐渐扩展，研究方式趋于多元化，对铀资源相关产业的独立研究进入眼帘。谈成龙的《哈萨克斯坦铀工业的困厄及对策》指出了哈铀矿开发与出口中存在的问题，也开始关注到核废料处理与环保政策，并提出了对境外核废料接纳问题的思考。[③] 李宁在《哈萨克斯坦核能的多元国际合作》中针对哈萨克斯坦日益重视的核能领域对外合作，按照国别详细梳理了哈日、哈法、哈中、哈韩等双边合作关系，提出哈中两国核能合作不仅仅是在产业链下游，更包括了在核反应堆等上游高技术领域的合作，并总结出哈核能多元外交对提高本国国际地位与促进经济发展的作用。[④]

近年来，中国对以哈萨克斯坦为代表的中亚国家铀资源研究的增多主要是

---

① 赵凤民：《不能遗忘的一次铀矿地质考察》，《铀矿地质》2017年第3期，第189—192页。

② 乔木森：《哈萨克斯坦的投资环境与程序》，《世界经济》1993年第2期，第72—75页。

③ 谈成龙：《哈萨克斯坦铀工业的困厄及对策》，《国外铀金地质》2002年第2期，第63—65页。

④ 李宁：《哈萨克斯坦核能的多元国际合作》，《全球科技经济瞭望》2010年第9期，第46—50页。

受国内能源形势以及双边能源合作趋势的影响。2009年4月29日，中国在中亚地区的首个铀资源合资开发企业——谢米兹拜伊铀有限责任合伙企业在哈萨克斯坦阿拉木图揭牌成立。此前一天，中哈合作开采的第一个铀矿——该合资企业旗下的伊尔科利铀矿开工。在此之后，随着双边铀资源合作日趋深入，国内学界在对传统的铀资源生产与供需形势研究的基础上，又从中亚战略地位以及能源外交角度出发进行了探讨。秦放鸣与孙庆刚认为，中亚丰富的油气和矿产资源，对于缓解和在一定程度上解决中国资源日渐短缺问题上具有重大的经济和战略价值，应该树立全新的中亚资源战略观念，并从国家层面考虑解决，加强与中亚国家在能源矿产资源方面的国际合作力度，推进"建设能源及重要矿产资源运输大通道"的中亚战略。[①] 也有学者提出了双边能源合作中的影响因素。许勤华从学理的角度对中国与中亚双边能源合作关系的因素与变量进行研究，认为经济利益是推动合作的决定变量，大国关系是关键变量，中亚各国国内因素是重要变量。[②] 陈天啸分析了中哈能源合作的理论依据，并提出大国间的能源博弈、哈能源政策与法律的约束是两国能源合作中的制约因素。[③]

四　日本的中亚铀资源研究对中国的借鉴

（一）中日对中亚铀资源研究的背景比较

从地缘角度来看，中国对中亚铀资源的研究条件要优于日本。新中国成立后，中苏事实上的盟国关系有利于中国在中亚地区进行铀资源研究，但是当时中国主要集中于利用中苏合作关系对国内铀资源进行勘探和开采，[④] 发展本国核工业，对中亚铀资源进行研究的需求尚弱。但是地缘政治也是一把双刃剑，中苏交恶后中国面临苏联技术封锁，只能靠一己之力发展核工业，翻译苏联的中亚铀资源研究文献，在此时成为对国内铀矿勘探与开发的重要借鉴。

---

① 秦放鸣、孙庆刚：《中国的中亚战略研究》，《亚太经济》2010年第2期，第111—114页。

② 许勤华：《中国与中亚国家能源合作影响因素比较分析》，《前沿论坛》2007年第9期，第14—15页。

③ 陈天啸：《中国与哈萨克斯坦能源合作探析》，硕士学位论文，辽宁大学，2012年，第26页。

④ 1955—1956年，中苏两国先后签订《关于在中华人民共和国进行放射性元素的寻找、鉴定和地质勘察工作的议定书》《关于苏维埃社会主义共和国联盟对中华人民共和国在铀矿普查方面给予技术援助的协定书》。

日本受自身能源禀赋影响，在20世纪60年代就开始建设核电站，70年代世界石油危机之后更是大力推广核电，对铀资源的获取自然成为其能源战略的重要一环。再者，能源进口来源的多元化也是日本保证其能源安全的一大举措，因此随着冷战局势的缓和，日本的铀矿进口在保证传统进口渠道的基础上开始强化与中亚国家的进口关系。1991年4月，《日苏和平利用核能的合作协定》就是在此背景下签订的。

（二）日本对中亚铀资源研究的经验借鉴

1. 主要职能机构的推动作用

日本动力炉·核燃料开发事业团于1993年5月开始对前苏联国家进行第一次铀资源开发的实地调研；1994年11月的第三次调研开始正式涉足中亚，实地调研乌兹别克斯坦的铀资源；1995年9月的第四次调研主要针对哈萨克斯坦的楚·萨雷苏地区与锡尔河地区的砂岩型铀矿的资源开发情况，以及吉尔吉斯斯坦的卡拉—巴勒塔精炼所的作业情况进行了情报收集。可见，动力炉·核燃料开发事业团的前期勘探和及早布局为日本获取中亚铀资源迈出了第一步。

此外，JOGMEC的贡献显著。JOGMEC不仅是一个信息研究、技术研发、建立全球网络系统的尖端科技研究所，也是一个协调企业与金融机构、企业与政府部门间关系的实权机构，还是一个负责地质勘探调查、能源储备的具体业务部门。[①] 可以说JOGMEC把日本的能源企业带出国门走向中亚，并提供信息支持、技术保障与资金支持，保障了日本的核燃料供给，充分发挥了其“主推手”的重要作用。

2. 海外铀探矿支援事业的“幕后”支持

前文已经提到，进入21世纪之后，日本在海外进行铀矿开发的主体已经由日本政府转变为民间企业。勘探主体的转化也意味着风险主体的转化，本来由国家承担的勘探风险转嫁到了民间企业身上，而企业承受风险的能力必然要弱于国家行为体。因此不难看出，经济产业省资源能源厅通过向企业提供“保驾护航”式的铀探矿风险资金支援，实现了风险的分散和“二次转移”，部分程度上消除了企业参与海外铀资源勘探与开发时的投资顾虑。加之JOGMEC在支援事业流程内的指导监督与情报支持功能，企业的海外铀资源获取更加“如虎添翼”。

---

① 姜雅：《日本石油天然气金属矿产资源机构的运作模式及其对我国的启示》，第27页。

3. 完善的海外矿物资源确保体制

总结日本经验不难看出，日本对中亚铀资源的研究，不仅仅局限于基础层面上的地质条件与地球化学研究、技术层面上的开采技术研究，还涉及法律制度与投资环境、资源市场变动预测等软环境研究；研究形式上也突破了本国独立进行的既有模式，大力推进双边合作研究，可以说形成了一整套多维度的综合性研究与开发体系，并实现了由一国范畴的科研属性上升到两国间的经济与社会文化合作属性。而确保这一综合性研究与开发体系能够顺利推进，实现属性升级的就是日本的能源体制设计之一——“海外矿物资源确保体制”。

2008年3月，日本内阁会议提出，为了推进“资源确保方针”，不仅要着力强化政府内各部门间的合作，还有必要把相关机构纳入到合作体系中来。在此方针指导下，2011年10月“海外矿物资源确保体制”最新版发布（以下简称为“体制”），“体制”由经济产业省与外务省牵头，涉及石油天然气・金属矿物资源机构（JOGMEC）、产业技术综合研究所地质调查综合中心（GSJ）、国际协力银行（JBIC）、日本贸易保险（NEXI）、国际协力机构（JICA）等不同事业主体，横跨经济、外交两大国家职能，辅以科研、金融、保险、政府开发援助等各重要功能。

“体制”将整个海外矿物资源确保划分为7个版块与21个具体业务。每个版块涉及不同的业务，每个业务又有不同的职能机构来具体负责。7个版块分别是：初期探矿、精密探矿、开发、生产、矿山周边基础设施整备、产业合作与其他事业、资源国的技术支持。所覆盖的业务包括：与外国企业共同调查时的权益确保、JOGMEC在本国企业所拥有矿区进行的勘探、提供最高可达50%的勘探费用补贴、勘探资金的出资和融资、发展中国家开发项目的相关调查、海外勘探开发投融资的税务支援、矿山等周边基础设施建设的可行性研究调查、民间金融机构贷款的债务保证、海外事业投资的损失补偿、发展中国家矿物资源领域相关情报与投资环境整备调查、发展中国家矿物资源领域人才培养、发展中国家矿物资源开发的环境政策协助等21个不同领域。[①]

以“开发”版块为例，整个版块包括资源开发事业资金的融资与债务保证、日系合资企业中的出资、对从民间金融机构等借入资金的债务保证等5个具体业务领域。其中“资源开发事业资金的融资与债务保证”由资源能源厅矿物资

---

① 日本经济产业省资源能源厅:《海外鉱物資源確保ワンストップ体制の整備について》，2011年10月，第1页，http://www.enecho.meti.go.jp/category/resources_and_fuel/mineral_resource/001/。

源课负责，JOGMEC具体实施：企业向JOGMEC提出申请，审核后下发债务保证通知，签订债务保证协议，JOGMEC向金融机构发放债务保证通知，对企业的贷款进行债务担保。

图6："资源开发事业资金的融资与债务保证"说明

【阶段】

探矿开发	权益确保	探矿	开发	生产	其他
周边基建	可能性研究	深入的可能性研究	建设	作业	其他

【支援方法】

权益转让	探查	扶助	出资	融资	债务保证
保险	调查	技术支援	税制支援	人才培养	

【对象矿种】

猛、镍、铀、铬、钨、钼、钴、铌、锑、锂、硼、钒、锶、稀土类、铂族元素等其他稀有金属；铜、铅、锌、金、铝土矿、锡、铁

【负责科室】

矿物资源科	资金合作科	技术合作科	贸易保险科	石油天然气科

【实施机构】

JOGMEC	JBIC	NEXI	JICA	国际资源大学校

【对象国】

全部	ODA

来源：日本经济产业省网站[1]

图7："资源开发事业资金的融资与债务保证"实施体制

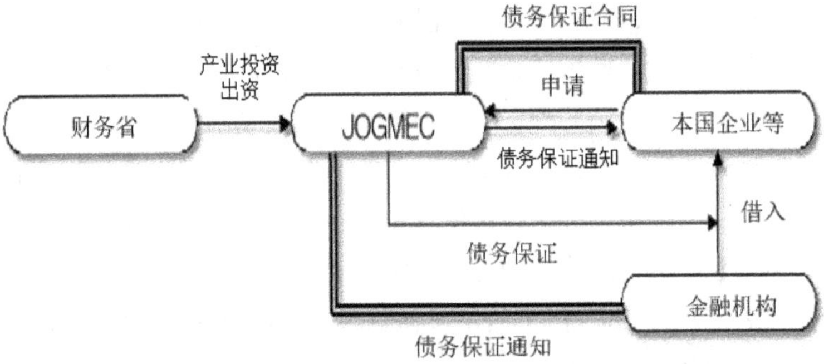

来源：日本经济产业省网站[2]

① 日本经济产业省资源能源厅:《海外鉱物資源確保ワンストップ体制の整備について》, 2011年10月，第1页，http://www.enecho.meti.go.jp/category/resources_and_fuel/mineral_resource/001/。

② 同上。

从职能的分类不难看出，“海外矿物资源确保体制”不仅全面覆盖了矿物资源开发的前期（实地调研、情报收集、可行性研究）、启动（资金与税务的支援、补贴）、运行（债务保证与保险补偿）过程中的各个环节，还从资源国角度出发，对资源调查、人才培养与环境保护予以协助，侧面推进了日本与资源国的合作关系，从而为铀资源的长期、稳定获取提供保障。

综上所述，从用金融、财政、税收等各种手段鼓励和吸引矿业企业，到为企业做技术援助和投资损失保险赔偿，可以说日本政府通过中间机构，采取了全方位的支援措施推进其海外矿产资源勘查活动。[①] 更进一步讲，日本的“海外矿物资源确保体制”不仅为研究中亚铀资源提供了制度性保障，而且从能源策略层面来讲，作为日本海外矿物资源开发事业的“顶层设计”，保障了日本矿产资源供应的长期性和稳定性，在推进其资源综合保障战略，维护能源安全中发挥了重要的支撑作用。

对于中国而言，首先，要加强对中亚国家铀矿资源信息搜集研究。应通过系统收集、整理海外主要铀成矿带的地质资料，对境外主要铀成矿带的成矿地质背景、成矿条件和成矿规律开展综合研究，做出准确的资源潜力和开发利用可行性判断，划分出铀资源优先合作开发项目；通过矿业政策、法律研究，掌握海外投资开发环境，做出精细决策，防范法律制度和执行风险。其次，要整合国内各机构资源与平台，加大政策支持力度。要推出稳定海外铀矿进口渠道的“顶层设计”，统合外交、财政、科研等各机构职能；覆盖民间金融机构与非政府组织，充分发挥各平台优势，从而从制度上确保对海外铀资源的研究和进口。

① 姜雅：《日本如何推进其海外矿产资源勘查》，《国土资源情报》2010年第5期，第20页。

图8：日本海外矿物资源确保体制

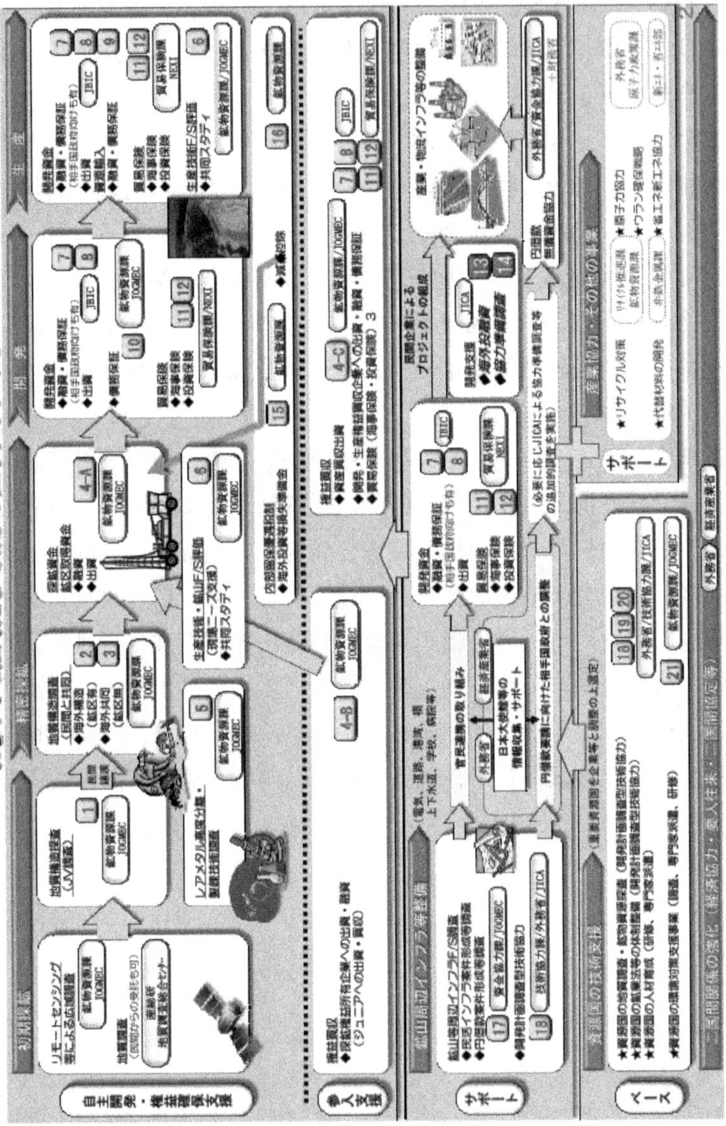

来源：日本经济产业省网站[①]

① 日本经济产业省资源能源厅:《海外鉱物資源確保ワンストップ体制の整備について》2011年10月，http://www.enecho.meti.go.jp/category/resources_and_fuel/mineral_resource/001/，第1页，访问日期：2017年8月10日。

Related research of Japan on the Central Asia Uranium and Enlightenment to China

Wang Dong

Abstract Kazakhstan and Uzbekistan in Central Asia are two of the most important countries exporting Uranium mineral. As a nation heavily relying on the nuclear power, Japan has been pursuing a policy of diversifying energy import sources, so as to guarantee the supply of Uranium. Japan has been analyzing the Uranium resources of Central Asia from different perspectives ever since 1990s. They have made very fruitful achievements in these researches. And what is more important is the "system for guarantee of overseas mineral resources supply", which not only offers an institutionalized insurance to its researches on the uranium resources in Central Asia, but also plays a significant role in support of a long-term stable supply of mineral resources for Japan. China should learn from Japan's practices and experience as to launch a top design of a steady overseas import channels on the basis of intelligence collection of Central Asia Uranium and the integration of different agencies functions. Therefore, we can guarantee the study and maintenance with the Uranium from overseas by system constructions.

Key words Japan; Central Asia; Study of Uranium System Enlightenment

Author Wang Dong, Ph.D. Candidate of the China Institutes of Contemporary International Relations.

会议综述

第七届中国周边外交研讨会综述

肖　阳[①]

2017年11月11日至12日，由复旦大学中国与周边国家关系研究中心主办，国家领土主权与海洋权益协同创新中心支持的“第七届中国周边外交研讨会”在复旦大学举行。本次研讨会主题为“特朗普执政与中国周边外交的新发展和新课题”，旨在对2017年中国周边外交的新特点和新变化进行系统总结，同时对2018年周边外交的走向展开预测和分析。来自中国外交部、中共中央对外联络部、中国社会科学院、国防大学、中国国际问题研究院、中国现代国际关系研究院、上海社会科学院、北京大学、外交学院、武汉大学、中山大学、同济大学、广东国际战略研究院、吉林大学、聊城大学、云南大学、华东师范大学等单位的50余位专家学者，以及来自《世界知识》杂志社、社会科学文献出版社、国际文化出版公司、时事出版社、《新民晚报》等新闻出版机构的10余位编辑和媒体人参加了研讨会。

研讨会开幕式由复旦大学中国与周边国家关系研究中心主任石源华教授主持。复旦大学国际问题研究院常务副院长吴心伯、外交部亚洲司参赞杨军分别致辞。吴心伯指出，近五年来，中国周边外交在严峻的斗争形势下投入力度空前加大，中国崛起所带动的地缘政治张力作用日渐明显，同时在战略上也收获颇丰。吴心伯希望周边外交研究要关注今后五年甚至更长时期，要从宏观上进一步探讨和总结中国崛起背景下周边外交的规律性认知。杨军在致辞中表示，研讨会契合当前我国周边形势的发展，具有很强的现实针对性。他总结了十八大以来中国周边外交的巨大成就，阐述了党的十九大报告确立的外交方略和任务，并指出了当前所面临的八个现实问题，希望与会学者能够对此发表真知灼

① 肖阳，武汉大学中国边界与海洋研究院博士研究生。

见，积极贡献智慧。

复旦大学一带一路与全球治理研究院执行副院长黄仁伟教授，国防大学战略教研部原主任朱成虎教授，中国社会科学院学部委员、国际学部主任张蕴岭研究员分别发表主旨演讲。黄仁伟从什么是亚洲秩序、中国需要什么样的亚洲秩序以及未来亚洲秩序的走向三个方面进行了论述。他指出，二战结束以来，雅尔塔体系是亚洲秩序的合法性的来源，但亚洲从未形成一个定型的秩序，旧金山体系想建立以美日同盟为核心的亚洲秩序是没有合法性的。未来亚洲秩序的构建必须解构以美日同盟为核心的秩序，并可能有以下三种前景：第一种是美日同盟体系变成美日印澳四国同盟体系；第二种是以中国主导的亚洲地区经济合作机制为基础的亚洲秩序；第三种是理想化的美中合作的地区秩序，这种秩序虽然比较复杂和困难，但还是要积极争取，避免前两种秩序造成的严重的对抗，使亚洲重新陷入新的两极对抗。

朱成虎认为，近十年来的中国周边外交解决了一系列现实问题，随着综合国力的持续增强，中国也需要与时俱进和改革创新。未来的中国周边外交需要关注以下问题：一是半岛问题。美国根本没有想过要解决朝核问题，但对朝动武的难度也很大；萨德问题是严重危害中国国家安全和国家利益的行为，必须“杀鸡儆猴”在周边立威；二是中日问题。中美日的三角关系是互动的，中日关系的状态需要客观分析；三是南海问题。中美之间的博弈远未结束，当前维持现状、共同开发就是要稳定周边；四是中印关系。印度喜欢在背后搞小动作，但对印还是要继续做工作；五是中美关系。中美不会陷入修昔底德陷阱，这可能只是一厢情愿，最好的办法就是不断强大自身，才能以准备战争来遏制战争。

张蕴岭归纳了周边外交热点凸显的三大特征：一是热点凸显大多与中国的综合力量快速提升有关；二是热点问题具有两面性，有热的一面，同时也有转向的一面；三是周边地区大稳定支架起到了稳固的作用。他指出，新时期的中国周边外交需要思考以下三大问题：一是要在继续为两步走战略开拓有利环境的同时，提出中国方案，贡献中国智慧和中国力量；二是从中国的角度来说，随着内外因素和环境的变化，以周边区域为中心的中国区域观逐渐回归，中国对周边区域关系和秩序从重建转变为重构；三是用新理念来研究中国的外交，在现有的理论基础上与新时代的大布局、大视野、大思想结合，并有所超越，中国模式的成功对世界发展具有重要意义。

会议期间，与会学者就“中国周边外交综论”“中国周边大国外交”“中国周边次区域外交”“中国周边外交的热点问题”四个专题对2017年的中国周边外交进行了全面的回顾和总结，对如何开展2018年的周边外交工作展开了广泛深入的探讨。

一 中国周边外交综论

“2017年中国周边外交综论”专题研讨由中国国际问题研究院亚太研究所所长刘卿研究员主持，共有8位学者发表见解。

复旦大学中国与周边国家关系研究中心主任石源华教授从五个方面论述了新时代中国周边外交的定位和思考：一是2035年前周边外交将占据中国外交的主导地位，二是新时代的中国周边外交需要构建中国特色的国际关系和大国外交的理论来引导，三是要推进大国协调与合作稳定周边，四是要争取更多的中间国家在中美之间平衡，五是要推动“一带一路”融入中国梦的路线图，中国在每一阶段都应有不同的任务和目标。

中国社科院美国研究所李文研究员对特朗普执政与中国周边外交的理念与实践发表了看法。他认为，海湖庄园会晤后中美关系开始从亦敌亦友、合作与竞争并存的不确定状态转变为在伙伴关系与竞争关系之间寻找平衡点的状态；双方关系明显由互为对手、互为敌人转变为双边合作、携手共同处理和解决全球与地区问题，共同应对新的挑战与威胁。

中联部当代世界研究中心赵明昊副研究员围绕高峰论坛和“一带一路”新进展进行了分析。他认为，“一带一路”峰会的召开形成了一种政治引领和理念引领，推动了“一带一路”从过去四年多的中国版逐渐向国际版迈进。下一阶段的“一带一路”建设要处理好沿线国家与相关国家、关系治理与规则治理、新机制和老机制、陆丝和海丝等四组关系。

同济大学国际关系与公共事务研究院院长夏立平教授对2017年的中国周边政治安全发表了看法，认为世界正经历400年未有的大变局，不仅是中国在崛起，一批发展中国家在崛起，亚洲也正在整体崛起，世界政治经济的中心开始转移。在这种背景下，中国的周边政治安全环境复杂多变，亚太地区多极化趋势更加明显。

外交学院凌胜利副教授对中国的周边安全战略展开了分析，认为中国周边安全合作面临着大国权力竞争、制度竞争和观念竞争等主要障碍。中国周边安全问题可分为核心利益、重要利益和一般利益三个层次，针对不同利益层次的安全问题，中国可采用“大国协调”和“制度协调”并进的思路，推动周边地区形成较低程度的安全共同体。

中国社科院亚太与全球安全战略研究院钟飞腾研究员对2017年中国周边经济进行了回顾，认为其主要有三大趋势：一是中国的周边经济在总量上是上升状态，二是过去十年周边经济在全球占比的上升主要源于中国，三是周边经济也在经历从制造业经济趋向服务业经济的结构性转变。未来周边经济将继续由中国主导，中国对周边经济应予以关注和重视。

武汉大学中国边界与海洋研究院熊灵副教授论述了“一带一路”背景下中国与周边经贸合作的发展与挑战，认为中国当前面临四方面的问题与挑战：一是周边经济复苏加快但存在下行风险，二是周边金融环境趋紧，潜藏新一轮风险，三是与周边贸易摩擦影响凸显，四是与周边的产能合作尚存一定风险。

复旦大学朝鲜韩国研究中心邢丽菊副教授对2017年中国与周边国家的人文交流进行了评估和展望，认为在人文交流方面周边国家普遍跟中国存在“近而不亲”的现象，未来周边人文交流的重点是加强民间交往；人文交流的双向目标就是要让中国更好地了解世界，也要让世界更好地了解中国。

二　中国周边大国外交

“2017年中国周边大国外交”专题研讨由世界知识出版社副总编兼《世界知识》杂志社社长罗洁主持，共有6位学者发表见解。

复旦大学美国研究中心潘亚玲副教授对2017年中美关系的特点进行了总结：一是中美关系实现了平稳过渡，从特朗普当选时的高度不确定回归到现在的大致可预期；二是中美关系基本确立了战略沟通模式，但战术互动机制与模式建设仍充满不确定性；三是中美关系双边管理总体成功，但多边互动较为少见。

复旦大学俄罗斯中亚研究中心冯玉军教授就2017年中俄关系的新进展发表了看法：一是政治互信不断加深，二是国际战略协作水平迅速提升，三是务实合作稳步推进，四是人文合作硕果累累；未来中俄关系的发展，一是要客观评估其国际战略边际效用，二是要权衡其经济成本与收益。

四川大学南亚研究所张力教授就2017年中国对印外交进行了分析，认为印度积极推进海外扩展战略，既是其战略崛起的内在需求和必然反映，也与中国的“一带一路”倡议存在密切关联。中印关系在地区层面更多的是竞争，印度与美、日、澳等国提升战略合作值得关注，这些合作将对中印关系的发展和中国的国家利益构成重要影响。

复旦大学南亚研究中心副主任林民旺研究员回顾了2017年的中印关系并对两国关系的未来发展进行了展望，表示洞朗事件给中印关系发展大局带来了破坏性影响，目前该事件的持续影响已经显露，对印度内政、中印关系、南亚形势和大国关系都可能产生一定影响。2018年的中印关系仍将继续考验中国的外交定力和南亚政策。

中国社科院日本研究所副所长杨伯江研究员对2017年的中日关系动态进行了梳理，认为中日关系明显转暖，积极互动增多，逐步走上稳定改善的发展轨道。“特朗普因素”一方面强化日美同盟，加深了中日矛盾，另一方面也使得日本对华经贸合作动力增强。2018年是《中日和平友好条约》签订40周年的历史节点，日本在复杂敏感问题上的动作值得关注。

复旦大学日本研究中心主任胡令远教授论述了特朗普执政后中日关系的新变数和未来发展趋势，表示特朗普上台后采取了一种比较隐讳的战略后移来应对中国，目的在于既可以组织更多的资源在更广域的范围制衡中国，同时使得中日美之间博弈的空间更大，回旋的余地也更大。中日关系的一个内在的驱动力就是中国的张力，中国应利用有利空间推动双方关系向前发展。

三　中国周边次区域外交

“2017年中国周边次区域外交”专题研讨由吉林大学行政学院郭锐教授主持，共有10位学者发表观点。

中国国际问题研究院亚太研究所所长刘卿研究员分析了东北亚安全形势和外交挑战，认为朝核危机几近失控，对东北亚安全产生三个方面的严重影响：一是牵动安全格局变化，二是核安全秩序变化，三是导致军备竞赛。中国的东北亚外交在逆境中积极作为，维权与维稳并行，坚决同损害中国权益的行为做斗争，维护了东北亚地区的和平与稳定。

中国社科院俄罗斯东欧中亚研究所赵会荣研究员总结了2017年中国的中亚外交，认为从整体上看中国和中亚国家的关系处于稳步推进的状态，在政治上，加强互信，保持双边关系高水平运行；在经济上，加强经贸合作，实现了互利共赢；在安全上，加强安全合作，维护了地区稳定；在人文交流方面，积极推进夯实了社会基础。今后中国还要继续推进与中亚国家全面战略伙伴关系的建立。

华东师范大学上合组织研究院王海燕副研究员论述了2017年中国的中亚外交与“一带一路”倡议，认为中国与中亚国家领导人互访推进了顶层设计，在中亚形成了百舸争流的局面，双方多层级、多领域的全方位交往与活动取得了丰硕成果。同时也应看到，中国的中亚外交仍面临东突及IS恐怖分子回流、跨界水资源、跨界民族区域治理、贸易投资风险管控等诸多问题。

中国现代国际关系研究院马燕冰研究员围绕美国的东南亚政策及其对中国—东盟关系的影响进行了分析，认为朝核危机加大了特朗普政府对东南亚的关注；美国军舰擅闯中国南海岛礁等举动，表明南海仍是亚洲的热点地区；美国将继续重视东盟在地区合作中的作用；中美关系未来走向不明朗和不确定性，增加了南海局势的风险，中国的东南亚外交面临着诸多挑战。

中国人民大学李巍副教授论述了中南半岛之于中国周边外交的意义、中国经略中南半岛的条件和方略，认为中南半岛是中国经略周边的战略支点，其在外交上大国势力相对较弱，在经济基础上相对较好，在文化传统上与中国相对较近。未来中国经略中南半岛，在外交上要深化战略合作关系，在经济上要进行深度整合和细化，在文化上要加强留学教育和学科研究。

中国现代国际关系研究院王世达副研究员就新时期中国的南亚外交发表了看法，认为洞朗事件后，中国的南亚外交从以印度为中心的外交转变为对印度和其他南亚国家的双规外交，反向推动了对印外交和南亚外交的相互协调。未来印度的外交政策进攻性更强，一是其“曼荼罗主义”更为明显，敌华冲动难以抑制，二是其将强化对周边小国的控制，继续反对“一带一路”倡议。

中国社科院西亚非洲研究所殷罡研究员以地图为视角对中国周边地区的局势变化进行分析，认为周边外交不等于邻国外交，其还包括邻国的邻国。中国是有着悠久历史的国家，在世界几大古代文明中，中华文明是没有中断、延续发展至今的文明，研究中国周边外交要从文化、历史、宗教等多维度进行系统考察。

吉林大学行政学院郭锐教授从西亚局势新变化与中国对西亚外交展开论述。2017年西亚地区的混乱与动荡持续发酵，地区层面域内大国纠纷和民族宗教矛盾冲突严峻，全球层面域外大国的干涉不稳定性加剧。中国对西亚外交顶住了压力逆势而上，取得了重要成果。未来中国要突破固有模式，创新理念思维，为西亚地区贡献更多更足的“中国力量”。

聊城大学太平洋岛国研究中心执行主任陈德正教授分析了中国—大洋洲—

南太平洋蓝色经济通道的构建，认为中国倡导的“蓝色伙伴关系”契合了太平洋岛国与中国友好相处的普遍愿望，将对太平洋岛国的“蓝色太平洋”身份产生重要影响。未来中国与太平洋岛国应加强对话磋商，建立双边合作机制，共同参与海洋治理。

中山大学大洋洲研究中心费晟副教授对2017年中国的南太平洋外交发表了观点，认为中国的南太外交延续了“一个中心，多点开发”的态势，在软实力和硬实力方面都有较大收获。中国的南太外交存在两大问题，一是澳大利亚在中国外交中较低的位置与澳大利亚较高的自我期许之间的矛盾，二是中国对太平洋岛国的援助和外交仍缺乏足够经验和智识支撑。

四　中国周边外交的热点问题

“2017年中国周边外交的热点问题”专题研讨由中国社科院美国研究所李文研究员主持，共有9位学者发表观点。

中国国际问题研究院虞少华研究员从朝鲜半岛基本形势的评估和总结、未来发展的可能性和挑战以及应对的重点和建议等三个方面对2017年的半岛形势做了深入阐述，认为半岛问题已走入关键节点，中国在半岛问题上要保持战略定力，充分发挥出传统的地缘政治和经济影响力、现实的发展能力和未来主导的潜力，做好充分的应对准备。

广东国际战略研究院赵卫华副教授围绕特朗普时期美国南海政策的走向及中国的对策进行了分析，认为特朗普上台之后南海问题并未有所缓和，南海问题实际上已经由中国与周边国家的争端，转变为中美两国在南海的地缘博弈。2017年美国在中国南海地区更多的公开挑衅和介入基于其战略考量，是美国同中国所进行的一场规则博弈。

北京大学国际战略研究院归泳涛副教授对钓鱼岛争端与中美日关系的新态势展开了论述，认为钓鱼岛问题牵动了以中、美、日为主的地区大格局。日本当前积极加强与东南亚国家、澳大利亚、印度的海上合作，对中国的周边战略环境造成不利。尤其是特朗普“印太”概念的提出并可能图谋建立美日印澳四国同盟，这将对中国形成战略压力，不利于东海和南海形势的缓和。

复旦大学日本研究中心贺平副教授对美国退出TPP后的亚太经济治理的格局和动向进行了评估和预判，认为亚太经济治理的格局正处于前所未有的深度调整之中。中国一方面需要以冷静的态度审视当下的环境，明确对外行动的限度，另一方面要在可能与合适的范围内力争有所作为，切实维护自身利益。

云南大学周边外交研究中心首席专家卢光盛教授对澜湄合作的方向展开了深入论述，认为未来澜湄合作应该朝着构建澜湄国家命运共同体的方向去发展。当前，澜湄合作还面临着政治互信、安全形势、经济与可持续发展、域外国家博弈等多重挑战，在构建路径上可以习近平主席提出的“伙伴关系、安全格局、经济发展、文明交流、生态建设”等五大路径为基本框架。

中国现代国际关系研究院安全与军控研究所所长傅小强研究员分析了2017年中国周边反恐形势，认为2017年中国周边备受国际恐怖主义和极端主义的威胁与冲击，菲律宾、缅甸、阿富汗等多国恐怖主义情势趋恶，暴恐案件频发，东南亚已逐渐成为国际反恐新乱源，未来中国周边面临的反恐形势将更为复杂。

复旦大学南亚研究中心主任张家栋教授对南亚反恐形势的新特点发表了看法，认为南亚恐怖主义具有宗教极端主义、意识形态、民族分裂武装、与国际政治事件互动等主要特征。从数字上看，南亚的恐怖主义形势非常严峻，在全世界占有相当大的比例，但近年来其下降速度和趋势相对较快，总体来看，南亚各国的反恐形势都在好转。

武汉大学中国边界与海洋研究院关培凤副教授回顾了近年来中印边界问题现状并对解决前景展开了论述，认为洞朗对峙不仅暴露了中印在战略、政治和军事上的互信非常脆弱，而且也从侧面反映了中印两国缺乏足够的相互理解并存在认知的错位。中印边界问题在短期内难以取得实质性突破，未来中国在坚持和平谈判解决方式的同时，也要做好最充分的预案。

复旦大学中国与周边国家关系研究中心主任石源华教授对会议做了总结。他指出，2017年是中国周边外交承前启后的关键一年，党的十九大报告提出了中国在新时代的外交战略与蓝图设计，也为中国周边外交的未来发展指明了方向和定位。2018年是十九大后中国周边外交的开局之年，本次会议的召开恰逢其时，通过对未来形势与发展方向的研判，必将为十九大后的中国周边外交的提供重要借鉴和参考。

复旦大学第二届中国海洋战略高端论坛综述

高 兰[①]

2017年9月23日至24日，由复旦大学国际问题研究院主办、国家领土主权与海洋权益协创中心及两岸关系和平发展协创中心协办的复旦大学第二届中国海洋战略高端论坛成功举行。来自中国国际战略学会、中国社会科学院、中国人民解放军军事科学院、国防大学、中国南海研究院、厦门大学、吉林大学、北京航空航天大学、西北政法大学、广东国际战略研究院、同济大学、上海外国语大学、中国海洋石油集团公司、海南省三沙市人民政府、上海海事局、上海社科院、上海国际问题研究院、上海日本研究交流中心、新华社、《世界知识》杂志等军、政、学、媒体代表共60余人出席论坛。

此次海洋战略论坛邀请了国防大学战略研究所原所长杨毅少将、中国南海研究院吴士存院长以及厦门大学南海研究院傅崐成院长做特别演讲，复旦大学国际问题研究院学术委员会主任胡令远主持了论坛的开幕活动。

杨毅将军指出，“一带一路”倡议是党中央特别是习总书记统筹国内国外大局所做的决策。我们在思考“一带一路”倡议下的海洋问题时，也要从国际国内两个大的角度看待问题。从国际格局来看，总书记在高峰论坛上说，从历史维度上看，人类正处在一个大发展大变革大调整的时代，其中大变革是核心，大变革必然导致国际政治、经济、文化秩序的大调整，大发展是大变革大调整的必然结果。加强战略统筹，以系统化的工程推进“一带一路”。中国在调结构稳增长和坚持五大发展理念之外，还需要增强军事力量，做好战略支撑是非常重要的。我们的军队必须拥有走向全球全域的实力、能力、勇气和胆略。在关键时刻能够捍卫国家的海外利益，“一带一路”倡议赋予了军队和国

① 高兰，复旦大学海洋战略研究中心主任、教授。

防事业新的历史使命，也给军队和国防带来新的发展契机，但并不意味着我们会以武力解决问题。

吴士存院长指出，按照中国2015年公布的《“一带一路”的愿景与行动》，“一带一路”包括三条陆地线路和两条海上线路。而南海是两条海上线路必经的通道，南海形势正在发生对中国有利的变化趋势。虽然南海形势趋于缓和，中国在南海的压力并没有减轻，事实上，我们在南海以及在南方面临以下挑战：第一，海上维权的挑战，主要是我们的海上力量、我们的海军、我们的海上执法力量面临挑战；第二，保证正在进行的岛礁建设有序进行的挑战；第三，渔业活动以及其他经济开发活动不受干扰的挑战；第四，法律领域的挑战。2013年，由菲律宾提起的“南海仲裁案”所引发的法律挑战，主要是围绕仲裁“裁决”有效性和应对“裁决”对我南海权利主张的负面影响的斗争还会继续下去。我们把它视为一张废纸，但是真正要让仲裁“裁决”成为一张废纸，还有很长的路要走。

傅崐成院长指出，我们在“一带一路”建设过程当中要关注环境问题。丝绸之路的精神是和平、合作、开放、包容，寻求共同发展，中国要加强海上搜救任务的国际合作，加强信息分享、人员训练、联合演习等活动；共同建立海上灾难的预警系统，特别是在南海孟加拉、红海亚丁湾等水域优先来做，大力推进南海海啸预警中心的建设。为了解决21世纪海上丝绸之路不可避免的纠纷，现在各个港口，包括上海、厦门，成立了仲裁院、仲裁法庭，有的地方成立了外国法律查证中心等。

与会代表分别围绕“‘一带一路’倡议对东亚海上安全的影响”“‘一带一路’倡议对东亚海洋经济发展的影响”“‘一带一路’倡议对东亚海洋文化和法治发展的影响”以及“‘五海联动’格局下的周边国家海洋政策及其影响”等四个方面的问题展开深入的学术探讨。

一 “一带一路”倡议对东亚海上安全的影响

在世界格局发生重大变化之际，我们提出了“一带一路”重大倡议，对于推进世界格局向着积极方向的发展，对于中华民族的伟大崛起，将发生重要的作用。

与会者首先讨论了关于构建海上丝绸之路战略支点国家的问题。战略支点是一个重要的区域关键点，可以支撑全局，对于周边地区可产生很大的影响。

上海社科院国际关系研究所刘鸣常务副所长认为，有关战略支点，有以下几方面的特点：第一，战略位置非常突出，处于“一带一路”建设的重要节点，能够发挥枢纽作用；第二，辐射能力强，人口基数、经济体量大，对于地区有很强的影响；第三，参与意愿强烈，双方互有优势，互有需求；第四，双方关系高水平，有成熟的沟通机制，没有根本性的利益冲突。在一定的国家群体中，战略支点国家可以起到示范作用，能够通过发展撬动其他国家的关系。如果我们能找到这样一个战略支点国家，我们与周边国家的关系就都打开了。战略支点国家，应该考虑更多的是构建海运链、贸易链、航运链，最终形成一个海洋经济合作的海上非传统安全网，其中包括枢纽港、仓储、航道、自由贸易区等。

军事科学院江新凤研究员认为，现在中国的海洋战略面临最大的挑战，是以美、日为主的安全联盟对于中国的遏制，而南海是其遏制中国的发力点。日本作为一个海洋国家，对于中国海上力量走出去、对于我们的“一带一路”疑虑重重，是在南海问题上仅次于美国的积极干预者。

吉林大学张景全教授从海权理论角度探讨了有限性海陆双向战略与“一带一路”稳步推进的问题。他指出，有限性海陆双向战略有三个内涵：第一，有限目标。如果我们把有限性海陆双向战略的目标界定为维护周边安全，大多数的案例都会证明，它对于周边的安全而言，是具有积极意义的。如果我们把有限性海陆双向战略的目标界定为争夺霸权，大多数案例证明，它对于获得国家霸权而言并不是完美的战略。第二，有限资源投入。要意识到安全忍耐度的存在，意识到不要使自己的国内关注成本和国际关注成本过大。第三，保持有限进攻与积极防御的战略态势。有限进攻是获得周边安全的首要，没有进取的意志与战略，就不会有稳定与和平的繁荣。防止过度消耗资源与战略冒进，通过有限进攻，保持战略前驱的锋锐；通过积极防御，把握有限进攻和积极防御的态势。为了保持有限进攻与积极防御的战略态势，我们在推行“一带一路”建设时，要继续稳扎稳打，步步为营，避免过度承诺和无限进取，需要以负责任大国的形象进退有度。

二 “一带一路”倡议对东亚海洋经济发展的影响

会议专家们一致认为,“一带一路”倡议对于东亚海洋经济发展具有极其重要的影响。国家海洋局东海分局原副局长刘振东指出，在东海，影响我国通道安全，容易发生冲突的地方有苏岩礁、东海油气田、钓鱼岛、台湾四个区域。中国海监在2008年12月8号首次在钓鱼岛进行巡航，12月开始大规模的巡航，实现了中国海监的常态化巡航。2013年中国海警局成立之后，在钓鱼岛海域继续进行常态巡航。在钓鱼岛海域，目前形成了对等存在、共同管控的局面。对等存在，就是日方公务船巡航，中国海警公务船也进行巡航。共同管控，就是日方管好日本的船和人，中国海警也代表政府管好中方的船和人，包括管辖港、澳地区的船和人的活动。

复旦大学国际问题研究院宋国友教授指出，“一带一路”关注“五通”，即设施联通、政策沟通、贸易畅通、资金融通、民心相通。“一带一路”的港口建设十分重要。中国在港口的吞吐量建设方面，给日本、新加坡带来很大的挑战。设施联通，除了空港、海港、高铁三者有形连接之外，还有无形的连通，例如网络、电力方面。和西部建设中巴经济走廊相比，我们在东亚这一块有很大的突破，当然也有很大的局限性。在贸易畅通方面，商务部公布的中国与“一带一路”沿线国家贸易额，包括海丝方面，从2016年起每个月都有一次公布，它的增速是超过中国和其他国家贸易增速的。从这个角度来讲，“一带一路”，特别是海上丝绸之路，增进了东亚贸易区域的整合程度。在资金融通方面，亚投行、丝路基金、国开行等金融机构，提供了更多的资金融通的可能。东亚地区经济一体化的机制化程度相对较高，随着“海上丝绸之路”的进一步推进，东亚经济一体化会加速进行。

上海海事局研究室主任王勇提出了建设海洋强国和海运强国，争取海洋归置权的问题。到2016年为止，中国是世界第二大经济体和第一大贸易国。我们的贸易量90%是通过海上运输实现的，商船现在遍布全球1200多个港口。但同时，我们在国际海事组织的影响力还不够。在海事组织规则当中，从提交数量来看，前二十个国家中第一大国是日本。从1998年到2016年向国际海事组织提交的提案数量，日本是1032件，韩国421件。一国提案提得越多，对国际海运规则影响力越大，在国际上的地位提升越快。对于中国来讲，我们要成为规则制定者，关键要了解规则、吃透规则，这才是我们融入国际海运体系的第一前提。我们要引导国际海运的规则导向，得到相应的国际归置权，需要注意两点，一是要有共同的基础，二是要有配合机制。要务之一，我们要寻找共同基础，比如说金砖五国这五大发展中国家，怎么样利用现在共同的经济发展需求，构建出相应的配合机制，达到欧美国家现在的水平。

三 “一带一路”倡议对东亚海洋文化和法治发展的影响

中国海洋石油总公司经济技术研究院张良福研究员介绍了“更路簿”作为中国在南海拥有历史性权利的强有力的历史事实证据的情况。他指出，“更路簿”实际上是中国的南海渔民，特别是海南渔民世世代代在南海诸岛及相关海域进行航行作业，在此过程中通过日积月累，有的是通过口耳相传，有的是手抄本的方式形成的航海指南。“更路簿”是一种民间性质的文书，或民间性质的行为，是证明中国对南海诸岛及附近海域拥有主权的强有力的佐证。“更路簿”有独特的民族性、原创性、实在性、系统性、专业性和纪实性的特点，有重要的文物价值、文献价值和多学科研究的价值以及南海维权的价值。

西北政法大学国际法学院王泽林副教授指出，美国在南海执行航行自由计划，对东亚海上安全构成了重要影响。中国和美国之间就航行自由的内容存在分歧，之前美国派出军舰、军事调查船在我专属经济区进行军事测量活动，双方因此发生过很多对峙、争议。中国认为这种行为威胁到中国的国家安全——属于海洋法公约中的海洋科学研究，无论是按照公约，还是按照中国国内法，都需要中国的提前批准。但是美国没有做，双方就发生了争议。特朗普宣布可能在南海进行海上航行自由的常态化，在他任职期间已经发生了三次，可能今后还要经常发生，如何应对美国的航行自由是中国面临的挑战。

复旦大学国际问题研究院邢丽菊教授指出，人文交流是推动中国与“一带一路”沿线国家民心相通的重要途径，当前的国际关系虽然是国与国之间的关系，但是最重要、最基本的是人与人之间的关系。我国的中外人文交流，目前已经建立了8大机制，就“一带一路”沿线来讲，最有代表性的就是中国跟印尼的交流机制，是副国级的，级别非常高。人文交流是促进中国与有关国家政治互信的基础，政治互信是开展一切合作的基础，政治互信的构建并不是孤立的，而是与其他领域的沟通交流相互促进的。人文交流虽然不能必然导致政治互信的建立，但是没有人文交流的广泛开展，政治互信的建立将无从谈起。

四 “五海联动”格局下的周边国家海洋政策及其影响

复旦大学中国与周边国家关系研究中心主任石源华教授认为，中国周边海洋安全面临日益严重的挑战。面对美、日的南海搅局和中日钓鱼岛的对阵，中国应发挥地大海广的特点，注重陆海统筹、海海统筹的战略布局。尤其应实施“五海联动”，即南海、东海、黄海、台海、日本海的联动政策，构建中国周边外交海洋安全大布局，制衡美、日，确保我南海稳定和平和战略机遇期的延续。此外，我国还应该打通图们江入日本海的通道，建设珲春深水港，加大我国在日本海的存在和发展，形成“五海联动”大战略。一处紧张，可在他处动作，减轻聚集点压力，平衡各方势力，形成有利于我国的战略格局。

复旦大学海洋战略研究中心高兰教授从“一岛三海”的角度进一步补充说明了石教授主张的“五海联动”观点的重要性。高兰教授提出，2017年以来，朝鲜半岛局势趋于紧张，东亚局势随之发生重大变化。在美国特朗普政府的不透明性政策风险以及日本安倍政府在安保政策方面的“冒险”政策的双重作用下，东亚地区围绕“一岛三海”的安全形势日益严峻。即在朝鲜半岛所谓的“一岛”以及东海、南海、台海等“三海”，出现了局部接近热战的可能性与紧迫性。其本质在于中国和美、日之间的竞争与合作显示出超越双边层面的外溢性特征，呈现出地区性乃至全球性影响。

同济大学国际关系与公共事务研究院院长夏立平教授详细论述了21世纪美国亚太海权联盟体系的形成及其特征。美国在亚太地区的海权联盟体系实际上是美国维持其在这个地区的主导地位和保持在该地区海上优势的最重要根据之一，在美国亚太战略中具有至关重要的地位。冷战结束以来，美国继续加强在东亚和西太平洋地区以美国为核心，以双边联盟为主的海权联盟体系，并且企图将原来的亚太“轴辐”安全体系扩大到印度洋区域，同时也试图在印太地区建立以美国为主导的多边海权联盟。美国亚太海权联盟体系将造成亚太地区海上安全局势紧张，增加中美两国发生海上冲突和对抗的危险。

第二届“一带一路背景下的宗教与中国周边外交”研讨会综述

邹磊　涂怡超[1]

2017年10月28日，第二届“一带一路背景下的宗教与中国周边外交”学术研讨会在复旦大学召开。复旦大学中国与周边国家关系中心主任石源华教授和复旦大学国际政治系主任徐以骅教授致辞。石源华教授强调，宗教因素在中国与周边国家关系、“一带一路”建设中具有不可忽视的重要性，通过国内不同领域、不同学科的交流对话，有助于推进这一领域的研究，为“一带一路”建设提供坚实的学理和智力支撑。徐以骅教授阐述了“大国宗教”的概念，认为“一国宗教的强弱不仅要看其相对灵敏值，可能更要看绝对数值。”“与‘国强教弱’相比，‘大国宗教’可能是对中国宗教尤其中国宗教影响力的更好描述。”“目前我国拥有世界最大的佛教、道教和民间信仰群体。与我们其他宗教团体相比，佛、道教是中国在世界上‘真正有话语权’的宗教，拥有最大的国际宗教交流的资源和能力。我国佛、道教的对外交流，不仅是我国近年来对外宗教交往能力大幅提升的写照，也是展现大国宗教国际竞争力优势的范例。”来自国家宗教事务局、清华大学、中国国际问题研究院、中国现代国际关系研究院、复旦大学、上海交通大学、中共上海市委党校、上海社科院、华东师范大学、华东政法大学、兰州大学、云南省社科院、宁夏社科院、江西省社科院、青海师范大学、中国伊斯兰教协会、中国天主教爱国会、中国基督教两会等单位的专家学者、宗教界人士20余人出席了本次会议。与会代表围绕“宗教与中国周边安全的新态势”“发挥宗教在周边人文交流中的积极作用”“宗教、认同与国家治理”等议题进行了深入探讨。

---

① 邹磊，上海市委党校发展研究院讲师；涂怡超，复旦大学美国研究中心副研究员。

一　宗教与中国周边安全的新态势

兰州大学中亚研究所所长杨恕教授在简述中国及周边国家宗教情况的基础上指出，对中国和“一带一路”安全威胁最大的是伊斯兰极端主义，主要涉及东南亚、南亚和中亚三个地区。他建议我国的应对原则应当是：1.不要将周边国家的宗教问题特殊化和泛化。虽然周边国家的宗教形势较为复杂，但它们不是因为“一带一路”的提出而产生，更不是直接针对“一带一路”的；2.尽量避免介入他国宗教争端。总体来看，绝大部分宗教问题都是一国内政问题或国家间冲突问题，中国不宜介入，也没有能力介入；3.秉持“合作安全”的理念，有助于为我国在与谁合作、在什么问题上合作等方面提供思路，从而使我国在国际安全合作上更具针对性和目的性。

清华大学国际关系研究院副院长赵可金教授指出，从国家治理的角度看，宗教安全的核心是政治安全。在“一带一路”建设的“五通”中，民心相通最为基础和持久，也最为困难，宗教问题则是民心相通的中心问题。中国的公共外交应致力于国际公共产品，为解决“一带一路”民心相通和周边宗教问题提供治本之策。

中国中东学会副会长、上海社科院上合组织研究中心主任潘光研究员详细梳理了当前中国周边的主要宗教极端组织，并指出极端组织正从中东等战略地区回流，通过中哈、中吉、中塔、中阿、中巴边界进入我国新疆，使当地“三股势力”进一步加强。这些极端组织将对中国在中亚国家、阿富汗/巴基斯坦、东南亚的人员和重大项目进行暴力攻击，从而破坏“一带一路”建设。他建议中国应当采取的措施是：1. 加强国际合作，遏制极端主义和恐怖主义祸水的冲击；2. 加强自身反恐机制建设，尤其是《反恐法》和《去极端化条例》的教育普及；3. 想方设法分化瓦解“三股势力”的联盟；4. 建设性介入国际文明论坛，构建自己的文明问题话语权。

中国现代国际关系研究院方金英研究员指出，“一带一路”建设须穿越广大伊斯兰世界，面临着安全风险、政治风险、经济风险、法律风险和社会风险，在不同地区都有体现。她建议：1. 加强与伊斯兰国家的民心相通研究，学会与当地社会打交道。如何与当地宗教社会打交道，如何构建命运共同体，是保驾护航“一带一路”成功穿越穆斯林世界的关键所在；2. 开展“二轨”宗教公共外交。主动与伊斯兰世界的宗教学者对话交流，通过他们让当地穆斯林了解中国政府政策，在安全风险评估、防范、应对处置上助我一臂之力，保障“一带一路”倡议在穆斯林世界的顺利推进。

复旦大学美国研究中心蔡翠红研究员以“伊斯兰国”为例指出，各种网络技术手段不仅为极端主义宣传提供便利，还被用于募集资金、招募人员和制造恐怖氛围，并在线上和线下结合实现了更深和更广的结合。对此，她建议从国家、公司、民众和国际合作等多方面结合加以应对。

复旦大学美国研究中心涂怡超副教授系统介绍和评估了当前美国推进国际宗教自由的机制、行动与成效。他指出，美国宗教组织在中国周边、“一带一路”沿线众多国家进行传教、救援和发展活动有200余年的历史。美国政府近20年来不断增进与中国周边国家、“一带一路”沿线国家的宗教组织和各类社会组织的交流与合作。21世纪以来，周边一些国家为达成与美改善关系、增进合作或合作制约邻近大国，开始与美国就宗教相关议题进行妥协，从而影响本国宗教规范，其未来动向及对华影响值得关注。

中共上海市委党校邹磊博士指出，随着“伊斯兰国”人员加速向东南亚和中国回流，中国与东盟加强反恐合作的共同意愿正在提升，取得了一定的进展，但也面临不少困难。他建议下一阶段应从寻求反恐议题与南海议题脱钩、构建多层次安全合作框架、开展三方反恐合作、加强跨国反恐合作能力建设等方面加以改进。

二　发挥宗教在中国周边人文交流中的积极作用

国家宗教事务局《中国宗教》杂志社社长刘金光指出，东南亚是当今世界上宗教分布种类最多、最复杂的地区，其呈现形态具有多变性、神秘性和混合性。宗教因素对东南亚区域发展的积极作用在于：一是整合东南亚国家的意识形态，二是有助于维护地区国家主权、反对霸权主义，三是推进区域经济合作与交流。同时，宗教因素对地区发展的阻碍作用体现为：一是民族宗教矛盾上升，对地区安全稳定造成消极影响，二是民族宗教分裂主义导致一些国家政局动荡，三是民族宗教的多样性，易于造成谈判进程中的分歧问题。基于大量的实务经验和案例介绍，他建议应充分认识和把握东南亚国家在宗教方面的特点与发展趋势，认清东南亚宗教在区域发展中的正反作用，以更有助于我国在这一地区的外交战略实施。

上海社科院宗教所所长晏可佳研究员综述了上海宗教“走出去”的现状，

并以道教为例，介绍了上海宗教界对外交往现状。他指出，目前我国宗教“走出去”存在若干问题：一是宗教界对外交交流的“主体”意识有待强化，对于主动“构建积极健康的宗教关系”包括“我国宗教与外国宗教”的关系认识不足；二是宗教团体对外交流的内容与目标有待明确；三是宗教界外事活动管理权限相对集中。他建议：1.政府部门应加强宗教界对外交流的顶层设计，进一步明确宗教在公共外交方面的作用和地位。2.引导和提升宗教界增强外交主体意识，提高宗教界开展对外交流与自身事业发展内在关系的认识。宗教界应拓展活动范围，推动境内宗教的对话和交流；以宗教文化、宗教艺术为载体，拓展交流的空间；以服务引导为抓手，深化交流的内涵。3.政府部门尤其地方政府部门宜加强引导和服务，营造更好的社会空间和制度空间，最大限度发挥宗教场所对外交流的主动性和积极性。

云南省社科院宗教所所长萧霁虹研究员聚焦“崇圣论坛”和“南传佛教高峰论坛”，系统分析了全球化背景下云南省与周边国家开展宗教人文交流的成效与经验。她建议，未来应进一步发挥佛教国际论坛在公共外交中的作用，实现宗教与国家总体外交的良性互动；完善佛教文化对外交流与合作的机制建设，搭建高层次长效平台；制定云南开展国际宗教文化交流的总体规划等。

暨南大学中国基督教史研究中心主任陈才俊教授指出，因地缘关系之故，东南亚华人基督徒与中国基督教界的官方、民间交往非常密切，对中国与东盟各国关系亦影响巨大。近年来，伴随着东南亚华人基督徒社会地位渐趋提升，以及海外华人对中华文化认同感的强化，东南亚华人基督徒已成为沟通中国与东盟国家关系的重要桥梁，在中国—东盟公共外交事务中发挥着作用。

中国伊协副会长、上海市伊协会长金宏伟回顾了中国和上海伊斯兰教对外交往活动的历史，指出应正视影响中国与周边国家宗教交流的新问题。他表示，中国伊斯兰教协会近年来加强了解经思想建设，坚持中国化方向等工作，努力使中国穆斯林意识到，我们国家正处在全面建设小康社会、实现中华民族伟大复兴的关键时期。伊斯兰教界更应该巩固成果，继续加强解经思想建设，对教义教规做出符合当代中国发展进步要求、符合中华优秀传统文化的阐释；大力弘扬中道思想，坚决反对极端主义，秉承爱国、和平、团结、宽容、中道的精神，倡导穆斯林与非穆斯林团结互助，倡导伊斯兰教与其他各大宗教共同和谐发展，这些都是中国宗教界在“一带一路”建设中不容忽视、理当共勉的任务。他建议，应尽快提高我国伊斯兰教界人士的宗教文化修养和外语水平，积极主动对外宣传我国的宗教信仰自由政策。

中国天主教爱国会秘书处主任周太梁指出，历史上罗马天主教经由陆上和海上丝绸之路传入我国，与欧亚许多国家都有历史渊源。他回顾了中国天主教对外交往的历史，指出中国天主教以往对外交往重心主要是在北美和欧洲，在亚洲与菲律宾、韩国、新加坡等国交流较多。他期待宗教界在“一带一路”人文交流中发挥重要作用，期待中国天主教会信徒应努力提高自身素质，自觉抵御境外渗透和极端主义侵蚀，讲好中国宗教故事。

中国基督教两会研究部主任顾梦飞介绍了近年来基督教全国两会与周边国家教会组织的友好交往情况。他表示，随着世界基督教重心不断南移，传统欧美基督教国家的教会发展趋于停顿甚至衰退，教会力量走向薄弱，而包括中国、韩国及东南亚、南亚等地的南方教会不断兴盛崛起。这是中国教会和亚洲周边国家教会增进交往的基督教大环境。同时，中国和这些国家同处亚洲，基督教处于相同或类似的社会处境中，如都缺乏基督教传统、教会处在多宗教的环境而且是少数派、政府管理色彩较强等，但相比西方教会，更容易互相理解，有更多的共同语言和话题。从地缘政治的角度，中国教会和周边国家基督教交往的增加得益于我国“一带一路”倡议，因此也要贡献于“一带一路”倡议，多做促进民心相通的工作。他建议应发挥基督教国际性的特点，服务于我国和周边国家互利合作的大局。从教会自身来说，要争取早日加入亚洲基督教议会，为中国教会争取更多话语权；同时要充分考虑到基督教的复杂性，尽量减少不确定性，做好各种预案，应对各种突发和新生事物。

三　宗教、认同与国家治理

华东师范大学社会学系主任李向平教授指出，近年来，国际宗教关系的急剧变化，促使国际政治亦随之发生了相应的变化。全球性民粹政治思潮之形成，无不基于各国宗教的不同信仰方式而得以建构与强化。其中，民粹宗教对当今国际政治的影响最为深刻长远。在此层面，伊斯兰教信仰为核心的阿拉伯民粹主义、儒佛信仰为主体的华夏民粹主义、基督教原教旨教派与底层白人为主的基督教民粹主义等，在一定程度上形成了“民粹宗教”，主张促成“神权民主”及其“民众神圣”。它们导致具有新国家主义特征的“绝对国家”及忠诚于国家等特征出现,从而深刻影响于国际政治关系，乃至能够强化、左右当下国际政治思潮，促成自由资本主义和马克思主义等有关不需要国家边界的乌托邦理念逐步淡化。

中国国际问题研究院郭宪纲研究员指出，目前伊斯兰政治化已陷入困境，主要原因有：政教合一早已过时，不适合现代社会；伊斯兰法治理现代国家有局限性；对外政策违背国际法，主张输出伊斯兰革命；社会生活方式与现代生活格格不入。要想解决中东地区的问题，伊斯兰现代化是必由之路，而要想实现伊斯兰现代化，宗教改革是唯一途径。具体而言：一是从理论和教义上真正确立政教分离原则，二是实现逊尼派和什叶派的和解，三是实行男女平等，四是从教义上谴责恐怖主义，五是努力尽快实现巴以和平。伊斯兰宗教改革面临巨大的挑战，需要克服极端势力和保守力量的反对，需要循序渐进，从易做起。比如，逐步实现男女平等，是一个突破口。因为这涉及伊斯兰世界一半的人口，能获得大多数妇女的支持。然后再向其他方面推进，以渐进的方式实现伊斯兰宗教的现代化，从而带动社会进步、经济繁荣和地区安全。

上海交通大学国际与公共事务学院黄平博士以欧洲穆斯林移民问题为例，阐述了宗教共生的困境。她指出，移民的宗教性和欧洲世俗国家的张力显而易见，而全球化的背景加重了欧洲穆斯林移民的认同焦虑，强化了他们对于伊斯兰教的依赖。在此背景下，“恐伊症”也使欧洲移民宗教问题呈现出“自我实现的预言效应”。

华东政法大学社会学系主任李峰副教授以2016年世界价值观调查数据为基础，分析了亚洲地区各国民众的宗教价值观和意愿。他提出，应进一步对“一带一路”建设面临的宗教风险进行细化研究，进行分类管控。

江西省社科院宗教所所长欧阳镇研究员以基督教为重点，介绍了近年来江西宗教界在对外交往中的若干问题，包括假借代理的非法传教、私设聚会点的非法传教、网络媒体的非法传教等。他指出，应充分认识到境外宗教传教势力的非法活动今后可能更加剧烈，渠道更加多样，范围更加扩大，形式更加隐蔽，手段更加现代化，进攻态势更加明显。

青海师范大学人文学院戴燕教授介绍了当前青海基督教传播的新态势、新特征，包括传教主体、宗教组织和场所、传教对象、传播方式和手段等方面都发生了变化。这些将可能对我国国家安全造成新挑战，也可能对“一带一路”建设带来潜在风险。

宁夏社科院马平研究员介绍了当前中国西北地区伊斯兰教发展的一些新情况和新问题，指出了若干争议问题、热点问题存在高度复杂性和敏感性。未来，应进一步贯彻党的民族宗教工作基本方针，坚持宗教中国化方向。

上海社科院国际问题研究所副所长余建华研究员基于实地调研指出，近年来新疆在促进民族团结、严厉打击暴恐活动和“去极端化”斗争的专项整治行动中取得积极成效。但是，国际和周边国家“三股势力”活动频繁，反恐形势还相当严峻，距离长治久安的目标仍有不小距离。他建议在“去极端化”工作中尤需注意在准确判断形势的前提下，完善民族宗教政策，有的放矢地转换工作方式，将非常态情势下的高压手段和运动式权宜处置模式逐步转向常态化、可持续的治理机制，逐步建立健全制度化、法治化的渠道和手段。“谋长远之策，行固本之举，建久安之势，成长治之业”，努力建设团结和谐、安居乐业、文明昌盛的社会主义新疆。

复旦大学中国与周边国家研究中心、复旦大学宗教与中国国家安全研究中心、上海交通大学国际与公共事务学院、中共上海市委党校发展研究院等本次会议的联合主办方表示，将继续聚焦“一带一路背景下的宗教与中国周边外交”这一主题进行深入研究，并定期召开相关学术研讨会，形成有深度的研究成果，将“一带一路”相关研究推向深入。

第二届跨界民族与周边国家关系论坛综述

李元元[①]

2017年10月20日，由复旦大学民族研究中心、复旦大学中国与周边国家关系研究中心联合主办的第二届“跨界民族与周边国家关系论坛”在复旦大学日本研究中心召开。来自国家民委、复旦大学、中央民族大学、上海大学、内蒙古大学、延边大学、云南民族大学、广西民族大学等高校和机构的二十余位专家学者参与本次论坛的讨论。国家民委政策研究室副主任李红志出席论坛，复旦大学民族研究中心主任纳日碧力戈教授主持论坛讨论。与会专家围绕当前跨界民族研究的现实困境与研究展望、特定跨界民族的群体流动与历史变迁、跨界民族与国际关系等话题进行了热烈的讨论，提出了若干富有建设性的意见和建议。

一　跨界民族研究的现实困境与研究展望

国家民委政策研究室副主任李红杰指出，当前的跨界民族研究正面临一些可见的困境：就学术共同体而言，研究群体范围单一且相对封闭，缺乏多学科的互动和交叉；就研究内容而言，过于关注跨界民族的分布、历史及认同等传统主题，但对于如何将跨界民族研究与中华民族共同体、人类命运共同体等宏大主题相关联，显得应对不足；就研究取向而言，关注跨界民族历史过多，缺乏对现实和未来的研究和展望。从这个意义上说，我国的跨界民族研究在新形势下走到了一个历史节点，需要在新思维和新框架下加以推动和深入。李红杰

① 李元元，甘肃政法学院副教授，复旦大学民族研究中心博士后，中国统一战线研究会基础理论上海研究基地特聘研究员。

副主任从以下三个方面对跨界民族研究进行了政策性展望：

第一，厘清基础概念，强化基础研究与应用研究的联系。当前，学界对于“跨界民族”概念仍有争论，例如，从“民族国家”的视角观之，“民族”是不可能跨界的。再者，在很多经典理论范式中，现代民族国家不存在跨界民族，未来的共产主义也排斥民族。因此，如何厘清这些基础性的概念和范式，如何将当前的跨界民族与之相对应，是我们在基础理论研究中亟待深入的重大问题。与此同时，跨界民族研究还需要进一步强化对现实和未来的研究，体现其应用性价值。

第二，拓宽思路，避免单线和僵化的思维方式。跨界民族研究需要不断结合现实情境进行相关的理论突破。例如，在传统思维中，中国的民族政策是苏联的翻版——苏联模式的失败可能预示着中国的民族政策在实践中不能获得成功。但实际上，中国的民族政策集中了历代王朝对边疆治理的政治智慧，绝不是所谓“苏联模式”的翻版。从另一个角度而言，苏联经验也不等于社会主义的全部内容，马克思、恩格斯的经典学说对西方影响甚深，并由此演化出极其丰富的内容。正如《美国的社会主义传统》一书所言，包括独立战争、奴隶解放运动、民权运动在内的重大历史事件，都离不开社会主义理念的指导；更不用说欧洲国家深厚的社会主义传统。从这个意义出发，跨界民族研究所参照的国际经验绝不是单线和僵化的——我们要在一个更为宽泛的现实情境和理论范式中进行相关问题的讨论：不仅要在民族国家的框架内进行研究，也要参照当前西方的后民族国家范式进行研究。再比如，我们容易将跨界民族的认同“问题化”，但事实上，一个特定民族具有多重认同是很自然的事情，因为不同情境下的个体具有多元的情感表达。这些存在的问题都可能说明，当前的跨界民族研究需要打开思路，学习国外一些前瞻性的经验和理论。

第三，跨界民族研究需要更为综合和交叉的视角。当前跨界民族研究，仍然在民族学内部“自说自话”。但实际上，跨界民族不仅是一个单纯的民族性问题，更是一种区域性问题。如果将跨界民族研究的逻辑局限于“民族”本身，则很难有更为深入的理论突破，更遑论对实际工作有所推动。因此，我们的研究需要打破“民族”的局限，将其扩展到对区域和地方政府的多维度研究中去——研究不同区域内地方政府与特定跨界民族之间的互动和沟通、研究不同地域内跨界群体所体现出的地方性特色，等等。值得注意的是，这种综合性、交叉性的研究需要学者跳出书斋，更多地与现实接触，更多地与地方政府接触，这样才能真正地为国家有关政策的制定和实施提供真知灼见。

二　特定跨界民族的田野研究

内蒙古大学白音门德教授在详细阐释蒙古国文字流变的基础上，指出了当前蒙古国语言文字对中国内蒙古地区的影响。白音门德教授指出，蒙古国对蒙文的使用历经过两次变革。第一次发生在20世纪30年代，受当时苏联境内少数民族文字拉丁化影响，蒙古国逐渐放弃传统蒙文的使用，转而在全国范围内推广使用拉丁字母为基础的蒙古文字。第二次发生在20世纪40年代中期，随着苏联领导人斯大林停止苏联境内少数民族文字的拉丁化，蒙古国政府基于政治考量，在短短一个月的时间内重新以官方文件的形式推行以西里尔字母为基础的斯拉夫蒙文。历经初期文字改革的混乱时期后，时至今日，斯拉夫蒙古文已经成为当前蒙古国的官方文字。

蒙古国的文字改革曾对中国内蒙古地区产生过重要影响。作为我国最早成立的民族自治区，内蒙古地区在新中国成立之后面临着语言文字建设的重要历史选择。20世纪50年代，受国家文字改革政策的影响，内蒙古自治区推行"新蒙文"运动，实际上就是学习和使用蒙古国的斯拉夫蒙文。在文字影响的同时，蒙古国的语言对内蒙古的语言亦有较大影响。蒙古国语言以喀尔喀方言为基础的乌兰巴托语为标准语，而中国境内的蒙古族则以察哈尔土语为标准音。近年来，随着两国广播电视部门的深度合作，当前内蒙古自治区蒙古语的语音、语法、短语词汇等方面都受到了蒙古国语言的影响。白音门德教授最后指出，语言文字之间的相互影响具有积极的一面，同时不可否认也具有消极的一面，今后应该深化积极的影响，消除消极的影响，只有这样，我们的少数民族语言文字才能在本民族发展进程中发挥更重要的作用。

延边大学朴今海教授通过细致的田野调研工作，阐释了当前中国朝鲜族跨界流动过程中产生的儿童"双重边缘化"现象。朴今海教授指出，随着中国朝鲜族向韩国的跨界流动途径发生改变，这一跨界流动群体的子女，特别是儿童正处于"双重边缘化"的境地：一方面呈现出教育的边缘化。数据显示，在韩朝鲜族的学龄儿童辍学，或不能上正规学校的比例达到惊人的65%；另一方面，这些儿童也处于成长环境边缘化的困境之中。究其原因，在于韩国社会对跨界流动的朝鲜族群体有很强的排斥性，而且规模日趋壮大的流动群体内部联结进一步强化——这两方面的因素造就了在韩朝鲜族生活环境的"孤岛化"，这必然会影响到其子女的教育环境与成长环境。朴今海教授指出，要破解这种儿童双重边缘化的困境，父母的选择是关键——或改变以劳务输出为主的流动方式，或选择回乡创业。

广西民族大学王柏中教授通过对京族援越抗美翻译群体的口述史研究，向与会人员再现了一段波澜壮阔的历史。王柏中教授认为，这一研究的最大意义除了学术产出之外，在于人类学情感价值的彰显——通过学者的努力，让被研究群体能够真正感受和体会自己在生活世界的价值和意义。

上海大学张江华教授从历史人类学的角度对壮、傣族群内普遍流行的萨迪纳制进行了细致梳理。作为一种土地制度，萨迪纳制的核心就是把土地控制与人身控制集合在一起，即统治阶层通过掌控土地形成对农民的人身依附关系。通过历史考察发现，这一土地制度事实上阻碍了族群内部商业活动的发展，从而为外来族群通过商业活动而崛起提供了更大的可能空间。张江华教授从两个方面对萨迪纳制度进行了进一步的研究展望：在理论层面，萨迪纳制度与来自于印度的卡斯特制度是否具有接续性？在实践层面，东南亚华人群体的崛起与萨迪纳制度是否具有直接的相关性？

来自广西民族大学民族学与社会学学院的硕士研究生杨猛以西藏察隅西托拉卡村的个案为例，讨论了“边民回归与生计转型”问题。杨猛详细描述了西托拉卡村民从缅甸回迁的过程以及回归后的生计方式转变，并在随后的讨论中肯定了国家在场、利益导向在边民回归过程中发挥的重要作用。

三　跨界民族与周边国家关系

云南民族大学沈海梅教授集中梳理了近年来跨边界学术会议的动态及理论视点，以此对当前国内跨界民族研究进行了补充和反思。沈海梅教授指出，总结当前国际上的跨界民族研究，有几个非常重要的理论视点或者说理论动向：第一，世界体系理论。这一理论视角涉及边界管控问题。当前主流观点认为，一种武装到牙齿的武力管控方式必然会付出高昂的经济成本和社会成本，相反，一种有温度的边界管控方式对于世界体系的维持具有非常重要的现实意义。第二，社会动力理论。跨界民族的流动需要特定的社会动力，例如原生情感论、利益导向论都可以包含在更大范围的社会动力理论中。对社会动力的关注可能有助于研究“边界的流动”——国家的投入不同、边界政策的改变都会边界产生新的影响。

中央民族大学袁剑副教授通过史料，展示了近代以来中国对阿富汗及中亚的认知变迁图景。袁剑老师认为，苏联的骤然解体使得中亚作为一种独立的国家面相呈现出来。过去中国通过苏联来认知中亚，这就使得中国现在的认知不足以覆盖中亚——作为进入世界体系的新生国家，中国对它们作为独立国家的复杂性预估不足。这种认知的不全面可能会影响中国与中亚国家之间的关系。因此，重新认知包括阿富汗在内的中亚国家，对于“一带一路”建设的实施、对于中国的周边安全具有相当重要的意义。

内蒙古大学蒙古学研究中心西仁塔娜助理研究员阐释了蒙古国与内蒙古地区对“蒙古人”的不同认同，并在此基础上分析了两种认同的碰撞如何影响中国与蒙古国的关系。西仁塔娜指出，尽管近年来内蒙古地区与蒙古国文化交流日益密切，但二者对于“蒙古人”的认同却大相径庭。内蒙古地区的蒙古族从更为广泛的文化意义上定义“蒙古人”；蒙古国则从政治角度将“蒙古人”的范围严格限定为“以喀尔喀蒙古为主体、以蒙古国边界为界限的蒙古人”。认同的差异造成了中国与蒙古国之间微妙的国家关系：一些文化事项可能上升为政治或国际关系问题。针对这一问题，西仁塔娜提出了相关建议：首先，中国在涉及或对待蒙古文化时要考虑蒙古方面的感受，以此平衡蒙古国内日益焦虑的民族情绪；其次，蒙古国也需要从广义的中华文化层面了解中国的文化行为，而不是从“中国等于汉族”这样一种狭隘的对等关系去理解中国。

国家民委刘丽丽处长从理论维度分析了跨界民族在当前国际关系中所扮演的重要角色。她认为，如果从国际关系的角度观察当前跨界民族，那么其重要的政治意义至少凸显在两个方面：第一，跨界民族具有外交润滑剂的功能，能够在一定程度上缓和我国与周边国家的复杂外交关系。正如习近平总书记在2014年中央民族工作会议上的发言所述，中国与14个国家接壤，2.2万公里的漫长陆地边界中有1.9万公里的民族地区，有35个少数民族与国外统一民族跨界而居，138个边界县（市、区、旗）中有109个在民族地区。另一方面，与我国跨界民族相关的这些国家类型多样——从社会制度上说既有社会主义国家，也有资本主义国家；既有有传统的文明古国，也有独立时间比较短的国家；既有人口众多的国家，也有幅员辽阔的国家；既有信仰伊斯兰教的国家，也有信仰佛教的国家。国家类型与民族文化的多样性决定了单一的模式不可能处理中国与周边国家复杂的国家关系。身处这种错综复杂的关系背景中，仅仅依靠国家间的政治并不能保持一种平和的状态。从这个角度而言，跨界民族所扮演的可能是一种天然的、原生的“润滑剂”角色。特别是改革开放以来，跨界民族不仅仅是中国国家安全的屏障，更是对外与其他国家间交往的桥梁——

许多边境的贸易、边民的互市是从跨界民族地区开始的。

第二，跨界民族在国际纷争中具有成为斗争着力点的面相。跨界民族在一些国家关系出现矛盾纠纷或者冲突的时候，非常容易演变为一种复杂和棘手的国际问题。回望历史，1962年中苏关系紧张之时，苏联政府就曾策划过“伊塔事件”，鼓动伊犁、塔城的6万多跨界民族同胞非法越境，叛逃苏联，造成了巨大的负面社会影响——许多公社和农场基层组织出现空心化的状况，40多万亩农田无人耕种，给边境地区的安全带来了极大的挑战。我们还应注意到，冷战结束以后，西方国家利用跨界民族问题在人权等方面对我国进行攻击已成为一种常态。需要警惕的是，西方国家使用这种手段在许多国家已经成功地激起国际矛盾，或是造成了某些国家民族分离主义的兴起。具体到我国而言，比较突出的就是以美国为首的西方国家经常借西藏、新疆问题攻击我国的人权状况、少数民族政策、宗教政策，这里面几乎都涉及我国的跨界民族问题。

刘丽丽总结说，正是由于跨界民族在国际关系中的这种“双重面相”，决定了各个国家应该通过强化国际合作来应对这一问题。基于现实主义的考虑，国际关系理论界大多认为国家在周边关系中必须以“国家安全”为己任，“安全困境”成为每一个国家必须着重考虑的问题。但这在具体的外交实践中造成了国家之间互不信任、互相防御的状态。很显然，这种状态造成了国家关系的恶性循环——每个国家都坚信，若要获得一种绝对的安全，就必须保持一种更为安全的状态。跨界民族研究或许能为破解这种恶性循环提供一种新的思路。如果双方国家都面临同样的跨界民族问题，那么在面临同样问题的时候，相互能够更为理解对方。在面临问题同质性的情况下，能达成这种理解和谅解的可能性就比较大，从这个角度去理解，跨国民族在某种功能意义上能够强化我国与周边国家的国际合作与国际交流。

四　总结

纳日碧力戈教授为本次论坛做总结发言。他指出，本次论坛的发言既有国家机构角度的政策性发言，也有针对跨界民族细致的田野研究。跨界民族的重要性不言而喻，借助当前国家“一带一路”建设的时代契机，借助国家民委等相关部门的高度重视，跨界民族研究需要进一步开展和深化。纳日碧力戈教授指出了深化跨界民族研究的三个方向：首先，比较研究应该成为下一步的研究主题；第二，跨界民族研究呼唤人类学思维，用格尔茨的话来说，就是“想他们所想，用感情体会他们的感情”；第三，跨界民族研究应该真正服务于人民，应该有益于国家与民族、民族与民族的相互了解，使“良治”或“善治”成为可能。

“当前中亚安全形势及对中国的影响”国际研讨会综述

赵华胜[1]

2017年11月3日，复旦大学国际问题研究院俄罗斯中亚研究中心和中国与周边国家关系研究中心共同举办的“当前中亚安全形势及对中国的影响”国际研讨会在复旦大学召开。这次会议的国外参会者有乌兹别克斯坦Караванзнаний研究所所长托利波夫教授、吉尔吉斯斯坦政治和法律研究中心执行主任奥斯马诺夫教授、莫斯科国际关系学院萨弗朗丘克教授、塔吉克斯坦总统战略研究中心对外政策分析处主任拉赫纳莫、吉尔吉斯斯坦战略研究所所长顾问罗利耶夫、清华大学国际关系系博士萨耶拉（塔吉克斯坦）、上海外国语大学博士马迪耶夫（哈萨克斯坦）。中国方面参加会议的有中国国际问题研究院、中国社科院俄罗斯东欧中亚研究所、北京大学、国务院发展研究中心欧亚社会发展研究所、上海社科院国际问题研究所、上海外国语大学等单位，以及复旦大学国际问题研究院、经济学院、外语学院的专家学者。

这次研讨会的主题是当前中亚形势的变化及对中国周边安全环境的影响。考虑到中亚地区5个国家的情况不一样，安全形势有差异，它们在地理上与中国也有近有远，有的是直接邻国，有的是间接邻国，因此研讨会不是笼统地讨论中亚的形势，而是针对每个国家专门探讨。同时，考虑到阿富汗对中亚和中国安全环境的重大影响，也把阿富汗形势作为了主要议题之一。研讨会的讨论有两个“热点：一个是阿富汗问题，另一个是乌兹别克斯坦卡里莫夫总统去世和新总统米尔济耶夫就任后内外政策的变化。

① 赵华胜，复旦大学俄罗斯中亚研究中心教授、博士生导师。

一 关于阿富汗问题

莫斯科国际关系学院萨弗朗丘克认为，专家们对阿富汗安全形势的评价往往是从乐观或悲观的角度看问题，但常常忽略了阿富汗国家内部发展的过程。奥巴马政府在2009年提出在阿富汗实现三个过渡，即安全过渡、政治过渡和经济过渡。安全过渡的含义是在2014年底把维护安全的职责交给阿富汗政府；政治过渡的含义是在2014年进行新的总统选举；经济过渡的含义是吸引投资和国际援助，帮助阿富汗经济自立。

三个过渡的完成情况有好有差。在安全方面，美军作战部队撤走了，安全形势出现恶化，但没有出现许多人预言的崩溃。美国击毙了本·拉登，塔利班未能夺取政权。在政治方面，阿富汗顺利实现了总统换届，不过内部政治斗争加剧：一派政治力量主张按比例分配权力，另一派政治力量主张进行宪法改革，采用新的政治体制。由于内部争斗，宪法改革未能进行，为此成立的宪法改革委员会连一次会议也没召开。直到现在，政府一半的部长还不是正式的。

在巴基斯坦、中国和美国的支持下，加尼赢得了总统选举。就任总统后，他想加紧与塔利班和谈。也就是说，他首先想的是与普什图族的塔利班谈判，而不是与联盟中的塔吉克族指挥官们分权。他是想用普什图人代替政府中的塔吉克人和战场指挥官。在塔利班增加了恐怖活动后，阿富汗政府对谈判的兴趣降低，与塔利班的谈判流产。

当前的形势是政治过渡完全失败。阿富汗没有正常的政权体系，缺乏合法的政治领袖。阿富汗本应在2015年进行议会选举，但选举迄今也没有举行。现在重新确定在2018年6月进行议会选举。由于政治过渡失败，经济过渡也完全没有实施。世界银行的计划没有完成。政治和经济过渡的不成功反过来又影响到安全过渡。虽然2014年12月阿富汗政府和塔利班在乌鲁木齐进行了接触，但安全形势开始恶化，特别是在阿富汗的南部和北部省份，而东部的形势一直不稳。

2015年，塔利班攻占了24个县中心城市，包括省中心城市昆都士。这24个城市中有17个是在北部地区，也就是与中国和中亚交界的地区。简单说，阿富汗的安全过渡出现倒退，政治过渡走进死胡同，经济过渡完全缺失。

这就出现了一个怪现象：加尼政府比较强大，有国际社会支持，不执行达成的协议，不想分享权力。另一方面，它的力量又不足以保证全国安全。加尼政府的支持者认为，要提高政府效能，就必须增强中央政府权力，取消反对派。而另一派的主张相反，他们认为没有政治上的联合，不可能有有效的政府，因为政治反对派不会让政府有效地工作。这种争论现在还在继续。俄、美、中这些大国也必须找到解决的办法。2019年，阿富汗还要进行总统大选，它们需要明确是要一个包容性强但效率低下的政府，还是要一个构成单一但可能更有效率的政府。

萨福朗丘克认为，阿富汗应该实行国家权力的非中央化，也就是把喀布尔的大部分职权下放给各省。同时必须进行地方政府选举。中央政府应该实行由宪法规定的分权制。

阿富汗冲突的解决之路只能是在阿富汗内部。现在存在着许多解决阿富汗问题的多边机制，但这些机制都不起什么作用，主要原因是它们都是孤立地看待阿富汗问题。解决阿富汗问题必须兼顾到所有有关国家的利益，把外部的决定强加给阿富汗是行不通的。存在着阿富汗各派达不成妥协的问题，各派都寻求外部伙伴来打压对手。军事手段解决阿富汗问题没有可能，塔利班坚持作战已经如此之久，也一定能继续打下去。阿富汗各派要达成妥协，就必须分权。选举是分权的一种方式，但2004年、2009年和2014年的选举都不成功。阿富汗主要政治力量互不信任。如塔吉克人认为普什图族掌权，就会对塔吉克族屠杀。普什图族认为塔吉克人掌权，就是普什图族的耻辱。塔利班也不愿屈居任何人之下。这样，就只有联合政府一条路。联合政府的权力分配需要有宪法改革。最可能的方案是获胜者担任总统，反对派担任总理，并且按民族比例原则分配权力。这些条款已经写到了协议里，但没有进入宪法。

没有任何一个经济项目能解决阿富汗的问题。TAPI（土库曼斯坦—阿富汗—巴基斯坦—印度天然气管道项目）在现在的气价下每年能只给阿富汗带来7亿美元，但现在国际社会每年对阿富汗的援助超过100亿美元。效率低和贪腐是影响经济项目发展的主要问题。

中国社科院上海合作组织研究中心秘书长孙壮志认为，阿富汗形势走进了死胡同，很难找到彻底解决问题的好办法。阿富汗形势与中亚安全密切相关。在过去26年里，中亚形势总的说是稳定的，但也存在着五大安全威胁：一是来自极端主义等方面的政治安全威胁；二是外部传统安全威胁；三是非传统安全威胁；四是经济安全问题；五是社会问题。

阿富汗对中亚安全的威胁被过分渲染和夸大了，出现了可称为阿富汗综合症的现象，总是等待着来自阿富汗的威胁。阿富汗政府仍比较虚弱，按照美国的资料，阿富汗政府控制着57%的土地，但按照非官方的资料，政府控制的土地只有35%。因此，国家权力非中央化很难实施。应该寻找解决问题的好方案，可以在上合组织框架内建立讨论阿富汗问题的新机制。

上海外国语大学杨成主张大国应在阿富汗问题上进行合作。现在为解决阿富汗问题形成了不少机制，可以考虑在它们的基础上形成一个统一的机制。他指出，俄罗斯一直强调阿富汗对中亚安全的威胁，总是从最坏的前景看问题，但这些年没有发生过来自阿富汗的直接威胁。许多中亚学者认为，俄罗斯夸大阿富汗的安全威胁，是为了使中亚国家更依赖俄罗斯。

塔吉克斯坦总统战略研究中心哈基姆·拉赫纳莫总结了阿富汗形势变化的特点。他表示，阿富汗形势不仅影响中亚，也影响中国和俄罗斯的利益。近年阿富汗安全形势发生了地理上的变化，不稳定地带移向北部地区，也就是向中亚和中国靠近。与此同时，伊斯兰国在阿富汗的活动更活跃，俄罗斯、中国、印度、伊朗、土耳其和一些中亚国家也更积极介入阿富汗问题。

伊斯兰国在阿富汗北部活动增强带来的危险，首先是它可能把来自中亚、中国和俄罗斯的恐怖团伙整合起来。现在这些团伙是按民族区分，分属乌兹别克伊斯兰运动，塔吉克伊斯兰运动、维吾尔伊斯兰运动、高加索伊斯兰运动等，而伊斯兰国可以把它们组成黑色的国际恐怖主义统一阵线。这意味着伊斯兰国在阿富汗北部的活动大大增加了对中亚和中国安全的威胁。

与塔利班相比，伊斯兰国是新一代原教旨主义者，它更善于以最专业的方式使用现代技术手段，包括信息技术手段。它实际上把大众媒体、因特网、数字技术、社交网都变成了它的鼓动和宣传手段。根据资料，在叙利亚作战的1141名塔吉克斯坦公民中的80%—85%来自在俄罗斯的塔吉克斯坦劳工，也就是说他们是在俄罗斯被招募的。

因此，可以说现在在阿富汗北部地区出现了一支新的极端主义和恐怖主义力量。它更意识形态化，经济和技术条件更好。这支力量的独立生存能力强，可以自我保障生存。这对中亚、俄罗斯和中国来说，是一种全新水平的极端主义和恐怖主义威胁。这要求各国扩大反恐的规模，改进反恐的技术和方式。

由中亚国家、中国和俄罗斯公民组成的极端主义和恐怖主义团伙特别有威胁性。一些塔吉克、乌兹别克、车臣、维吾尔恐怖分子从叙利亚和伊拉克回流到阿富汗。大量维吾尔恐怖分子在阿富汗北部的集聚对中国新疆构成了现实威胁。维吾尔恐怖团伙在阿富汗北部地区活跃主要由于以下原因：

1. 巴基斯坦从北部地区驱逐了数百名恐怖组织分子，其中包括中国的维吾尔恐怖分子，这些人到了阿富汗北部。

2. 在叙利亚和伊拉克的伊斯兰国武装分子在打击之下转移到阿富汗，其中包括来自中亚和中国的恐怖分子。他们有战斗经验，也更激进。

3. 伊斯兰国极端主义思想的传播激活了蛰伏在阿富汗的恐怖主义团伙。这种趋势除了客观原因外，也受到明显的外部地缘政治性质的支持。

这种安全上的地理变化对中国的经济项目是现实危险，包括中国的交通通讯项目、能源项目、工业项目等，特别是对中巴经济走廊和“一带一路”建设威胁重大。

拉赫纳莫认为，中国有反制这些威胁的巨大潜力，他建议中国全面研究和分析地区安全形势的变化。现在中国的研究机构和智库对这一问题的兴趣日增，但中国的成功取决于国家政策如何迅速做出反应。在这一方面中国与中亚和地区其他国家的信息交流尤为重要。中国在自己的国家安全概念中应把中亚地区的稳定作为本国安全利益不可分割的部分。只有这样，中国才能努力保证这一地区的安全，为这一地区的安全提供资源。因此，支持这一地区的稳定，不应看作是“帮助外国”，而应看作是维护自己的安全利益。这包括地缘政治利益、战略利益、地缘经济利益、能源利益以及边界安全利益等。

中国在设计大型经济、能源和其他地区和国际项目时，必须对每个项目的安全风险进行仔细评估。对于中国来说，必须帮助巩固塔吉克斯坦与阿富汗边界的安全。这段1340公里的边界穿山越谷，是中亚南部边界最薄弱的环节。巩固这段边界的稳定，需要现代技术装备和军事技术支援。这段边界也是阻挡国际恐怖主义向中亚、俄罗斯和中国扩散的前沿屏障。因此，巩固塔阿边界，也直接符合中国的安全利益。

中亚作为一个统一的地缘政治地区并不存在，它只在地理上是一个地区，但在很多指标上都很不相同。应该在双边的基础上同其他国家发展关系。在安全问题上，塔吉克斯坦应该在中国的战略思想中有特殊地位。

俄罗斯学者对没有俄罗斯参加的地区安全讨论总是不满。中塔阿巴四国机制确实是成功的机制。塔吉克斯坦并不依赖美国和欧盟的援助。过去25年美国只向塔吉克斯坦提供了10亿美元援助，欧盟是7亿美元。中、俄的援助对塔吉克斯坦有重要作用。

塔吉克斯坦与中国签订了网络安全合作的协议，现在塔吉克斯坦有上百人在中国学习网络安全。塔内务部也在中国的帮助下建立了反网络犯罪局，中国向其提供了技术和专业支持。

来自塔吉克斯坦的清华大学博士萨耶拉表示，阿富汗仍是塔吉克斯坦的直接外部安全威胁。由于地理的原因，塔吉克斯坦受阿富汗的影响比其他中亚国家都大。塔吉克斯坦的安全威胁也来自内部，这首先是由于内战的遗留。内战的一方塔吉克斯坦伊斯兰复兴党的代表据信转入地下，他们因不能合法表示不满，就转向组织极端运动。

伊斯兰国和“阿尔萨努拉”组织（Ансарулла）也是对塔吉克斯坦的直接威胁。“阿尔萨努拉”组织约有100多名成员，主要是从基地组织和乌伊运脱离出来的塔吉克人。在基地组织和塔利班的支持下，他们在塔阿边界恢复了力量。根据塔吉克斯坦内务部的统计，2016年初，在叙利亚和伊拉克恐怖主义组织中作战的塔吉克斯坦公民约有1000人，目前数十人已经返回塔吉克斯坦。

贩毒与恐怖主义组织有密切联系。根据俄罗斯和联合国的材料，阿富汗毒品的25%—30%是通过“北方线路”，也就是通过塔吉克斯坦和其他中亚国家运出。贩毒助长了犯罪，也是恐怖主义和极端主义的经济来源。

托利波夫教授在阿富汗问题上提出了自己的看法。他认为，在阿富汗问题上存在着两个错误认识。

一个是认为阿富汗问题只能通过与塔利班的和平谈判解决。这个观点在塔利班执政时就存在，国际社会一直呼吁塔利班进行谈判，当时，还曾提出如果塔利班交出本·拉登，就可以承认塔利班的合法地位。但塔利班从来没有正面响应，与塔利班的和谈注定失败。所有的敌人只有在无法取胜的情况下才会谈判，塔利班也是一样，否则，塔利班将继续战斗。

另一个是认为阿富汗的国家建设只能以内部不同部族、地区和政治力量的平衡为基础。但这是一个错误方向，因为这样的平衡不可能找到，因为阿富汗的根源正是其部族因素。阿富汗是一个特别的国家，历史上它的中央政权的形成和破坏都是外部大国决定的。如果承认这一事实，那么按照这一逻辑，阿富汗稳定政权的形成只能是在国际社会的直接参与下才有可能，而不能只把它交给阿富汗人。

中国社科学院俄罗斯东欧中亚研究所苏畅研究员指出，过去一年中亚形势基本稳定，但仍存在风险。主要表现在：经济下滑导致社会矛盾加剧，特别是在乡村和山区，土库曼斯坦也发生了居民因取消福利和食品价格上涨而引发的抗议。中亚各国的安全形势有差别。哈萨克斯坦和乌兹别克斯坦相对较稳定，塔吉克斯坦的恐怖主义和贩卖武器毒品活动活跃。吉尔吉斯斯坦北方较好，南方分离势力使局势复杂，当地吉尔吉斯人和乌兹别克人的矛盾还存在。南部三省出现了最多的杰哈德极端分子和贩毒中心。土库曼斯坦的形势有三个特点：个人崇拜加强，经济危机加深；土库曼战斗分子加入塔利班；伊斯兰运动的年轻化，相当多的塔吉克斯坦青少年被动员充实恐怖主义的队伍。这些对中亚安全是严重的问题。

二　关于乌兹别克斯坦总统更替问题

中国国际问题研究所石泽教授指出，乌兹别克斯坦的总统更替是中亚2017年最大的事件，在乌兹别克斯坦新总统就任后，乌政局出现了一系列变化。

来自乌兹别克斯坦的托利波夫教授对米尔济耶夫就任后发生的变化进行了总结。他认为，在米尔济耶夫就任总统后，乌兹别克斯坦进入了“乌兹别克斯坦2.0”时期，也就是第二代领导人时期。卡里莫夫总统的去世标志着乌兹别克斯坦的过渡时期已经结束。

新总统刚就任就公布了对外关系的优先目标。卡里莫夫总统在世时，他不主张介入地区事务，而主要是关注本国的事务，这使乌兹别克斯坦成为地区内最孤立的国家。新总统在改变这一政策，他上任后对中亚邻国的访问就是证明。

另一个重要变化是乌方在水资源问题上态度的松动。卡里莫夫总统去世一个月后，塔吉克斯坦方面就开始了罗贡水电站施工，但乌兹别克斯坦方面没有做出反应。不反应本身就是一种态度，这说明两国在接近妥协。乌兹别克斯坦已有两个代表团参观了罗贡水电站，详细了解了项目的情况。这个工程对塔吉克斯坦是发电项目，对乌兹别克斯坦是灌溉项目，它的最初设计源自苏联，目的也是灌溉乌兹别克斯坦的棉田，有消息说乌兹别克斯坦可能会参与罗贡水电站的建设。

乌兹别克斯坦与吉尔吉斯斯坦在卡姆巴拉金水电站问题上，看来也取得了妥协。乌兹别克斯坦可能会向卡姆巴拉金水电站投资。乌兹别克斯坦与塔吉克斯坦和吉尔吉斯斯坦的关系都在缓和。米尔济耶夫在访问吉尔吉斯斯坦和土库曼斯坦期间，与两国签署了战略伙伴关系协议，表明这将是长期政策。

乌兹别克斯坦国内政权的和平交接也否定了这样一种论断，即中亚国家的政权交接会导致国内政权斗争激化并引发动荡。

米尔济耶夫执政后签署的第一个法律是“反腐败法”。新政权宣布了货币自由兑换政策，国内投资环境明显改善。

加入欧亚经济联盟和集体安全条约组织，还不在乌兹别克斯坦的议程上。在卡里莫夫时期，乌兹别克斯坦与欧亚经济联盟已经签署贸易便利化的协议。欧亚经济联盟本身也存在问题，吉尔吉斯斯坦国内对加入欧亚经济联盟的结果存在不同评价。

托利波夫认为，当前“乌伊运”对乌兹别克斯坦和中亚没有现实威胁。乌兹别克斯坦极端主义组织缺少有号召力的领导人，内部也不团结，它们处于分裂状态。

在外交上，乌兹别克斯坦将继续在俄美之间采取平衡政策，其他中亚国家也是一样。这不仅是主观的偏好，也是客观情况的要求。他认为，可以从另一个角度提出问题：为什么大国非要中亚国家在它们中间做出选择？

最后，本次会议的组织者赵华胜教授进行了总结。他认为这次会议十分成功，观点鲜明，讨论充分，交流深入。与会的各方也多对会议有很好的评价。

“一带一路”与中国—东盟务实合作研讨会综述

陈妙玲[①]

2017年10月14日，由复旦大学中国与周边国家关系研究中心与广西财经学院共同主办的“‘一带一路’与中国—东盟务实合作”研讨会在广西百色干部学院举行。

会议开幕式由广西财经学院经济与贸易学院院长张建中教授主持，广西财经学院校长夏飞教授和复旦大学中国与周边国家关系研究中心主任石源华教授分别致辞。夏飞教授指出，中国与东盟合作在即将迎来的“钻石十年”会有一个新的升级。双方合作升级，不仅体现在领域拓展、形式多元化，还将逐步转向务实合作，将原有项目构想深化落实，带来更多的实际收益。石源华教授强调，本次会议探讨的重点将是从具体措施视角对中国与东盟合作提出具有建设性的构想，有别于以往关注宏观战略和中国与东盟政治关系等重大问题的研讨。

南京大学国际关系研究院院长朱锋教授、广西财经学院校长夏飞教授以及广西大学副校长范祚军教授发表主旨演讲。朱锋教授以“共同应对亚太地缘政治挑战：中国—东盟关系中的安全与战略因素”为题，论述新时期中国、美国、东盟三边关系的互动和调整。他指出，随着东盟在亚太地区战略地位的凸显，中、美将东南亚视为亚太战略竞争的核心阵地。对中国而言，东盟成为中国迈向海洋强国的门槛，同时也是中国海上战略的新支点，这促使中国主动加强与东盟合作；随着中国的崛起，美国开始调整其亚太战略，对东盟定位进行重新思考；东盟国家则出于自身利益考量，在处理中美关系上存在分歧和不确

① 陈妙玲，复旦大学中国与周边国家关系研究中心行政秘书。

定性。中、美、东盟三边互动将趋于模式化和新常态化。尽管“一带一路”在东南亚地区稳步推进，中国与东盟之间的联系不断扩大，但族群冲突有回升迹象。主要有三个方面原因：一是中国在东南亚地区的外交和商贸主要定位在当地华人；二是美、日、印、澳等域外因素的影响力上升；三是“一带一路”在东南亚的具体落实过于分散。朱锋强调，面对东盟新一轮的政治、社会、经济调整，中国需要着眼于长远，不能简单地输出中国模式。在推行“一带一路”倡议过程中，中国既要做好顶层设计、中层规划，同时也需要在具体措施层面深入、细化。

夏飞教授以“习近平向海经济思想与我国南海权益维护”为题，重点论述习近平向海经济思想的发展历程以及新形势下中国南海权益维护的应对策略，从海洋主权权益、海洋经济权益、海洋安全权益和南海岛礁争议区四个方面提出维护南海权益策略。他结合广西区域经济发展现状和存在问题，指出未来广西的海洋经济发展要以新兴海洋产业为支柱，加强向海产业的科技投入，增强向海经济发展动能；同时，还需要充分利用区位优势，在“一带一路”框架下积极开展与东盟国家的港口、海底光缆等方面合作，强化与东盟国家的海洋战略合作伙伴关系。

范祚军教授的主题报告从经济视角解读了中国与东盟战略合作。他认为，依据地缘政治理论，东南亚与中国的核心利益紧密相连。经贸合作作为深化中国—东盟关系的强粘合剂，将是双方的优先选项。虽然中国与东盟的经贸合作已初见成效，但后续乏力将会成为双方关系进一步深化的障碍。范祚军教授强调，中国在与东盟的经贸合作上，要从三个方面实现战略重点的调整：一是不仅要扩大对东南亚国家的基础设施投资和产业合作规模，同时还需要提升贸易水平和质量，在对东盟的经济外交中把握主动权；二是拓展服务贸易，完善政策法规，提升中国与东盟国家经济合作的双向依存度；三是增强中国—东盟友好合作的民间基础，经贸合作对象不能局限于当地华人，需要拓展民间交流的对象和途径，缓和民族矛盾，重视“民心”工程建设。

来自北京大学、复旦大学、南京大学、厦门大学、云南大学、云南财经大学、广西大学、广西财经学院、中国现代国际关系研究院、上海社会科学院、云南社会科学院、广西社会科学院、广东国际战略研究院等十余所高校及研究机构的20余位专家学者出席研讨会。与会学者围绕“中国—东盟合作面临的新挑战”“‘一带一路’背景下的中国—东盟关系”“中国与东盟的陆海经济合作”三大议题进行了深入研讨。

议题一　中国—东盟合作面临的新挑战

暨南大学华人华侨研究院曹云华教授以“‘一带一路’倡议与中国周边安全环境的重塑”为题发言。他回顾中国与周边国家关系发展的历史，认为中国的发展得益于与周边国家的良性互动。然而，近年来中国与周边国家关系出现逆转，纠纷与摩擦频繁发生，美、日等域外大国加深了对东南亚地区事务的介入。他认为，中国的和平崛起打破了原有大国支配的东亚地区秩序，东亚提前进入多极化时代，域内国家权力的角逐，加剧了多极化格局的不稳定。对于中国的国际新定位，不仅中国的决策层尚未适应，周边国家也充满焦虑。虽然中国与周边国家的经济依存度不断提升，在政治安全方面却陷入互相猜忌的困境，海洋争端、边界纠纷等矛盾，进一步恶化双方关系。针对中国与周边国家存在的“安全困境”，曹云华教授强调可以借助推行“一带一路”倡议的契机，重塑中国的周边安全环境。“一带一路”倡议的提出，一方面是中国对崛起过程中面临的挑战的回应，同时也是对现有国际秩序的修正。中国推行“一带一路”倡议，并非再造排他性的区域体系，而是充分利用现有的合作框架和体系，谋求与他国共享中国和平崛起的成果。

云南省社会科学院朱振明研究员以“‘一带一路’在东南亚：成效与问题”为题发言。他从认识深化、东盟国家参与程度、项目落实三个方面分析“一带一路”在东盟国家取得的成果。东盟国家政府、学界和企业界对于“一带一路”倡议展现出不同程度的关注，从发展趋势看，认识逐步理性化。对于亚投行和“一带一路”国际合作高峰论坛，东盟国家也都表现出积极参与的意愿。随着双方在基础设施建设方面的合作深入，中国与东盟国家逐步开辟了与“一带一路”配套的新合作。尽管“一带一路”在东南亚的推进已初见成效，但是仍存在不少问题。究其原因既有东盟自身的因素，同时中方在推进过程中也存在不足。从东盟国家看，问题集中在以下六个方面：1. 东盟国家对“一带一路”的理解和期待与我国存在差异；2. 南海问题影响双边互信；3. 国家间的相互关系存在发展差异，影响“一带一路”全面推行；4. 东盟国家官方与民众态度存在分歧；5. 有关错误论调在东南亚国家仍有一定的市场；6. 重大项目落实面临现实困境。中方自身存在的问题是：中国对东盟国家的国情缺乏深入研究，忽视与下层民众的沟通，在具体项目落实上急于求成，推进过程中缺乏协调统一。针对“一带一路”建设在东盟落实存在的问题，朱振明研究员从加强

“一带一路”理念宣传、推进对东盟国家的民间工作、将“一带一路”的推动与发展东盟关系有机结合、深化对东盟国家国情研究等方面提出了对策建议。

中国太平洋学会副秘书长郁志荣研究员以“特朗普执政半年回顾——兼论对中美关系的影响”为题发言。指出特朗普执政以来的三项措施：去奥巴马化、禁穆令、首脑外交打破了现有的国际格局，中美关系面临新一轮的调整。在南海问题上，随着特朗普终止亚太再平衡战略，美军介入南海的趋势放缓。特朗普宣布美国退出TPP，也给中国与东盟的贸易发展创造了宽松的条件。强调中国应充分把握这一机会，从组织、制度、人才和学术研究四个方面加快推进“一带一路”建设。

中共中央对外联络部当代世界研究中心赵明昊研究员以“东南亚与美国应对‘一带一路’策略的调整”为题发言。认为随着“一带一路”逐步推进，美国政府相应调整应对策略，总体呈现出“接触与施压并举”的特点。当前特朗普政府面临内外交困局面，导致美国对于“一带一路”的参与程度十分有限。考虑到亚太地区对美国经济、安全的重要性，美国新政府将会加大对该地区的投入力度。赵明昊强调“一带一路”成功与否取决于中国如何妥善处理“沿线国家”和“相关国家”的关系。美国作为影响中国与东盟关系最重要的域外国家因素，中美之间的博弈对“一带一路”在该地区建设产生的影响是多维度的。作为“一带一路”建设的重点区域，东南亚国家的政策走向既关系“一带一路”的推进，同时也影响中美关系的演进。结合东南亚的具体情况，进一步厘清美国因素对“一带一路”推进的影响，将是未来深化研究的重点。

议题二 “一带一路”背景下的中国与东盟关系

上海社会科学院李开盛研究员以“战略化视角下的‘一带一路’再审视——以中国东盟关系为例”为题做了发言。他认为，中国将东盟作为“一带一路”东向发展的重点，是出于四个方面的战略考虑：1. 将东南亚作为实现和平崛起的战略依托带；2. 反制美国在东亚牵制中国的行为；3. 管控南海争端等安全议题；4. 对东南亚输出中国经济发展模式。随后，他归纳分析了东南亚国家在审视“一带一路”倡议时不同的战略考虑。其中，以新加坡为代表的国家，意图将中、美两大国在东南亚的势力维持在均势状态，利用美国提出的TPP牵制中国“一带一路”倡议。由于与中国存在主权争端，菲律宾与越南则出于安全利益的考量，对“一带一路”倡议持谨慎的态度。另外，内政变化也是中国—东盟关系的影响因素之一，如科伦坡港口城项目出现反复。战略化“一带一路”实际上是一把双刃剑，一方面有利于中国“以经促政”，实现和平崛起，但过度赋予其政治和安全内涵，则会影响中国与相关国家的正常经贸合作，影响双边关系。因此，中国不仅需要正确定位“一带一路”倡议，避免其被过度战略化，同时还需要制定统筹全局的崛起战略。

广东国际战略研究院赵卫华副教授以“共建中老命运共同体——‘走廊战略’与‘一带一路’倡议衔接的可行性及老挝对华的战略意义”为题发言。他认为，老挝应是中国夯实周边外交最为理想的战略支点。老挝长期受越南的控制，近年来美、日不断加强在老挝的存在感，以期遏制中国的影响力。随着“中老经济走廊”的提出与“一带一路”倡议的顺利推进，老挝希望借此契机减轻对越南的依赖，同时实现在中国与美日之间的平衡。对中国而言，加强与老挝的合作，既是出于强化在东南亚的战略影响的目的，同时也是为保障海上丝绸之路和陆上丝绸之路的畅通。赵卫华强调，中老双方合作不能局限在经济层面，同时需要兼顾政治和文化的交往。

广西社会科学院雷小华副研究员以“越南‘两廊一圈’与中国‘一带一路’发展对接研究”为题发言。他认为，随着“一带一路”倡议的提出，在中越两国高层领导人的积极推动下，越南“两廊一圈”建设将获得新的发展机遇。雷小华从基础设施建设、国际产能合作、沿边金融发展、商贸物流发展、社会人文合作和体制机制发展六个方面综合分析越南“两廊一圈”的发展现状，指出如果“两廊一圈”与“一带一路”实现有效对接，不仅能够改变当前“两廊一圈”发展滞后的困境，同时有利于促进中国—东盟自贸区升级建设，中越之间合作关系深化以及两国边境地区经济发展。在此基础上，他从宏观的总体规划制定到微观的合作交流，提出“两廊一圈”与“一带一路”发展对接的政策建议。

厦门大学南洋研究院院长李一平教授以“21世纪海上丝绸之路与中马人文交流下的文教合作”为题发言。他回顾了中马文教合作的发展历程，指出中马两国合作不断深入，特别是在高等教育合作方面取得丰硕成果。互访留学生人数上升、孔子学院的推广以及厦门大学马来西亚分校的建立等例证，表明当前中马两国教育合作深化拓展。尽管中马人文交流在诸多方面都取得显著成效，但是仍存在两国往来不平衡、孔子学院办学混乱以及族群认知差异等问题。为促进今后中马文化交流的良性互动，李一平教授提出两点建议：1.发展伊斯兰文化，将两国人文交流由华人社会扩展到马来社会；2.利用“21世纪海上丝绸之路”发展之机，拓展中马文化合作的空间。

云南大学“一带一路”研究院常务副院长毕世鸿教授以“‘一带一路’背景下深化中国—东盟文化交流的若干思考”为题发言。他认为，随着中国崛起和全球形势的复杂变化，中国与东盟关系正受到前所未有的压力。历史积怨与现实矛盾的双重影响加深了东盟国家民众对中国国家形象的误解。他进而从策略、运行机制建设、实施路径结构、实践四个方面，提出如何更好地促进中国与东盟开展文化交流以及建立睦邻友好合作关系的对策建议。

中国现代国际关系研究院宋清润副研究员以“当前中国与东南亚人文交流的总体态势与发展建议”为题发言。他认为，随着“一带一路”深入推进，人文交流的重要性愈加凸显。中国与东盟的人文交往历史源远流长，当前中国与东南亚国家的人文交流实现了广度和深度的双向拓展。同时，双方人文交往也受到地缘政治压力、国家关系反复、域外国家介入等负面因素影响。宋清润副研究员认为，增进双方理解，实现民心相通是人文交流的基础。针对当前人文交往以政府为主导的问题，建议政府资金投入需强调有效性，同时拓展民间资金来源。除政府支持和投入外，中国与东南亚的人文交流还需要智库往来、人才培养、信息平台建设等一系列具体措施配合。

议题三　中国与东盟的海陆经贸合作

北京大学国际关系学院陈绍锋副教授以“区域主义博弈民族主义：从东盟的贸易和投资自由化看中国与东盟的经济整合”为题发言，旨在解析东盟经济一体化的发展现状和未来前景，为进一步了解东盟国家的市场环境，推进“一带一路”的落实提供参考依据。他认为，有别于欧盟和北美的一体化，东盟一体化呈现“东盟中心主义”的境况。这种结构模式有助于规避大国的牵制，同时也带来应对危机时的力不从心，特别是当前逆全球化的呼声不断高涨。陈绍锋副教授以马来西亚和越南两国为例，评估东盟自贸区贸易和投资的自由化和便利化程度，认为虽然东盟一体化的程度在逐步提升，但是域内贸易和投资分布不均衡，加上民族主义的干涉，最终导致政策落实存在问题。

厦门大学南洋研究院吴崇伯教授以“‘一带一路’框架下中国对印尼的投资分析”为题发言，他从印度尼西亚国内的基本情况入手，分析该国的投资环境和产业发展优势。随着“一带一路”倡议的推进，中国企业不断拓展东南亚市场，在印尼投资的比重逐步提升。中国企业对印尼投资的发展势头强劲，但同时也面临重重困难。吴崇伯教授认为印尼当地海洋捕捞发展缓慢、基础设施落后、南海争端等问题，阻碍了中国企业对印尼投资的进一步发展；建议可以从加强前期调研、人才培养等角度应对这些挑战。

复旦大学中国与周边国家关系研究中心张群博士后以“东亚区域公共产品供给与中国—东盟合作”为题发言。首先，她从区域公共产品的概念和特点入手，分析建立区域公共产品供应机制面临的生产与消费外部性、成本协同和主导权竞争三大问题。随后从对话与磋商、贸易自由化、货币金融合作、发展援助、区域安全五大领域，分析当前东亚区域公共产品供给格局。发展援助领域和区域安全领域公共产品匮乏现象突出，应成为东亚区域合作的重点。她强调，目前东盟经济共同体建设面临内忧外困，加强中国—东盟合作是维持和巩固东盟整体性和中心性的最佳选择，“一带一路”倡议为实现中国和东盟的利益融合提供契机和手段。

武汉大学中国边界与海洋研究院熊灵副教授以“中国—东盟的海洋经济合作：机制、成效与挑战”为题发言。他认为，当前中国—东盟海洋经济合作模式，形成了以总体框架为核心，双边合作协议、合作平台和项目基金为补充的配套机制。在此合作机制下，中国与东盟的海洋经济合作在海产品交易、港口城市合作、航运、旅游等方面都取得了进展。同时，域外大国干预、机制协调、发展动力不足等问题又成为阻碍中国与东盟海洋合作发展的因素。针对这些问题，建议营造海洋经济合作的互信氛围，同时巩固经济支撑基础，突破传统海洋产业合作模式，完善基础设施建设。

云南财经大学商学院院长钟昌标教授以“维护海洋权益的军民融合模式与支撑体系”为题发言。他从成本收益、当前海洋维权形势等多角度解析军用资源与民用资源的有机结合，在维护海上权益中发挥的重要作用。他认为，军民的融合并非是角色转换的简单叠加，在融合过程中也面临着意识落后、制度匹配、利益冲突等一系列障碍。为进一步实现军民融合，钟昌标教授提出了完善法律体系和创新管理制度的建议。

复旦大学中国与周边国家关系研究中心主任石源华教授对会议进行了总结。他指出，“一带一路”的战略定位主要是在周边国家和地区。现今学界和媒体界出现将“一带一路”泛化现象，无益于“一带一路”向纵深推进。“一带一路”急需解决的应该是中国与周边国家之间的问题，特别是应对中国与东盟合作过程中出现的挑战。“一带一路”倡议的提出，有利于中国在东南亚拓展自己的利益空间，减轻域外国家介入地区事务产生的压力。中国与东盟的合作前景面临诸多不确定因素：东盟发展走势，中国对东盟战略和政策，美国对华、对东盟战略等。如何把不确定因素转换为确定，实现中国与东盟合作关系的良性发展，要求中国与东盟进一步深化务实合作。从现阶段“一带一路”推进的成果看，东盟是“一带一路”初期成效收获最明显的地区。中国既要正视目前所面临的挑战和困难，同时也要充分把握合作的机遇，实现中国利益最大化。对于在与东盟合作过程中出现的问题，中国既需要以具体措施加以应对，同时又要提出具有国别针对性的方案，形成不同的应待方略，使“一带一路”倡议与周边外交取得务实进展。

“东亚的多彩发展与中日韩的贡献”国际学术研讨会综述

徐伟钧[①]

“东亚的多彩发展与中日韩的贡献”国际学术研讨会于2017年11月4—5日在复旦大学举行。会议由复旦大学国际关系与公共事务学院和中国与周边国家关系研究中心联合举办，来自中国社会科学院、上海社会科学院、上海国际问题研究院、北京大学、复旦大学、上海交通大学、同济大学、上海大学、上海外国语大学，以及韩国国家安保战略研究院、关东大学、南首尔大学，日本国际论坛、东京大学、早稻田大学、东海大学、新潟大学、明治大学、爱知大学等高校和科研机构的40余位专家学者参加研讨会。与会学者围绕东亚的多彩发展及其意义、东亚地区国际关系的转型与前景、东亚地区的和平发展与安全挑战、东亚合作的前景与挑战、东亚合作的文化与智力支持、多彩的东亚社会与治理六个议题进行了广泛而深入的探讨。

一　多彩东亚的意义

学者们普遍认为，东亚地区人口众多、文化多样、发展模式各异，在过去数十年间成为世界上发展最快、成就最大的地区之一，区域合作也取得积极进展。作为主要域内国家，中国、日本、韩国为东亚的多彩发展做出了积极的贡献。

爱知大学铃木规夫教授认为，亚洲式思维方式不同于西方式思维方式，尤其是在“多样性”这一问题上，西方式的思维方式强调分裂与独立，亚洲式的

① 徐伟钧，复旦大学国际关系与公共事务学院硕士研究生。

思维方式强调吸收与融合。上海交通大学王少普教授认为，东亚三国的文化共同属于一种由多元文化融合而成的亚洲文化。这种亚洲文化有其自身的内涵和内在的发展规律，与西方文化有着非常重要的区别。而且，在这种亚洲文化中也隐含着非常雄厚的发展力量。

一些学者认为，需要重视研究东亚多彩发展背后所蕴含着的价值意义。复旦大学臧志军教授指出，“普世价值”是指在任何地方、任何时候都是至高无上的价值。有时候不同的“普世价值”之间会发生冲突，以至于不能同时至高无上。在现实中，所谓“普世价值”时常被工具化。东亚地区不同国家、不同社会，应该互相交流各自丰富多彩的价值观，或者是民主、自由、平等、安全等在东亚国家和社会的丰富多彩的呈现形式。东京大学园田茂人教授提出，在中、日、韩三国大学的国际课程中，西方价值成为衡量学术研究的主要标准，普遍认可的语言是英语，普遍认可的知识是西方思想。在此背景下，三国学术机构都走上了以英语教授西方思想的道路。东亚学术机构的英语课程与欧美相比无甚优势，加之东亚大学的国际课程设置缺乏自身的特色，这就导致了学术机构的发展困境。

一些学者认为，东亚国家可以探讨在一些共同的东亚价值的基础上进行合作。铃木规夫教授主张，虽然亚洲国家之间存在一些文化差异，但是可以探索一种新亚洲文明的可能性，将多重、多层、复杂的身份整合进这种新亚洲文明之中。

二 “一带一路”倡议与东北亚合作

2017年1月，奉行“美国优先”战略的特朗普就任美国总统。在特朗普上台后，美国走上了一条战略收缩、退出全球治理的道路。就东亚地区而言，为了维持地区的和平与稳定、推动地区的繁荣与发展，在美国战略收缩的背景下，中、日、韩三国的作用更为突出。一些学者将目光投向了“一带一路”倡议。但在中国政府“一带一路”倡议的规划中，东北亚地区没有被确定为“一带一路”的重点合作区域，日本、韩国也没有被列入“一带一路”沿线国家的范畴。

对于是否应该将东北亚地区纳入“一带一路”倡议的范畴之中，以及“一带一路”倡议在美国战略收缩的背景下对东北亚合作的影响等问题，与会学者展开了讨论。

一些学者认为不将东北亚地区纳入“一带一路”倡议的范畴之中是客观现实的写照。上海外国语大学廉德瑰教授认为，中国与日本、韩国之间在价值观上有很大的差异，“一带一路”不包括东北亚是对这种现实的反映。尤其在中国与日本之间，两国价值观存在根本性差异，中国提倡人类命运共同体的新理念，但日本仍然在强调价值观支配下的外交。日本的这种价值观使其难以参与到“一带一路”的合作之中。

另一些学者则认为，应该尽快将东北亚地区纳入“一带一路”倡议的范畴之中。复旦大学石源华教授提出，东北亚地区是“一带”与“一路”在中国东北部的连接处和结合部。无论是对于亚洲地缘政治安全，还是对于中国周边经济合作，都是极为重要的地区，更是“一带一路”建设不能回避的重要地区。应该借助近年中日韩合作发展趋势的重振，建设以中、日、韩为核心的、包括俄、蒙、朝在内的“东北亚经济走廊”，与“一带一路”的六大经济走廊组成中国周边全方位合作圈。中日韩三国合作秘书处韩梅副秘书长认为，“一带一路”是一个开放包容的、非排他性的国际合作平台。虽然现在“一带一路”没有将日、韩包括进去，但中、日、韩三国的合作可以与“一带一路”进行对接。

学者们普遍认为“一带一路”倡议对东北亚合作能够产生积极影响。上海大学马利中教授从历史渊源和现实需求的角度论证了“一带一路”是推动东亚多彩发展的优秀平台。他指出，在中、日、韩各方共同努力下，三国的合作正在回归正轨，而作为东亚区域文化交流的优秀平台，“一带一路”倡议可以助力三国的民心相通工作。三国可以共商、共建、共享“一带一路”，进而促进中、日、韩三国的共同发展。

早稻田大学青山瑠妙教授认为，“一带一路”可以成为日中韩合作的契机。东亚地区是“一带一路”覆盖的重要地区，东亚地区的和平稳定是“一带一路”倡议成功的必要条件。而日本是东亚地区的重要国家，同样希望维护东亚秩序的稳定。故而中国“一带一路”倡议的成功绕不开中日关系，中日两国可以以此为契机加强合作。

东海大学内藤耕教授认为，日本应该参与到“一带一路”倡议之中，从而带动日本的经济复苏。在他看来，当下日本的经济处于衰落期，而“一带一路”倡议是日本企业界的一个机会，日本应该主动与“一带一路”对接起来，从而带动日本经济的复苏。

三　朝核问题及其应对

东北亚合作有良好的前景，但也存在隐患。学者们普遍认为朝核问题是东北亚秩序的重要议题。为了实现东亚的多彩发展，需要中、日、韩等国联合应对朝核问题。围绕为何朝核问题会进一步发酵以及国际社会应该如何解决朝核问题，与会学者展开了广泛而深入的讨论。

明治大学伊藤刚教授认为，美国因素是导致朝核问题发酵的主要原因。他认为，朝鲜处于一种被遗弃的状态，只能依靠自身的力量维护国家安全。美国的强硬态度和刺激性举措加剧了朝鲜对自身国家安全的忧虑，即便国际社会对其进行谴责与制裁，缺乏安全感的朝鲜仍然会坚定发展核武器。复旦大学方秀玉教授也强调朝鲜自身的生存需求是导致朝核问题继续发酵的主要原因，认为美、日、韩应对此负责任。冷战结束已经有20多年的时间，但美、日、韩等国家迄今为止仍然没有与朝鲜改善关系，它们与朝鲜的关系仍然处于冷战状态之下。朝鲜始终承受着来自美国、日本、韩国的压力，作为东北亚地区实力最弱小的国家，在所受压力不断加强的情况下，朝鲜必然会在安全上做出反应。发展核武器就是朝鲜在这种压力下所做出的一种过度反应。

学者们从各种不同的角度出发提出一些建设性的建议。石源华教授提出，朝核问题的解决离不开朝鲜的参与，应该将朝鲜引入东北亚地区合作。他主张国际社会可以尝试探讨解决朝核问题的新思路。美、日、韩“逼朝鲜崩溃的思路”已为实践证明行不通，而将朝鲜引入东北亚地区合作的新思路，将有助于摆脱在朝核问题上的恶性循环。在这一历史过程中，随着东北亚局势的进一步缓和、东北亚地域合作水平的提升，朝鲜的安全担忧将会大幅下降，其经济发展需求也会进一步提升。一个寻求参与经济全球化、东北亚地域合作和自身高速发展的朝鲜可能会以更平静和合作的心态对待难以解决的朝核问题，使朝鲜半岛的安全合作和东北亚地区合作出现新的局面。

韩国国家安保战略研究院朴炳光研究员表示，应当通过和平对话的方式来解决朝核问题，各国应该努力创造进行对话的条件。他认为朝核问题一定要解决，但也一定是通过和平的方式来解决。如果通过战争方式来解决朝核问题的话，会对朝鲜半岛以及东亚地区造成严重的伤害，这是所有域内国家所不愿意看到的。国际社会应当主动创造对话的条件和对话的环境，在国际社会合作的基础上，对朝鲜强化制裁和压力，改变朝鲜领导人的想法，让其参与到对话之中。

青山瑠妙教授主张，应该在传统朝核问题六方会谈框架的基础上，使更多的国家参与到对朝鲜的制裁之中。她认为，在经济全球化的情况下，朝鲜可能在任何一个国家建立合办企业，并通过这些合办企业获取利润或进口产品。故而对朝鲜制裁的问题不仅是一个关涉中、日、韩、俄、美五国的问题，更是一个关涉到整个国际社会的问题。

同济大学夏立平教授认为，解决朝核问题的关键是将“双暂停”和“双轨并进”落到实处。新潟大学张云教授认为，朝核问题不能够仅仅定位在危机管控层面，而需要在建立东北亚安全框架方面有新的创造性思维。在他看来，朝核问题是东北亚地区安全框架能力不足的结构性问题的症状表现。过去20多年来围绕朝鲜半岛的外交努力，实际上可以简化为核危机紧张阶段性反复和危机管控。中国认为这主要是美朝之间的事情，日本和韩国则认为这是中美之间的事情。对此，东北亚国家应该重构认知，以一种新的思维来看待和处理朝核问题。

四　东亚三国的社会治理

在东亚的多彩发展中，中、日、韩三国的贡献不仅在国际关系的层面，还在于国内治理经验的贡献。中、日、韩三国的发展离不开彼此经验的相互借鉴，尤其是在社会治理议题上，三国各自的经验都能够为其他国家提供参考。与会学者结合自身的研究方向，主要介绍了中国和日本在社会治理领域的一些经验。

复旦大学刘建军教授从社区治理的角度介绍了中国社区治理的经验和特点。他认为，中国的社区治理有四个特殊的原理。其一，组织引领或政党引领，指的是中国共产党的党组织在社区治理中对新物权结构、新交往结构、新群体结构、新需求结构进行引领；其二，社区共治，指的是将市场系统嵌入到社会系统之中；其三，良性互动，指的是政府、居民、社会之间良性互动，政府具体的治理措施与居民的实际情况相结合；其四，社区礼治，指的是在社会范围内形成一种公约，所有社区成员共同接受且愿意遵守这种公约。

上海交通大学徐家良教授介绍了中国非营利社会组织的发展情况。中国社会组织的发展主要有四个趋势：政府监管加强、中国共产党的影响力扩大、培育与增能措施双管齐下、空间挤压与裁量权扩大。基于这些趋势，一方面应当加快政府体制改革，促进政府建立权力清单与责任清单；另一方面应当通过法人多元推动社会组织资源的多元化，增加非营利社会组织的财产规模，使其在社会事务中发挥更大的作用。

上海外国语大学俞祖成副教授介绍了日本非营利法人制度与公益法人制度的改革。他认为，日本的非营利法人制度主要有四个特征：法人设立环节与公益认定环节相分离、公益认定申请的随时性、基于第三方机构的公益认定、公益认定标准的法律明文化。在他看来，日本的经验能够为中国社会组织政策的发展提供三点启示：提升法人分类的科学性和严密性、改善慈善组织登记认定制度、完善非营利组织税收优惠制度。

最后，石源华教授对会议内容进行了总结。他期待中韩关系和中日关系能够走向合作与发展，也希望更多的专家学者能够参与共同努力。复旦大学包霞琴教授做闭幕致辞，她认为，东亚地区的多彩发展离不开中美、中日、中韩关系的正常化和相关国家的合作发展，良好的国家关系是东亚发展的必要前提。中、日、韩三国应该继续相互学习、互利合作，为建设开放自由又有序发展的东亚谱写新的华章。

附　录

国家领土主权与海洋权益协同创新中心简介

（2018年3月）

国家领土主权与海洋权益协同创新中心（以下简称“协创中心”，Collaborative Innovation Center for Territorial Sovereignty and Maritime Rights，CICTSMR），成立于2012年9月，由武汉大学牵头，联合复旦大学、中国政法大学、外交学院、郑州大学、中国社科院中国边疆研究所、水利部国际经济技术合作交流中心、国家海洋局海洋发展战略研究所等协同单位共同组建，并得到了中央外办、外交部、水利部、国家海洋局、国家测绘地理信息局等中央和国家部委的大力支持。2014年经教育部、财政部正式认定为“2011协同创新中心”。

协创中心以服务国家战略为宗旨，按照“国家急需、世界一流、制度先进、贡献突出”的要求，瞄准国家领土海洋维权重大问题，开展战略研究、政策建言、人才培养、舆论引导、公共外交等工作，建设人才、学科、科研三位一体的国家战略平台、世界一流智库。

协创中心具有较为完善的组织构架，设理事会、主任联席会议、学术委员会，实行理事会领导下的主任负责制。韩进、胡德坤、高之国分别任理事长、协创中心主任和学术委员会主任。

协创中心的领土海洋问题研究以国际法和历史研究为重点，以国际关系、外交学、世界经济、测绘遥感、水利水电等学科为支撑，以问题为导向，学科交叉组建创新团队，支撑国家领土主权海洋战略与政策，服务国家领土海洋维权斗争，提供领土海洋维权技术支持，服务于国家领土主权与海洋权益的重大现实问题和国家战略需求。

协创中心已组建的11个创新团队分别是：国家海洋战略与边海外交、中国与周边国家关系、“一带一路”与周边合作、领土海洋争端解决与国际法、钓鱼岛与南海诸岛档案资料的整理与研究、海洋权益的保障与拓展、中国极地政策与极地权益、中国疆域历史与现状、陆地边界争端与跨境合作、界河管理与跨境水资源争端与合作、人文数字边海与测绘遥感技术应用。

复旦大学中国与周边国家关系研究中心简介

（2018年3月）

复旦大学中国与周边国家关系研究中心（简称“复旦中国周边中心”，Center for China’s Relations with Neighboring Countries of Fudan University, CCRNC-Fudan）成立于2013年11月11日，隶属于复旦大学国际问题研究院，同时也是国家领土主权与海洋权益协同创新中心（教育部2011协同创新中心）复旦大学分中心。

中心的定位是：以复旦大学优势学科政治学和国际关系为依托，着力于中国与周边国家之间的政治、安全、经济、外交、民族、宗教与文化关系研究；担当中国与周边国家关系研究领域有重要影响力的问题研究者、政策建言者、思想提供者和舆论塑造者。中心将凝聚研究团队，努力建设成为中国周边研究的新高地和具有国际影响的研究机构，为中国周边外交建设做出重要智力贡献。

截至2018年3月31日，中心现有研究人员12人，其中教授（研究员）8人、副教授（副研究员）3人、助理研究员1人。包括：石源华教授、陈玉刚教授、纳日碧力戈教授、信强教授、包霞琴教授、方秀玉教授、邢丽菊教授、徐海燕副教授、祁怀高副教授、郑继永副教授、涂怡超副教授、朱芹助理研究员。中心在站博士后研究人员2人，行政秘书1人，科研秘书1人。石源华教授担任中心主任，祁怀高副教授担任中心副主任。

中心的主要工作包括：1.为中国周边外交建设资政献策；2.推介“中国周边学”研究；3.编著《中国周边外交研究报告》（年度报告）；4.主办《中国周边外交学刊》（学术辑刊，半年刊）；5.出版“复旦大学中国周边外交研究丛书”，“丛书”已先后出版《中国崛起背景下的周边安全与周边外交》（2014年版）、《冷战后中国周边地区政策的动力机制研究》（2016年版）、《中国周边外交十四讲》（2016年版）、《转型期日本的对华认知与对华政策》（2017年版）；6.编制“中国周边国家概况及对华关系数据库”，该数据库的成果之一是工具书《中国周边国家概览》（2017年版）；7.主办“复旦大学中国周边外交研究论坛”；8.举办国际国内学术会议；9.参与打造周边外交的中国话语权；10.教书育人，人才培养。

中心是“中国—东盟学术共同体”（the Network of ASEAN-China Academic Institutes, NACAI）的常设秘书处。

中心成立后，中心研究人员获得多个国家社会科学基金项目，并积极承担中国政府部门的相关科研项目。中心招收政治学博士后研究人员，招收国际关系、国际政治、外交学专业的博士生和硕士生。中心欢迎国内外从事中国与周边国家关系研究的学者和官员前来访学交流。

《中国周边外交学刊》征稿启事

《中国周边外交学刊》是由复旦大学中国与周边国家关系研究中心、国家领土主权与海洋权益协同创新中心复旦大学分中心主办的中国周边外交研究专业性学术书刊。宗旨是：瞄准中国领土主权与海洋权益重大问题，努力推进对中国与周边国家之间的政治、安全、经济、外交、文化关系的理论研究、战略研究、个案研究和综合研究。

《中国周边外交学刊》设有“特稿”“‘中国周边学’笔谈”“周边外交综论”“‘一带一路’研究”“周边次区域研究”“亚洲新安全观”“亚洲命运共同体”“中国边海事务”“周边看中国”“周边国情研究”“周边文化交流”“青年论坛”“学术动态”“书评”等栏目。

欢迎国内外从事中国与周边国家关系研究、中国领土主权与海洋权益重大问题研究的学者和朋友们赐稿。

《中国周边外交学刊》每年出版2期，定于每年6月和12月正式出版。每年年度第1期于3月1日截止收稿，第2期于9月1日截止收稿。

投稿者务请注意以下事项：

一、来稿请提供电子版。严格遵守学术规范，引用的文献、观点和主要事实要注明来源。网上资料的引用应做到可核查。具体注释体例请参见“《中国周边外交学刊》注释体例”。

二、学术论文每篇字数一般为1—2万字；书评及学术动态一般在5000字以内。

三、来稿请提供中英文的题名、作者姓名、工作单位、内容提要（250—300字）、关键词（3—5个）。同时请提供作者简介、详细通信地址、邮编、电话号码、电子邮件地址，以便联系。

四、请勿一稿多投。来稿一经刊用，即付稿酬（含信息网络传播和数字发行稿酬），并赠送当期本刊两册。

五、本刊对采用的稿件有修改权，不同意修改者，请在来稿中申明。

六、本刊实行匿名评审制度，确保论文质量。

七、《中国周边外交学刊》编辑部联系方式：电邮：huyangyu@fudan.edu.cn；联系人：胡旸昱；电话：021-65641685；传真：021-65642939；地址：上海市邯郸路220号复旦大学文科楼307室复旦大学中国与周边国家关系研究中心；邮编：200433。

《中国周边外交学刊》稿件体例及注释规范

一、文稿请按题目、作者、内容提要（250—300字）、关键词（3—5个）、基金项目（可选）、作者简介、正文之次序撰写。节次或内容编号请按一、（一）、1.（1）……之顺序排列。文后请附英文题目和英文摘要。

二、正文或注释中出现的中文书籍、期刊、报纸之名称，请以书名号《》表示；文章篇名请以书名号《》表示。英文著作、期刊、报纸之名称，请以斜体表示；文章篇名请以双引号“”表示。古籍书名与篇名连用时，可用“·”将书名与篇名分开，如《论语·学而》。

三、正文或注释中出现的页码及出版年月日，请尽量以公元纪年并以阿拉伯数字表示。

四、所有引注均需详列来源。注释一律采用“页下脚注”格式，并请参考下列附例：

（一）书籍

1.中文

（1）专著

石源华：《中华民国外交史新著》（第三卷），北京：社会科学文献出版社，2013年，第1094—1174页。

（2）编著

石泽主编：《中国周边国家与合作组织》，北京：人民出版社，2014年，第39页。

（3）译著

[美]亨利・基辛格：《大外交》，顾淑馨等译，海口：海南出版社，2012年，第146页。

（4）文集中的文章

爱德华·卡尔:《现实主义对乌托邦主义的批判》，载秦亚青编:《西方国际关系理论经典导读》，北京：北京大学出版社，2009年，第3—24页。

2.西文

（1）专著

Robert G. Sutter, *Chinese Foreign Relations: Power and Policy since the Cold War*, Lanham, Maryland: Rowman & Littlefield Publishers, Inc., 2012, pp. 17-37.

（2）编著

Christopher M. Dent, eds., *China, Japan and Regional Leadership in East Asia*, Cheltenham, U.K.: Edward Elgar Publishing Ltd., 2008, p. 286.

（3）文集中的文章

June Teufel Dreyer, "Sino-Japanese Territorial and Maritime Disputes," in Bruce A. Elleman, Stephen Kotkin, and Clive Schofield, eds., *Beijing's Power and China's Borders: Twenty Neighbors in Asia*, New York: M. E. Sharpe, 2013, pp. 81-95.

（二）论文

1. 中文

（1）学术论文

祁怀高、石源华:《中国的周边安全挑战与大周边外交战略》,《世界经济与政治》2013年第6期，第25—46页

（2）报纸文章

温家宝:《关于社会主义初级阶段的历史任务和我国对外政策的几个问题》,《人民日报》2007年2月27日，第2版。

（3）学位论文

都允珠:《后冷战时期中国周边区域多边外交研究》，博士学位论文，复旦大学，2008年，第134页。

2.西文

（1）期刊论文

Adam P. Liff and G. John Ikenberry, "Racing toward Tragedy?: China's Rise, Military Competition in the Asia Pacific, and the Security Dilemma," *International Security*, Vol. 39, No. 2(Fall 2014), pp. 52-91.

（2）报纸文章

Joseph S. Nye Jr., “Work With China, Don’t Contain It,” *New York Times*, January 26, 2013, p. 19.

（三）档案文献

1.中文

《斯大林与毛泽东会谈记录》，1949年12月16日，俄总统档案馆，全宗45，目录1，案宗239，第9—17页。

2.西文

U.S. Department of States, *Foreign Relations of the United States*, 1932, Vol. III, The Far East, Washington D. C.: Government Printing Office, 1948, p. 8.

（四）辞书类

1.中文

夏征农、陈至立主编:《辞海》（第六版彩图本），第2册，上海：上海辞书出版社，2009年，第2978页。

2.西文

The New Encyclopaedia Britannica, “The Transition to Socialism, 1953-57,” Vol. 15, *Encyclopaedia Britannica*, 15th ed., Chicago, 1988, pp. 145.

五、第一次引用应注明全名与出版项，再次引用可以简化为“作者、著作、页码”。

六、来源于互联网的电子资源，除注明作者、题目、发表日期等信息外，还应注明完整网址。

1.中文

国务院新闻办公室:《中国的和平发展》，2011年9月，http://www.scio.gov.cn/zfbps/ndhf/2011/Document/1000032/1000032_3.htm。

2.西文

Central Intelligence Agency, “Maritime Zones of Northeast Asia,” Report No. 923, February 9, 1978, https://www.cia.gov/library/readingroom/docs/CIA-RDP08C01297R000200130003-5.pdf.

《中国周边外交学刊》编辑部

2018年3月